Dietrich Walther

Green Business – das Milliardengeschäft

Dietrich Walther

Green Business –
das Milliardengeschäft

Nach den Dot-coms
kommen jetzt die Dot-greens

Unter Mitarbeit von Wolf-D. Hartmann,
Institut für Innovationsmanagement e.V.,
Neuenhagen bei Berlin

GABLER

Bibliografische Information der Deutschen Nationalbibliothek
Die Deutsche Nationalbibliothek verzeichnet diese Publikation in der
Deutschen Nationalbibliografie; detaillierte bibliografische Daten sind im Internet über
<http://dnb.d-nb.de> abrufbar.

1. Auflage 2009

Alle Rechte vorbehalten
© Gabler | GWV Fachverlage GmbH, Wiesbaden 2009

Lektorat: Ulrike M. Vetter

Gabler ist Teil der Fachverlagsgruppe Springer Science+Business Media.
www.gabler.de

Umschlaggestaltung: Nina Faber de.sign, Wiesbaden
Druck und buchbinderische Verarbeitung: Krips b.v., Meppel
Gedruckt auf säurefreiem und chlorfrei gebleichtem Papier.

ISBN 978-3-8349-1273-2

Vorwort

Das rasante Entwicklungstempo der internetgestützten Wirtschaft in den letzten 15 Jahren und des weltweit beinahe schlagartigen Entstehens von Dot-coms zeigte einen unternehmerischen Aktivitätsgrad, der heute dringend für Umwelt- und Klimaschutzinitiativen gebraucht wird.

Es gibt darüber hinaus weitere Gründe, weshalb gerade die Dot-coms in diesem Buch als Anknüpfungspunkte herangezogen werden. Der wichtigste ist: Niemals zuvor, auch nicht in den Gründerjahren des 19. Jahrhunderts oder den Wirtschaftswunderjahren Mitte des 20. Jahrhunderts, gab es in der Geschichte der Wirtschaft so viel Anpacker-Mentalität, so viele Menschen, die wagten, ihr eigenes Unternehmen im Vertrauen auf die eigene Leistung aufzubauen. Es wurden aber auch selten so viele Fehler auf einmal gemacht, so viele trickreiche Betrügereien erfunden und so viele die Börse entdeckende Neuaktionäre enttäuscht.

Was bedeutet es, Neugründungen von Umweltfirmen mit wenigstens gleichem Tempo und Beschleunigungseffekt durchzusetzen wie die Dot-coms und vor allem hochtechnologiebasierten Umweltschutz zu betreiben? Was unterscheidet eine wachstumsorientierte Innovationspolitik für alle Staaten von der Verzichtspolitik, die manche Umweltschützer besonders gern Entwicklungsländern predigen? Immer mehr Grüne begreifen inzwischen, wie negativ sich die oft genug überzogen gehegte Technikfeindlichkeit der Vergangenheit auswirkt. Diese Technikabstinenz lässt sich mit der viel verbreiteten Verständnislosigkeit für die Mathematik als Unterrichts- wie Studienfach vergleichen. In einem bemerkenswerten Leitartikel „Alles ist Zahl" schrieb Norbert Lossau in der „Welt" dazu: „Noch immer ist es schick, auf Partys damit zu kokettieren, dass man schlechte Noten in Mathe hatte". Lossau argumentiert überzeugend, wenn er schreibt: „Die großen Herausforderungen der Menschheit – sei es der Kampf gegen gefährliche Krankheitserreger, die Erschließung neuer Energiequellen oder die Entwicklung innovativer Technologien zum Klimaschutz – lassen sich nur mit Hilfe von Computern und Mathematik bewältigen."[1] Darüber hinaus zählt immer und überall, richtig kalkulieren und solide bewerten zu können. Letztlich haben das die Fehlkalkulationen im Umweltbereich, denken wir nur an die erst

---

[1]   Die Welt, 25. März 2008

jüngst mit neuen Zahlen versehenen Klimaprognosen, genauso wie die leider oft zu spät aufgedeckten Fehlspekulationen der „New Economy" im Internet ganz deutlich bewiesen: Nichts geht mit Schönfärberei oder Schönrechnerei und nichts Innovatives hat nachhaltige Zukunftschancen ohne die in der Digital- und Wirtschaftswelt unerlässliche Mathematik. Man muss exakt rechnen und nochmals rechnen, mit unbestechlichen Zahlen argumentieren und ergänzend qualitativ bewerten. Das gilt vor allem dann, wenn man andere dazu bewegen will, selbst Geld für Umweltprojekte und die dazu notwendige bessere Ausbildung in die Hand zu nehmen. Zahlen sind natürlich nicht wirklich alles, aber doch sehr, sehr viel. Es gibt gerade im Umweltbereich viele bisher zu wenig bewertete Fakten, etwa zur Erwärmung und Verschmutzung unserer Atmosphäre. Das natürliche Kapital geht bisher zu wenig in volkswirtschaftliche und globale Rechnungen ein. Aber hat reine Luft keinen Wert? Umweltschutz ist auch immer Gesundheitsschutz und viele neue Produkte und Dienstleistungen dafür sind politische Produkte, denken wir nur an Katalysatoren oder Rußpartikelfilter. Das neue Green-Business-Milliardengeschäft entsteht aus nacktem Überlebenswillen und einem weltweiten Paradigmenwechsel in der Umwelt- und Energiepolitik. Im laufenden US-Präsidentschaftswahlkampf kündigt Barack Obama allein 150 Mrd. Dollar öffentliche Forschungsgelder für alternative Energien an.

In diesem Sinne werden in diesem Buch neue Überlegungen angestellt, die als Erfolgsfaktoren für Green-Business-Entrepreneurship und die dafür notwendige Aus- und Weiterbildung unerlässlich sind.

Den Ausgangspunkt stellt der Aufstieg der New Economy, die damit verbundene bisher einmalige unternehmerische Aktivität und das große Interesse an Aktiengeschäften mit internetbasierten Firmen bis zum Platzen der Dot-com-Blase dar. Die dahinter stehende Frage lautet, ob es sich bei der grünen Revolution um ein ähnliches Phänomen handelt oder um einen nachhaltig zukunftsfähigen Trend. Meine Antwort dazu lautet: Die neuen umweltorientierten Startups, von mir Dotgreens genannt, bringen das Milliardengeschäft.

Die Lehren hieraus bilden die Basis für das 2. Kapitel und den neuen Goldrausch in Kalifornien durch Green-Business-Innovationen. Unter Beachtung innovationstheoretischer Erkenntnisse werden die Ausbreitungswege der Clean-Technologies und die damit verbundenen Paradigmenwechsel im ökologischen Denken herausgearbeitet, die alle Industriebereiche zum Umsteuern zwingen. Die neu definierten fünf Hauptrichtungen des Ökoeinflusses auf die Wirtschaft zeigen vor allem, dass der gegenwärtige Trend der US-Wirtschaft harten ökonomischen Zwängen unterliegt und keinen bloßen Ökoemotionen.

Das 3. Kapitel behandelt anhand namhafter Silicon-Valley-Firmen, wie die Green-IT-Unternehmensstrategien durchgesetzt werden und wie sich die Aufholjagd beim Going Green in den USA praktisch vollzieht. Die daraus abgeleitete einfache Erfolgsformel nenne ich IMEAS: Ideas + Money + Experience + Activity = Sustainable Success. Nach meinen Erfahrungen gehören in Aufschwungszeiten nicht allein viel Mut und Tatkraft dazu, wenn man Erfolg haben will, sondern auch Durchhaltequalitäten, wenn es nicht so gut läuft oder abwärts geht. Praxistipps geben Hinweise, was bei der Unternehmensstrategie im Green Business beachtet werden sollte bzw. wie man Green Business für das eigene Unternehmen nutzen kann.

Im 4. Kapitel wird erklärt, welche Rolle für die Zukunft das frühe Ausprägen eines wissensbasierten neuen Unternehmertums spielt. Der Abschnitt erläutert die engen Verflechtungen von Wirtschaft und universitärer Forschung im Umfeld von Stanford und anderen privaten Hochschulen und zeigt, wie ertragreich diese langjährige Tradition auf Sustainability umschwenkt.

Abschließend werden Schlussfolgerungen für eine nachhaltig zukunftsfähige Hochschulbildung für die langfristige Sicherung von Innovationsvorsprung abgeleitet. Ein nachhaltiges grünes Milliardengeschäft wird ohne radikalen Umbau unseres Aus- und Weiterbildungssystems nicht fruchten. Daraus müssen Unternehmensgründungen in neuen Green-Business-Bereichen erwachsen.

Weltweit werden in der Umweltbranche 2008 etwa 50 Mrd. Euro Umsatz erwirtschaftet. Deutschland beherrscht am weltweiten Export von Umwelttechnik derzeit rund 25 %. Diesen Anteil zu erhalten und auszubauen verlangt konzentrierte Anstrengungen, denn die vielen Startup-Unternehmen in den USA und aus anderen Wachtumsregionen treten gerade erst in den Wettbewerb ein. Das Solarstrom-Magazin „Photon" vom August 2008 listet allein 50 Startup-Unternehmen in den USA auf, davon 25 aus der Region um San Francisco. Das unterstreicht einmal mehr, warum diesem Technologiezentrum im Buch besondere Aufmerksamkeit gewidmet wird.

Da wir in einer globalen Welt leben, in der die Thematik der Umwelt- und Klimaveränderungen und die sich daraus ergebenden unternehmerischen Chancen eines Milliardengeschäfts alle in ähnlicher Weise betreffen, erscheint dieses Buch zeitnah zugleich in Englisch, Spanisch und Russisch.

Iserlohn, Herbst 2008 Dietrich Walther

Inhaltsverzeichnis

1.   Wie die Dot-coms die Welt veränderten

Silicon Valley – Geburtsort des Cyberspaces

Weltweit gibt es nur eine Region, die es geschafft hat, aus einem Gebiet des Aprikosen- und Pflaumenanbaus heraus zu *der* Profimetropole für Hightech aufzusteigen – das Silicon Valley. Die digitale Traumfabrik kann sich vom Bekanntheitsgrad her durchaus mit Hollywood vergleichen lassen und hat längst mehr Millionäre produziert als Hollywood bekannte Schauspieler. Insider meinen, dass es in der Blütezeit des Silicon Valley täglich 64 Gründern gelang, Millionär zu werden.[2]

Das Tal erhielt seinen Spitznamen vom Silizium (engl. Silicon), dem wichtigsten Rohstoff der Mikroelektronik und der Chipindustrie, in den siebziger Jahren des vorigen Jahrhunderts. Der Journalist Don C. Hoefler erfand den Spitznamen, den viele andere Regionen zu kopieren versuchten. Heute steht der Begriff „Silicon Valley" für eine der bedeutendsten Industrieansiedlungen der Welt, insbesondere auf dem Hightech-Gebiet, aber auch für einen einzigartigen Unternehmensgeist und für eine blühende Gründerlandschaft. Die Talregion befindet sich im Süden von San Francisco im amerikanischen Bundesstaat Kalifornien und genießt Weltruhm. Man findet zwar kein Ortsschild und keine Grenzen, auch keine besonders bemerkenswerten natürlichen Gegebenheiten, dagegen zahlreiche Highways und breite Verbindungsstraßen zwischen den Wohn- und Industriegegenden. Die Aneinanderreihung der Firmen in den entstandenen Technologieparks liest sich wie ein Who is Who des Computerzeitalters. Firmen wie Apple, HP, Xerox, Google, Oracle, Sun Microsystems oder Yahoo – sie alle haben ihre Wurzeln im Silicon Valley.

Daneben wirken Forschungs- und Entwicklungszentren der Raum- und Luftfahrt sowie vor allem Universitäten von Weltruf, angeführt von Stanford über Berkeley bis San Jose, der ungekürten Hauptstadt des Silicon Valley mit eigenem Flughafen.

Jüngste Publikationen zur Genesis des Silicon Valley ziehen Vergleiche zur großen Periode der Renaissance in Europa. Der Herausgeber des Buches „Silicon Valley", John R. McLaughlin, spricht sogar von „110 Jahren Renaissance" und vergleicht die zweite Informationsrevolution mit der Entstehung des Buchdrucks durch Johannes Gutenberg.[3]

---

[2]   vgl. Kaplan, David A., Silicon Valley, München, Heyne Verlag 2000, S. 32

[3]   vgl. McLaughlin, John R.; Weimers, Leigh; Winslow, Ward, Silicon Valley, 110 Year Renaissance, 2. Auflage, Palo Alto, Santa Clara Valley Historical Association 2008, Introduction

Der damit verbundene Anspruch zeigt, wo sich die Schöpfer der Informationsrevolution der Moderne selbst einordnen. Sie sind die Gutenbergs des 20. Jahrhunderts.
Insbesondere die Entwicklung und praktische Einführung des Internets als neue
Infrastruktur der Cyberwelt rechtfertigt das durchaus. Niemals zuvor war es möglich, Informationen in einer solchen Fülle und Qualität mit so hoher Geschwindigkeit und in so riesigem Umfang praktisch gleichzeitig und global für jeden nutzbar
zu machen. Die Erfindung und praktische Durchsetzung des weltweiten Netzwerkes hält daher den Vergleich zu Gutenbergs Leistung stand. Natürlich bildete die
parallele Einführung von Personal Computern gegenüber den bis dahin dominierenden Großcomputern und Zentralrechnern das dafür unbedingt notwendige
Arbeitsmittel. Ohne die Homecomputer und radikale Vergrößerung der Rechner-
leistung bei gleichzeitiger rasanter Verkleinerung der damit verbundenen Mikroelektronik wäre dieser technologische Umbruch unmöglich gewesen.

Die technischen Innovationen aus dem Silicon Valley befruchteten sich gegenseitig und beschleunigten wiederum die mit ihnen einhergehenden neuen Infor-
mations- und Kommunikationsformen. McLaughlin betont: „The convergence of
the personal computer, router technology that allows different computer plat-
forms to communicate and the end of the Cold War, which prompted the democ-
ratization of the Internet, all were crucial to the new Information Revolution."[4]
Besonders mit dem Aufblühen der Internetökonomie wuchs der Ruf des Silicon
Valley als amerikanisches Hightech-Entwicklungszentrum in bisher noch nie
erlebtem Ausmaß. In vielen Publikationen zu diesem Phänomen wird vor allem
der herausragende amerikanische Unternehmergeist dafür verantwortlich gemacht. Das greift jedoch zu kurz. Oft wird in diesem Zusammenhang übersehen,
dass auch die Politik kräftig fördernd oder hemmend wirkt. Das gilt insbesondere auch für Umweltschutztechnologien, denn der Marktmechanismus allein war
bisher nicht in der Lage, die notwendigen Innovationen zu schaffen. So ist auch
unbestritten, dass hohe staatliche Förderungen der Militärforschung im Silicon
Valley berücksichtigt werden müssen. Paulina Borsock betont in ihrem Buch
„Schöne neue Cyberwelt":[5] „Ohne den Staat gäbe es kein Internet. Darüber hinaus gäbe es keine Chip-Industrie, der Ursprung des Wohlstands von Silicon Valley." Eine solche nüchterne Einschätzung hören und lesen die Anhänger des
Technoliberalismus natürlich nicht gern. Dennoch ist sie richtig und spielt letztlich auch für die Durchsetzung neuer Umwelt- und Klimaschutzziele eine zentrale Rolle. Viele Umweltschutzprodukte sind politische Produkte.

---

4   ebenda
5   vgl. Borsock, Paulina, Schöne neue Cyberwelt. Mythen, Helden und Irrwege des High-
     tech, München, dtv 2001, S. 12

Zu der Hightech-Region Silicon Valley zählen 16 Städte, darunter so bekannte wie Fremont, Los Altos, Menlo Park, San Jose und Santa Clara oder Saratoga. Von allen Hightech-Firmen kommen die bedeutendsten aus dieser Region Amerikas, die jahrzehntelang als Impulsgeber für Basisinnovationen wirkte. Gegenwärtig bilden sie längst die Grundlage von Alltagsprodukten wie Personal Computern, Mobiltelefonen oder den Suchmaschinen des Internets. In fast jedem Spitzenprodukt von heute befindet sich ein Teilchen oder eine Idee aus dem Silicon Valley, auch wenn es sich vielleicht nur um die Startidee oder die Patentbasis handelt. Auch die Dot-com-Firmengeburtswelle fand hier ihren Ursprung.

Mitte der 90er Jahren erfasste eine bis dahin einmalige Aktivität die Weltwirtschaft. Sie stützte sich vor allem auf das bis dahin kaum außerhalb der Wissenschaft bekannte Internet. Das Internet schien die ideale Basis, um der Wirtschaft neuen Schwung zu geben und eine neue Wirtschaftswelt zu eröffnen, die sich auch so nannte: „New Economy".

Maßgeblichen Anteil an diesem Aufschwung hatten der damalige Präsident der USA Bill Clinton und Al Gore, sein Vizepräsident, der damals noch weniger als Umwelt-, sondern eher als Technologiepionier agierte. Sie gaben im Februar 1993, unmittelbar nach ihrem Amtsantritt, im Silicon Valley auf einem Town Meeting eine Erklärung über ihre Hightech-Strategie ab, die wiederum die regulierende Kraft des Staates unterstrich.

Der Kern dieser Rede war die Zukunft der großen Anzahl existierender Netze, Medien und Informationsdienste. Gemeint war damit das Internet. Al Gore forderte die Industrie dazu auf, diese besser zu erschließen und der Allgemeinheit zugänglich zu machen. Schon damals wurde, zumindest in Ansätzen, die ungeheure Auswirkung der neuen Technologie Internet erkannt. Die Technologieexperten überboten sich gegenseitig in ihren blumigen Prognosen über die Zukunft der neuen Medien und entfachten damit eine Art Goldgräberstimmung unter den Unternehmen.

Besonderes Gewicht erhielt die neue elektronische Infrastruktur für Bildung, Wissenschaft, Gesundheit und Kultur. Die Umwelt- und Klimaauswirkungen spielten dagegen noch keine Rolle. So kann man die National Information Infrastructure Agenda for Action, jenes auf die Rede Al Gores folgende Clinton/Gore-Strategie-Papier, durchaus als die Initialzündung für den eigentlichen Erfolg des Internets bezeichnen. Hier hatte die Politik die Wirtschaft aufgerufen zu handeln – und war gehört worden. Zu dieser Zeit sprach in Europa noch kaum jemand vom Internet. Lediglich die als Bangemann-Papier bekannt gewordene EU-Studie „Europa und die globale Informationsgesellschaft" fragte sich 1994, wohin der Zug wohl gehen könnte. Allerdings war dieses Dossier mehr eine Zustandsbeschreibung als eine Vision oder gar eine Aufforderung, aktiv zu werden. Erst als die ersten Resultate dieser Goldgräberstimmung nach Europa schwappten, löste das Bewusstsein, in einer infrastrukturell entscheidenden Schlüsseltechnologie hinter den USA herzuhinken, eine massive Aufholjagd aus. Trotz größter Anstrengungen Europas und auch Asiens haben die USA hier weiterhin die Nase vorn; nicht zuletzt, weil ein Großteil der weltweit installierten Server (also der Zentralrechner, auf denen die Internetdienste gespeichert werden) sich in den USA befindet. Auch die technologischen Entwicklungen für die globale Vernetzung kamen zu weiten Teilen von US-amerikanischen Firmen, wie z. B. Cisco Systems aus dem Silicon Valley.

Dieser Boom erstreckte sich natürlich auch auf die kommerziellen Nutzungen und Entwicklungen. Die kommerzielle Erschließung forderte jedoch in erster Linie eines: mehr Geschwindigkeit. Waren bislang Modems für den weltweiten Zugang ausreichend, so wurden die Grenzen dieser rudimentären Datenübermittlungstechnik in kürzester Zeit erreicht. Der Begriff „Internet" machte weltweit zunächst nur in Fachkreisen die Runde. Dies lag vor allem an den zuvor genannten schlechten Verbindungsmöglichkeiten. Erst Ende der neunziger Jahre wurde das Internet der großen Allgemeinheit zugänglich. Werbung war anfangs verpönt, doch als sie sich einschlich und durchsetzte, entstand weltweit ein gigantisches neues Geschäftsfeld. In Deutschland boten erste Unternehmen und diverse ausländische Wettbewerber, wie America Online oder Compuserve, bundesweit Internet-Zugänge zu immer günstigeren Konditionen an und bewarben diese Angebote massiv. Die Geschwindigkeit der Modems für den Zugang zur Datenautobahn wurde bis zur damaligen physikalischen Grenze ausgereizt. In Europa folgten zunächst ISDN-Anschlüsse, die erstmals eine digitale Übermittlung und Bündelung der Daten erlaubten. Die bereits Anfang der neunziger Jahre in den USA entwickelte Technik HDSL wurde angesichts der Möglichkeiten des Internets weiterentwickelt und stellt heute die schnellste Übertragungsmöglichkeit von Daten im Internet dar. Neben den rasant steigenden Übertragungsraten und den immer größer werdenden Datenmengen wuchs auch die Anzahl von Breitbandverkabelungen weltweit.

Das Internet gewann infolgedessen an Popularität und wirtschaftlicher Bedeutung, so dass viele größere Firmen begannen, auf Homepages ihre Produkte und Dienstleistungen darzustellen und zu bewerben. Auf einmal wurde es für junge dynamische Unternehmer ganz einfach, eine Firma zu gründen und sich glänzend und strahlend zu präsentieren. Man brauchte zum Start der neuen wunderbaren Geschäftsidee nichts weiter als eine Internet-Adresse und eine Homepage, um seine Waren und Leistungen einem millionenfachen Interessentenkreis anzubieten. Immer mehr Branchen stürzten sich auf die neue Verkaufs- und Präsentationsfläche Internet. Kaum einer weiß allerdings, dass es gerade das älteste Gewerbe der Welt war, das für den rasanten technologischen Ausbau des Internets verantwortlich zählte, die Sexindustrie. Sie verfügte über genug Geld, um neue Technologien zu entwickeln, und über enormes Interesse an einer Vermarktung im damals noch weitgehend anonymen Internet. Sexdarstellungen beflügelten maßgeblich die Entwicklung schnellerer Datentransfermöglichkeiten und besonders das Entstehen von Bild-Kompressionsverfahren.

Im Zuge der immer einfacher werdenden Präsentation im World Wide Web wuchs auch der Hunger nach mehr Geschäftskapital.

Einige Unternehmensgründer gingen noch weiter und schufen Firmen, die nur im Internet agierten und dort Waren und Dienstleistungen anboten. Mit wenig Startkapital konnten sie Ideen umsetzen, die von den Kunden gut angenommen wurden. Um ihr Geschäft weiter auszubauen, gingen die Unternehmen an die Börse und akquirierten auf diesem Wege das notwendige Kapital. In den neunziger Jahren wurden die Internetadressen meistens aus dem Firmennamen abgeleitet, dann kam der obligatorische Punkt (für die Trennung) und die Endung „com". Aus dem englischen Wort „dot" für Punkt und der Endung „com" für Commercial wurde die Bezeichnung „Dot-com" und aus dem Boom der Börsengänge von Internetfirmen wurde der „Dot-com-Boom".

Investoren witterten das große Geschäft und verteilten internetorientierten Firmen und Ideen Venture Capital in nie zuvor dagewesener Höhe. E-Commerce, also Electronic-Commerce, zu Deutsch elektronischer Handel, wurde zum Hoffnungsträger Nummer eins. Die Dot-com-Firmen schossen wie Pilze aus dem virtuellen Boden und die Prognosen der selbst erstellten Businesspläne übertrafen sich gegenseitig.

Mit dem Dot-com-Boom wuchs auch der Bedarf an eingängigen Internet-Domainnamen, die man wie eine Telefonnummer des jeweiligen Unternehmens betrachten kann. Sehr schnell wurde klar, dass die bis dahin favorisierten „.com"-Adressen nicht ausreichen würden. In beachtlichem Tempo erreichte man eine Internationalisierung von Domainendungen und rief zahlreiche zusätzliche Endungen für die unterschiedlichsten Anwendungsgebiete ins Leben. Eine der ersten Neuerungen bestand in den Länderdomains. So verwenden Firmen in Deutschland die Endung „.de", Firmen in Holland „.nl" usw. Die ursprünglich nur US-Unternehmen vorbehaltene Endung „.com" steht mittlerweile jedem Unternehmen frei und wird bevorzugt von international agierenden Firmen verwendet. Ab 2009 sollen beliebige Domainendungen möglich sein, wie „Die Welt" am 24. Juni 2008 berichtete.[6] Dadurch wird auch die einleitend erläuterte neue Abkürzung Dot-green möglich, um die neuen Green-Business-Unternehmen deutlich von den klassischen zu unterscheiden.

---

6   vgl. Internetadressen dürfen bald Wunschkürzel haben, Die Welt, 24. Juni 2008, S. 15

Eine offiziell anerkannte Definition für die neuen Internet-Unternehmenstypen gab es bei ihrem Entstehen nicht. Die Theoretiker mussten die digitale Wirtschaft erst selbst verstehen lernen, bevor sie diese den Machern und allen anderen interpretieren konnten. Ursprünglich bezeichneten „Dot-coms" jene Unternehmen, die ausschließlich oder überwiegend im und über das Internet agieren, d. h. deren gesamtes Geschäftsmodell auf dem weltweiten Netz basierte.

Nicht nur digitale Startups nutzten den Internetboom, sondern viele ältere Unternehmen richteten ihre Angebote und Kommunikationswege immer stärker in Richtung Internet aus. Die Großunternehmen investierten Millionen in den Aufbau der eigenen Vernetzung und Anbindung an das Internet. E-Mails mutierten zum wichtigsten Zeit- und Kostensparfaktor und die eigene Homepage spiegelte das moderne Firmenimage wider. Auch die interne Kommunikation profitierte vom großen weiten Netz. Wurde früher mühsam alles per Post von Filiale zu Filiale geschickt, stand jetzt plötzlich der elektronische Datenverkehr zur Verfügung. Der neueste und schickste Trend bei allen kaufmännischen Softwarelösungen hieß elektronischer Datenverkehr. Datenabgleich und Kontrolle via Internet, Einkaufen direkt über das Netz mit direktem Einblick in den jeweiligen Warenbestand – das prägte die Highlights der modernen Webseitenentwicklung. Das Internet avancierte binnen kürzester Zeit zum Hoffnungsträger aller großen Unternehmen. Da in den neunziger Jahren die Erstellung einer Homepage noch äußerst schwierig und mühsam war, konnten sich unzählige Programmierer eine goldene Nase damit verdienen. Allerdings darf nicht verschwiegen werden, dass die Ergebnisse meist dürftig ausfielen, denn ein Programmierer ist nun einmal kein Grafikdesigner. Als die Unternehmen auch das erkannten, wuchs der Kostenaufwand noch einmal um ein Vielfaches, denn jetzt musste ein Webdesigner Grafik und Programmierung miteinander verbinden.

Das Internet entwickelte sich rasch zur Versandplattform für alle Waren, die man nicht unbedingt im Laden in die Hand nehmen musste. Dazu zählten bevorzugt Computerbauteile und Bücher. Versandhäuser sahen ihre große Chance, ein noch breiteres Publikum zu erreichen, und Firmen wie der deutsche Otto-Versand oder Karstadt-Quelle investierten Millionen in den Traum des großen virtuellen Kaufhauses.

Lange Zeit stand der Mittelstand dem Internet zweifelnd und eher unbeholfen gegenüber. Die Registrierung einer eigenen Domain, das Erstellen einer Firmen-Homepage und die Versorgung der Mitarbeiter mit eigenen E-Mail-Adressen verliefen bei den meisten Mittelständlern deutlich später und langsamer als in den Großunternehmen. Die Gründe lagen meist im fehlenden Personal, das entsprechende Trends in der Branche hätte beobachten und bewerten können, und vor allem in den damals noch immensen Kosten, die die Einrichtung des neuen Mediums verschlang. Homepages für 50.000 DM und mehr waren absolut üblich und unter 10.000 DM war an eine Webseite nicht zu denken. Hinzu kamen die erheblichen Probleme mit der Belebung der eigenen Webseite. Denn diese musste auch mit Inhalten versehen werden, und das bedeutete nochmals kreative Arbeit in Bezug auf Text- und Bildgestaltung. So blieben die meisten Mittelständler skeptisch und abwartend, während jene, die schnell und entschlossen den Schritt ins Internet wagten, schon in den frühen Jahren des World Wide Web Erfolge in Form von internationalen Geschäftsabschlüssen erzielen konnten. Diese Vorteile entstanden dadurch, dass ihre Produkte und Serviceleistungen durch eine Homepage auf einmal einem weltweiten Publikum präsentiert werden konnten. Der elektronische Handel erlebte einen ersten wirklichen großen Aufschwung, denn der bis Mitte der neunziger Jahre dominierende Bildschirmtext kam auch in der Blüte seiner Laufbahn nicht über die Anzahl von einer Million Nutzer hinaus und wurde nach seinem langsamen Sterben im Jahre 2001 dann endgültig abgeschaltet. Internet und World Wide Web eröffneten ganz andere Präsentationsmöglichkeiten, die bekanntlich heute bereits alle Medien von Text über Bild, Film und Ton miteinander vereinen.

Ende der neunziger Jahre gelangten die Errungenschaften des Silicon Valley und vieler anderer Regionen auch in die Wohnzimmer, Akten- und Westentaschen normaler Bürger. Die rasante Verbreitung der immer billiger werdenden Homecomputer und Mobiltelefone, mit der Möglichkeit im weltweiten Datennetz zu surfen, sorgte für einen fulminanten Run auf die Computermärkte. Den endgültigen Durchbruch erzielte das Internet Ende 2001, als Apple nicht nur den iPod als digitales Abspielgerät für Musik auf den Markt brachte, sondern gleichzeitig den ersten offiziellen Onlinemarkt für direkt herunterladbare Musik präsentierte. In den Jahren zuvor gelangten Tauschbörsen wie Napster zu eher zweifelhaftem Ruhm, boten sie doch besonders den Jugendlichen die Möglichkeit, mehr illegal als legal ihre Musikfavoriten aus dem Netz zu laden und untereinander zu tauschen.

Von diesem Siegeszug des Internets wurden selbst die überrascht, die maßgeblich an seiner Verbreitung mitwirkten. Firmen wie IBM und Microsoft verschliefen den Sprung auf diesen Zug und konnten sich nur noch durch Firmenübernahmen einen kleinen Platz in der Geschichte des Internets sichern. Das Internet, ursprünglich von Militär- und Forschungseinrichtungen zur internen Kommunikation entwickelt, sorgte für eine Gründungs- und Innovationswelle, wie es sie zuvor nicht einmal bei der Einführung des Personal Computers gegeben hatte. Mit einem Mal war alles möglich, es gab keine Grenzen mehr und jeder konnte sich und seine Ideen weltweit publik machen und aus dem unerschöpflichen digitalen Reichtum Geld machen. Das Silicon Valley spielte hierbei die entscheidende Rolle. Themen wie Umweltschutz oder Klimakollaps fanden kein Gehör. Da es sich um eine neue virtuelle Welt handelte, hatte man von Haus aus ein gutes Gewissen, denn es wurden auch scheinbar Ressourcen eingespart.

Schon als der Personal Computer aufkam, glaubte man, wie in unzähligen Werbetexten nachzulesen ist, dass sich nun der Papierverbrauch drastisch reduzieren würde. Das genaue Gegenteil war jedoch der Fall und dieser Irrtum sollte nicht der letzte bleiben. Heute zwingen nicht nur der Klimakollaps und ausgehende Rohstoffe zum Umdenken, sondern auch der Benzinpreis an der Zapfsäule zu raschem Umsteuern. Das Going Green ist nicht nur schick und Klima schonend, sondern auch wirtschaftlich lukrativ, denn ein Multimilliarden-Dollar-Geschäft lockt.

Was die Gründerzeit in Deutschland mit dem Silicon Valley verbindet

Das Ruhrgebiet und andere deutsche Industrieregionen halten auf den ersten Blick keinem Vergleich mit dem berühmten Silicon Valley stand, obwohl manche Unternehmer im Silicon Valley auch vom Rhein- oder Ruhrvalley sprechen. Bei näherem Hinsehen kann man durchaus mehr Gemeinsamkeiten entdecken als landschaftliche Unterschiede. Natürlich regnet es im „Pott" wie in ganz Deutschland öfter als im sonnigen Kalifornien und das Gebiet an der Ruhr galt jahrzehntelang durch die hier besonders konzentrierte Kohle- und Stahlindustrie als hochgradig umweltverschmutzt. Doch in den letzten zwanzig Jahren hat sich dieses Bild radikal verändert, auch das Ruhrgebiet zeigt sich heute grün.

Historisch gesehen gibt es noch ganz andere Parallelen. Fünf sollen hier näher betrachtet werden.

An vorderer Stelle steht die mit der Zeit von 1848 bis 1871 verbundene erste große Gründerwelle in Deutschland.[7] Diese Gründerwelle gab der ganzen Epoche ihren bis heute bestehenden Namen und schuf durch die flächendeckende Einführung von Eisenbahn, Telegrafie und Telefon eine völlig neue und hochmoderne Infrastruktur. Noch niemals zuvor in der deutschen Geschichte gab es in so kurzer Zeit so viele Unternehmensgründungen mit einem derart hohen Innovationspotential. Die ersten bedeutenden Transport- und Kommunikationsunternehmen entstanden – wie 1846 die Hamburg-Amerika-Linie, 1847 die Telegrafenbau-Anstalt Siemens & Halske und der Norddeutsche Lloyd. Die Chemiefirmen Bayer, Hoechst, BASF und Kalle wurden 1863/65 gegründet.[8] Parallel entstand, nach Freigabe der Telegrafie für den privaten Gebrauch im

---

7   vgl. Gründerzeit 1848 – 1871 (Sonderausstellung des Deutschen Historischen Museums in Berlin). Hrsg. von U. Laufer u. H. Ottomeyer, Dresden, Sandstein-Verlag 2008

8   Sie wurden später als IG Farben berühmt und berüchtigt zugleich, woran die Berliner Morgenpost in einer Sonderausgabe zur Gründerzeit-Ausstellung erinnerte.

Jahr 1849, mit dem Wolffschen Telegrafenbüro in Berlin die erste Nachrichten-agentur, die anfangs nur kommerzielle Nachrichten verbreitete. Deutschland befand sich in einem regelrechten Gründungsrausch.

Einer der Gründer ragte aus dem Ruhrgebiet besonders hervor und prägte den Weltruf der deutschen Industrialisierung entscheidend mit – Alfred Krupp. Sein Vater, der Essener Schmiedemeister Friedrich Krupp, hatte schon 1811 eine Fabrik zur Produktion von Gussstahl gegründet. 1816 gelang es Friedrich Krupp in seiner Firma, erstmals große Mengen Stahl zu produzieren, die den damaligen englischen Standards entsprachen. 1826 ging die Stahlfabrik des Vaters, in der sieben Arbeiter beschäftigt waren, an den erst 14-jährigen Sohn Alfred Krupp über. Doch erst nach der Gründung des deutschen Zollvereins im Jahr 1834, der die Existenzbedingungen von Handel und Gewerbe entscheidend verbesserte, konnte der engagierte junge Unternehmer seine Träume vom Aufblühen seiner Firma ganz im Stil des heutigen Silicon Valley in Angriff nehmen. In seinen Bemühungen machte er Anfangsfehler, die sogar so weit gingen, dass der Bestand des Unternehmens ernsthaft gefährdet wurde. Die daraus folgende Firmenkrise in den Jahren 1847/48 zwang ihn zur Modernisierung und Neuordnung seines Unternehmens. Danach begann für Krupp der rasanteste Aufstieg der Gründer-zeit. Nachdem es Alfred Krupp gelungen war, Eisenbahnräder ohne Schweiß-nähte, die häufig zu Radbrüchen geführt hatten (Radbrüche gehörten bis dahin zu den häufigsten Ursachen von Eisenbahnunfällen), herzustellen, meldete er sein Verfahren 1852 als Patent an. Anfang der 1860er Jahre feierte man Krupp darüber hinaus besonders als „Kanonenkönig". Die Hinwendung zur Produktion von Kriegsgeräten ermöglichte ihm nicht nur die Stabilisierung des Absatzes, sondern auch den weiteren Ausbau der Stahlproduktion. Nach Liquiditätspro-blemen in den sechziger Jahren des 19. Jahrhunderts konnte Krupp auf finanziel-le Hilfe von preußischer und französischer Seite zurückgreifen. Dafür musste der Firmeninhaber dem vermittelnden Bankkonsortium allerdings zähneknirschend ge-wisse Einflussrechte zugestehen und sich den damaligen Zeichen der Zeit beugen.

Hier zeigt sich die zweite Parallele. Im Vergleich zwischen den Unternehmens-gründungen in Deutschland vor über 150 Jahren und dem heutigen Silicon-Valley-Muster ist der Einfluss der Banken von größter Bedeutung. Von nun an hatten vor allem die mitfinanzierenden Banken ein entscheidendes Wörtchen mitzureden. Daraus resultierte eine nicht unerhebliche Anzahl von Fehlentschei-dungen, die auf die mangelnde Weitsicht und fehlendes unternehmerisches Den-ken der Banker zurückzuführen sind.

Erstmals spielten die zahlreichen neu gegründeten Banken in Europa und Deutschland für das Entstehen von Aktiengesellschaften in der Gründerzeit eine maßgebliche Rolle. Zwischen 1850 und 1870 entstanden 295 deutsche Aktienge-sellschaften. Die bis dahin dominierenden Familienunternehmen waren finanziell nicht mehr in der Lage, die gewaltige Expansion inklusive dem verstärkten Export von Waren, Maschinen und nicht zuletzt Kriegsgerät europa- und weltweit zu finanzieren. Auch wenn Aktiengesellschaften grundsätzlich nichts Neues boten – die niederländische Ostindien-Kompanie wurde schon 1602 als AG organisiert – bildete sich die moderne Gesellschaftsform der AG erst im 19. Jahrhundert aus. Mit der Reichsgründung entstanden alleine 1871/72 in Deutschland 780 Aktiengesellschaften.[9] Zwischen 1790 und 1870 gab es dagegen insgesamt nur 390 solcher zukunftsfähigen Gesellschaften, die das benötigte Geld für die anstehenden Großprojekte vom Aufbau des Eisenbahnnetzes bis hin zum Lokomotiven- oder Anlagenbau aufbringen konnten. Die heutigen Großbanken, angefangen von der Deutschen Bank über die Commerz- bis zur Dresdner Bank, entstanden alle in diesen Gründerjahren. Der wachsende Überseehandel war ohne Banken nicht zu bewältigen. Bis dahin dominierten Londoner Geldhäuser das lukrative Geschäft der Kreditierung von Überseehandelsgeschäften. Die rasch erstarkende Deutsche Bank gehörte zu den Vorreitern für größere Aktiengeschäfte, wie die engen Geschäftsbeziehungen zu AEG, BASF, Bayer und Siemens bewiesen. Schon vorher gegründete bedeutende private Geldhäuser wie Oppenheim, Rothschild oder Wartburg und Metzler überlebten die erste große Banken- und Börsenkrise Deutschlands von 1873. Allein in Österreich und Deutschland schlitterten in diesem Jahr 60 Banken in die Insolvenz. Die Gründerzeit war zu Ende.[10]

Die Parallelen zur Dot-com-Blase liegen auf der Hand. Die Geldgier der Kapitalgeber hat im Silicon Valley ebenso wie in der Gründerzeit des 19. Jahrhunderts, als die Banken das Sagen hatten, in die Krise geführt. Die Dot-com-Firmen benötigten Geld, um ihre Technologien zu entwickeln und ihre innovativen Ideen in Form einer Firmengründung marktwirksam zu machen. Ohne Zustimmung der Venture Capital Firmen gab es keine Geschäftserweiterung. Die Geber des Risikokapitals waren wiederum ihren Anlegern verpflichtet. Um diese zu Investitionen zu überreden, verkauften die Venture-Capital-Firmen am liebsten unschlagbare Visionen, die den allgemeinen Begeisterungssturm auf die Anleger übertrugen. Dazu mussten die Existenzgründer und Jungunternehmer immer mehr auch ihre Phantasie spielen lassen.

---

9   vgl. Berliner Morgenpost, Sonderausgabe zur Gründerzeitausstellung des Deutschen Historischen Museums Berlin, 2008, S. 7

10   vgl. Böhme, Helmut, Bankenkonzentration und Schwerindustrie, 1873 – 1896. Bemerkungen zum Problem des „Organisierten Kapitalismus", in: Sozialgeschichte heute. Festschrift für Hans Rosenberg zum 70. Geburtstag. Hrsg. v. Hans-Ulrich Wehlen. Kritische Studien zur Geschichtswissenschaft. Band 11, Verlag Vandenhoeck & Ruprecht, Göttingen 1974, S. 432-451; Carsten Burhop, Die Kreditbanken der Gründerzeit, Schriftenreihe des Instituts für Bankhistorische Forschung e. V., Band 21, Franz Steiner Verlag 2004

In der Gründungszeit des 19. Jahrhunderts gab es analoge Probleme. Der Markt wartete nur auf neue Produkte und Dienstleistungen, wie z. B. die Idee für ein weltumspannendes Telegrafennetz. Allerdings war die Vorfinanzierung für diese neuen vom Markt geforderten Produkte für die Unternehmer nicht zu stemmen. Die Banken, von jeher auf äußerste Sicherheit bedacht, wähnten sich auf der sicheren Seite, wenn sie nur genug mitreden konnten. So wollten sie riskanten Fehlentscheidungen vorbeugen und für ein krisensicheres Wachstum Sorge tragen, ohne dabei das unabdingbare unternehmerische Risiko einzugehen. Das rächte sich beim ersten großen Börsencrash.

Fast zwanzig Jahre lang erholte sich die deutsche Volkswirtschaft nur zaghaft von dieser Krise und brachte ein Phänomen hervor, das bis heute anhält: Ein tief verwurzeltes Misstrauen vieler Anleger gegenüber Aktiengesellschaften. Während dieser modernen Gesellschaftsform in anderen Ländern und besonders den USA viel mehr Vertrauen entgegengebracht wird, hält sich in Deutschland eine wohl auf diesen Börsen- und Bankencrash zurückgehende Skepsis. Zum 20. Geburtstag des Deutschen Aktienindex Dax rief Bundesfinanzminister Steinbrück Anfang Juli 2008 deshalb die Bundesbürger auf, mehr Aktien zu erwerben.[11]

Der Aktienkauf gilt vielen nach wie vor als spekulatives Geschäft und weniger als ein weltweit verbreitetes Instrument zur Teilnahme an industriellen Großprojekten und damit verknüpften Gewinnaussichten. Hierbei spielte in den Gründerjahren zweifellos die Tatsache eine große Rolle, dass viele Gewerbetreibende, Kleinunternehmer, Handwerker und bis dahin in der Landwirtschaft Arbeitende mit der Industrialisierung verarmten oder ohnehin kein nennenswertes Kapital besaßen. Die Volks- und Genossenschaftsbanken entstanden erst im 19. Jahrhundert. Hermann Schulze-Delitzsch entwickelte erfolgreich die Idee der Volksbanken und Friedrich Wilhelm Raiffeisen schuf die Genossenschaftsbanken, die vor allem für die Landwirte bestimmt waren. Die schon Ende des 18. Jahrhunderts entstandenen ersten Sparkassen agierten vor allem regional und unterstützten die so genannten „kleinen Leute" bei der Altersvorsorge und Vergabe von Kleinkrediten ohne die primären Profitabsichten der Großbanken. Ihre progressive Rolle im Prozess der gesamten Industrialisierung darf deshalb keineswegs unterschätzt werden und fand zahlreiche internationale Nachahmer. Die schon im 19. Jahrhundert begründete Bankenstruktur hat bis heute Bestand, auch wenn durch das Internet immer mehr virtuelle Bankhäuser auftreten und Finanzinnovationen oft mit Crashs verbunden sind. Die jüngsten Fehlspekulationen im amerikanischen Immobilienbereich und deren Auswirkungen auf international agierende Banken und Volkswirtschaften sind dafür nur ein Beweis mehr. Es ist selbstverständlich, dass durch sie das Anlegervertrauen erneut tief erschüttert wurde.

---

11   vgl. Seibel, Karsten, Steinbrück ruft zum Aktienkauf auf, in: Die Welt, 2. Juli 2008, S. 15

Eine dritte Parallele zwischen der deutschen Gründerzeit und dem anhaltenden Gründungsboom im Silicon Valley besteht in den politisch-sozialen Auswirkungen des in Deutschland vor allem auf Kohle und Stahl fußenden industriellen Wachstums. Das zeigte sich besonders in den Kohlerevieren des Ruhrgebietes. Neben Krupp gehörte der am 20. Dezember 1825 in Essen geborene Heinrich Friedrich Grillo zu den einflussreichsten Unternehmern der Gründerzeit. Der Kaufmannssohn hatte, ähnlich wie Krupp, das väterliche Unternehmen übernommen und ging ganz im heutigen Silicon-Valley-Stil an die Verwirklichung großer Pläne. Deshalb beteiligte er sich an verschiedenen Zechen und gewann immer mehr Einfluss. Auf seine Veranlassung hin wurden seit 1848 in der Schalker Mark bei Gelsenkirchen Mutungsbohrungen durchgeführt, die auf ein reiches Steinkohlenvorkommen unter dem kleinen Ort Schalke und den umliegenden Bauernhöfen schließen ließen. Auf Grillos Initiative hin wurden im Jahr 1872 die „AG der chemischen Industrie", die „Schalker Gruben- & Hüttenverein AG" und die „Dortmunder Union" gegründet. Die beiden letzteren Aktiengesellschaften waren Montanunternehmen mit Hütten- und Bergwerken. Grillo gelang es, in Zusammenarbeit mit Banken aus Köln und Berlin, die Aktiengesellschaft als typische Unternehmensform im Ruhrgebiet durchzusetzen und die Verbindung von Banken und Wirtschaft zu stärken. Im Bergbau wurden die kleinen Bergwerke durch Großschachtanlagen abgelöst. Technische Innovationen, wie die das Bild des Ruhrgebietes prägenden Malakoff-Türme, der Einsatz von Presslufthämmern, Dynamit, elektrischen Glühbirnen und Pumpen unter Tage, das Entstehen der die Abfallprodukte des Bergbaus verarbeitenden chemischen Industrie, der Ausbau der Transportwege über Wasserstraßen, Eisenbahnschienen und Straßen und der Bau der Rheinbrücken, führten nach dem Deutsch-Französischen Krieg dazu, dass im Ruhrgebiet das größte industrielle Ballungszentrum Europas entstand.

Der Ruhrpott gründete sich sowohl auf Eisen und Stahl als auch auf die neu entstehende chemische und elektrotechnische Industrie. Heutige Großstädte wie Dortmund und Duisburg zählten um 1800 jeweils kaum mehr als 5.000 Einwohner, Gelsenkirchen und Herne jeweils nicht einmal tausend. Bedingt durch den ständig wachsenden Bedarf an Industriearbeitern stiegen die Bevölkerungszahlen rasant an. Konnte man anfangs die notwendigen Arbeitskräfte noch in der ländlichen Bevölkerung des Münsterlandes, Ostwestfalens und Hessens finden, musste man nach 1870 auf das Arbeitskräftepotential der preußischen Ostprovinzen zurückgreifen. 1852 lebten im Ruhrgebiet schon etwa 375.000 Menschen, der Zuzug von mehr als einer halben Million Arbeitern aus Ost- und Westpreußen, aus Schlesien und Posen trug entscheidend dazu bei, dass die Bevölkerungszahl rasch die Millionengrenze überschritt. Erneut musste man Arbeiter aus ländlichen Strukturen gewinnen. Ehemalige Kleinbauern, Landarbeiter und kleine Handwerker, die nun oftmals polnischer Nationalität waren und kein

Deutsch sprachen, galt es für die neuen Anforderungen der Industrie fit zu machen. Neben den Polen zog man Arbeitskräfte aus Kroatien, der Slowakei und aus Italien ins Ruhrgebiet. Anfangs konnte man die herbei strömenden Menschen noch in den bestehenden dörflichen Strukturen des Gebietes unterbringen. Die Einheimischen rückten zusammen und vermieteten einen Teil ihrer Häuser an die Zugezogenen. Zwischen 1840 und 1871 stieg in Essen die Zahl der Einwohner eines Hauses im Durchschnitt auf das Doppelte. Man musste auf bewährte alte Mittel zurückgreifen und baute Schuppen und Ställe zu Wohnungen aus, stockte Häuser auf. Das enge Zusammenleben brachte die alten Probleme rasch wachsender mittelalterlicher Städte zurück. Man war anfangs den größer werdenden hygienischen Problemen nicht gewachsen und sah sich rasch um sich greifenden Epidemien ausgesetzt, die unter der viel zu schwer und zu lange arbeitenden Bevölkerung, die sich kaum das nötige Brot kaufen konnte, viel zu wenig Schlaf hatte und unter dem mit den Wohnverhältnissen wachsenden Stress lebte, rasch um sich griffen.[12]

Dennoch wurde der Wohnraum immer knapper. Nun entstanden die ersten relativ komfortablen Werkssiedlungen, in denen sich jedoch vorrangig Vorarbeiter und Meister einmieteten. Den jugendlichen Arbeitern, selbst Neunjährige schufteten damals bis zu zehn Stunden als Schlepper in den Bergwerken Deutschlands, blieb meist nur das „Ledigenheim" übrig, das kasernenartig ausgebaut war und damit ihrer sozialen Kontrolle diente.[13]

Die Lage der Industriearbeiter verschärfte sich mit jeder Zuzugswelle. Die Einwandernden wurden, getrennt nach Landsmannschaften, in ghettoähnlichen Arbeitersiedlungen untergebracht. Familien wohnten meist in nur einem Raum und teilten diesen oftmals noch mit so genannten Schlafgängern, also Arbeitern, die sich keine eigene Wohnung leisten und sich nur ein Bett zum Schlafen mieten konnten. Das 19. Jahrhundert zeichnete sich dadurch aus, dass Industriearbeiter sowohl ihre Arbeitsplätze als auch ihre Schlafplätze schichtweise nutzen mussten. Um soziale Konflikte zu entschärfen und die eigene Arbeiterschaft enger an sich zu binden, gingen einige Fabrikanten dazu über, in unmittelbarer Nachbarschaft zu ihren Industrieanlagen lange Reihenhausketten für „ihre" Arbeiterschaft zu bauen. Doch auch in diesen Wohnungen lebte man auf engstem Raum. Außerdem bedeutete der Verlust des Arbeitsplatzes, z. B. infolge kritischer Äußerungen oder Hinwendung zu den sich gründenden Gewerkschaften, auch den Verlust der Wohnung. Berühmt wurden die von Alfred Krupp in der Nähe seiner Werke gebauten Siedlungen. In den Krupp-Siedlungen rings um das ständig

---

12   vgl. Parent, Thomas, Das Ruhrgebiet. Vom goldenen Mittelalter zur Industriekultur, Köln, DuMont Verlag, S. 25 ff.

13   ebenda

wachsende Werk lebten etwa 30.000 Menschen. Um dort eine Wohnung für sich und seine Familie mieten zu dürfen, musste man Mitarbeiter der Werke sein und bezahlte monatlich durchschnittlich etwa den Verdienst von zweieinhalb Arbeitstagen Miete. Auf der Pariser Industrie-Ausstellung wurde im Jahre 1855 erstmals ein neuer Wohnhaustyp vorgestellt. Dieses Siedlungshaus im Kreuzgrundriss wurde in der Folge überall im Ruhrgebiet gebaut. Es entstanden enge Straßen, deren Lageplan mit dem Lineal auf dem Reißbrett gezeichnet wurde. Bäume, Parkanlagen und sogar Plätze waren selten.

Solche „Arbeiterghettos" fehlen natürlich im kalifornischen Silicon Valley von heute. Die entscheidende Parallele zwischen der Gründerzeit in Deutschland und dem Gründungsboom im Silicon Valley ist zum einen die Migration. Ein überwiegender Anteil der neuen Arbeiter des Silicon Valley inklusive seiner führenden Gründer sind Einwanderer oder zumindest Hinzugezogene. Auch wenn sich die Arbeits- und Wohnbedingungen heute erheblich von denen des 19. Jahrhunderts unterscheiden, gibt es grundsätzlich zahlreiche Analogien in der Migration. Man sieht sie in Chinatown von San Fransisco bis heute am offenkundigsten, aber auch in der gewachsenen sozialen Differenzierung von arm und reich in den USA genauso wie in Deutschland. Eine weitere Analogie findet sich in den Arbeitsbedingungen. Auch wenn Angestellte und Arbeiter im heutigen Silicon Valley in keiner Weise so menschenunwürdig leben, so ist die strikte Forderung nach vollkommener Hingabe zum Unternehmer symptomatisch für die gesamte Dot-com-Ära. Angestellte, die in ihren Büros eine Couch stehen haben, um dann die meisten Nächte der Woche dort zu verbringen, waren und sind keine Seltenheit. Es gibt unzählige Berichte von Mitarbeitern, die viele Jahre ihres Lebens nur der Firma geopfert haben und das in einer Weise, die keinerlei Privatleben mehr zuließ. Das zeigt eindeutige Parallelen zur Gründerzeit in Deutschland.

Auch in einem vierten Vergleichspunkt zwischen historischen und heutigen Gründungserfordernissen gibt es Analogien, den enormen Aus- und Weiterbildungsbedarf für die neu entstandenen Industrien betreffend. Im Deutschland des 19. Jahrhunderts fehlte es vor allem, wie heute wieder, an qualifizierten Ingenieuren und Technikern. Die klassischen Universitäten boten keine Studiengänge in Bereichen der Wirtschaft und Technologie an. Peter Christian Wilhelm Beuth hatte als Leiter der preußischen Gewerbebildung erst 1821 ein erstes „technisches Institut", die spätere Gewerbeschule, eröffnet. Was man darin lernen konnte, interessierte die Bürger kaum. Erst die Ausstattung mit Stipendien half ein wenig, mehr Lernwillige für die neue Ausbildungsform zu gewinnen. Die parallel gegründeten Provinzialgewerbeschulen erhielten die Zusage, die jeweils vier besten Absolventen in die höhere Ausbildung nach Berlin zu entsenden. Obwohl die so genannte „polytechnische Bildung" seit dem Revolutionsjahr 1848 immer notwendiger im sich international verschärfenden Wettbewerb wurde, dauerte es noch über ein Jahrzehnt, bis in Aachen und Köln die ersten polytechnischen Institute gegründet wurden. 1879 entstand in Berlin Charlottenburg die damalige Technische Hochschule, heutige Berliner Technische Universität. Kurz davor wurde die 1866 gegründete polytechnische Schule in München 1877 in den Rang der ersten Technischen Hochschule Bayerns erhoben. Die Wirtschaftskrise von 1873 unterstrich die Notwendigkeit, sich stärker mit den technischen und wirtschaftlichen Grundlagen der international neuen Produktions- und Handelsformen auseinanderzusetzen. Ganz analog bestand und besteht auf dem Gebiet der neuen digitalen Produktionsweise erheblicher Nachholbedarf. Die bekannten Anstrengungen zur Gewinnung ausländischer IT-Fachkräfte mittels einer „Greencard" zur Einreise nach Deutschland und Europa von Indien über Osteuropa bis nach Asien sind nur ein Beweis dafür. Das Silicon Valley entwickelte sich dagegen von Anfang an durch die hier angesiedelten zahlreichen Universitäten. Der Wissens- und Know-how-Transfer erfolgt schnell und problemlos, oft sogar auf direktem Wege durch frühzeitige Verbindung der Unternehmen mit der Wissenschaft und langfristige Suche nach Beststudenten sowie Absolventen besonders gefragter Fachrichtungen. Ohne Übertreibung kann man sagen, dass sich die neuen Aus- und Weiterbildungsanforderungen aus den vielfältigen Unternehmensgründungen der Hochschulen formten. Die angestrebte Verflechtung von Aus- und Weiterbildung, wissenschaftlicher Forschung und Industriepraxis erwies sich in den Gründerjahren des 19. Jahrhunderts schon als genauso schwierig wie heute im Digitalzeitalter. Das Hochschulwesen reagierte insgesamt in Deutschland in der zweiten Hälfte des 19. Jahrhunderts viel zu spät auf die neuen Herausforderungen, ganz analog Ende des 20. Jahrhunderts auf die der digitalen Produktion und Internetökonomik. Im Silicon Valley vertieften sich dagegen die Beziehungen zu den Hochschulen. Vielfach durchlaufen Absolventen nach ihrer Hochschulausbildung in Deutschland vor dem Einsatz in der Industrie oder im privaten Dienstleistungsgewerbe erst einmal eine halb- oder einjährige Traineelaufbahn, um sich überhaupt in der Praxis zurechtzufinden und mit den hier gestellten Anforderungen Schritt zu halten. Das damit verbundene Armutszeugnis universitärer Lehre gilt bis auf wenige Ausnahmen auf vielen Technologiegebieten des 21. Jahrhunderts, so dass immer mehr Unternehmen verstärkt fachfremd Ausgebildete mit guten mathematischen, informationstechnischen, naturwissenschaftlichen und technischen Kenntnissen selbst „on the job" weiterbilden. Welche Effizienzreserven allein in der stärker bedarfsorientierten statt disziplinzentrierten Aus- und Weiterbildung stecken, liegt auf der Hand.

Schließlich soll noch eine weitere Analogie der Gründerzeit aus Deutschland mit dem anhaltenden Gründungsrausch aus dem Silicon Valley verglichen werden. Es handelt sich um den Vorherrschaftsanspruch durch Innovation und Technologie, der mit allen Mitteln angestrebt wird.

Schon Preußen und Frankreich nutzten die in den Kruppwerken produzierten Kanonen während des Deutsch-Französischen Krieges 1870/71, um aufeinander zu schießen. Heutzutage werden elegantere Methoden eingesetzt, im Kern jedoch mit gleicher Absicht. Die Bedeutung der Telegrafie im 19. Jahrhundert für den für Entscheidungen so wichtigen Informationsvorsprung wird heute gerne mit der Bedeutung des Internets für das beginnende 21. Jahrhundert verglichen. Das hat sich mit Blick auf die enorme Beschleunigung des Informations- und Kommunikationsflusses in den letzten Jahren weiter verstärkt und wird noch zunehmen. Heute bestimmen die Dot-com-Firmen nicht nur das Geschehen, sondern vor allem auch das Tempo. Der Anspruch auf Technologieführerschaft und Wettbewerbsvorsprung besteht jedoch. Am deutlichsten zeigt sich das immer wieder an den Versuchen von Microsoft, stärker in der Internetindustrie Fuß zu fassen, wie z. B. zuletzt im Mai 2008 bei der „Übernahmeschlacht" um Yahoo. Sie scheiterte, gilt aber noch längst nicht als beendet.

Auch die internationalen Auseinandersetzungen um die Ölvorräte belegen eindrucksvoll, dass sich am Wesen der aggressiven Vorherrschaftsansprüche von Markt- und Technologieführern nichts geändert hat. Der sich fast täglich verteuernde Ölpreis und damit verbundene drastische Preisanstieg an den Zapfsäulen unterstreicht das am meisten. Er beweist zugleich, wie groß der Nachholbedarf der Greentechnology für die Autoindustrie ist. Er unterstreicht aber auch, um welche Größenordnung es sich bei der Umstellung auf klima- und umweltfreundlichere Antriebssysteme und Logistiklösungen handelt. Das allein stellt ein riesiges Milliardengeschäft dar, weil sich die Auto- und Zulieferbranche weltweit neu erfinden muss.

Das Revolutionäre der Dot-coms und ihre Wirkung auf Startup-Träume

Um zu verstehen, was die Dot-coms so einzigartig und zugleich interessant für den entstehenden noch größeren Greentech-Markt macht, müssen die Hintergründe der Internetökonomik näher beleuchtet werden.

An erster Stelle steht das enorme Ausbreitungstempo des neuen Unternehmenstyps Dot-com. Niemals vorher war es möglich, so schnell und mit so wenig Aufwand eine Firma aufzubauen wie mit Beginn der massenhaften Verbreitung des Internets. Im Grunde genommen reichten bereits das Auswählen eines geeigneten Domainnamens und das Erstellen einer Homepage. Mussten Firmen zuvor viel Geld für Werbung, CI (Corporate Identity) und Image aufwenden, so reichte auf einmal eine gut aussehende Internetpräsenz aus, um aus einem Ein-Mann-Unternehmen ein scheinbar erfolgreiches globales Unternehmen zu machen. Ein Internetzugang, ein Provider für das Bereitstellen der Webseiten und ein eingängiger Domainname genügten, um aktiv oder auch nur scheinbar Geschäfte einleiten zu können.

Bevor die Firma Google die Suchmaschinen im Internet revolutionierte, konnte jeder, der ein wenig gewitzt war, schnell und einfach für eine gute Position in den Suchmaschinen von Yahoo, Lycos und AltaVista sorgen. Hierzu war es meist nur notwendig, möglichst viele Schlagworte in der so genannten Metatag-Datei zu verwenden, um die Wichtigkeit der eigenen Webseite zu steigern. Diese Metatag-Datei war nichts anderes als eine kleine Textdatei, die Stichworte zum Inhalt der eigenen Internetseite enthielt. Da alle Suchmaschinen in regelmäßigen Abständen alle Domainseiten prüften, um diese Dateien auszulesen, war es der einfachste Weg, sich in den Ergebnisseiten nach oben zu arbeiten. Die Inhalte der Metatag-Dateien wurden als Stichworte, sprich Suchbegriffe, für die eben genannten großen Suchmaschinen verwendet, vollkommen unabhängig davon, ob sie auch tatsächlich etwas mit dem Inhalt zu tun hatten.

Als Hauptstadt dieser „Neuen Wirtschaft" galt und gilt das Silicon Valley.[14] Die Tageszeitung USA Today sprach sogar von der Hauptstadt des „digitalen Zeitalters"[15], wobei die technologiebasierten Firmen der Chip-, Computer- und Softwareindustrie natürlich auch die entsprechenden Basiseinrichtungen aufbauen mussten.

Der Boom im Silicon Valley war von Anfang an atemberaubend. Die Firmen planten nicht lange, kümmerten sich nicht um Normen oder Richtlinien, sondern sie fingen einfach an. Hinzu kam, dass jede Firma, und war sie auch noch so klein, dort respektiert wurde, solange nur die Produkte oder Ideen innovativ genug waren. Eine solche Gangart wäre in Europa undenkbar gewesen. Als das Internet mit seiner Bedeutung und den Möglichkeiten, die sich den Dot-com-Unternehmen boten, die Welt auf den Kopf stellte, kannte die Euphorie gerade in den USA keine Grenzen mehr. Nie waren Techniker und Bastler stärker motiviert als in den späten achtziger und den neunziger Jahren. Jeder träumte von den Millionen, die man verdienen konnte, und jeder sah sich schon im Ferrari über die Boulevards flitzen.

Aus diesen hochfliegenden Träumen junger Unternehmer erwuchsen vor allem ein vollkommen unkontrolliertes Wachstum von vermeintlich genialen Techniken und ein sehr sorgloser Umgang mit den zur Verfügung gestellten Geldmitteln. Das Entwicklungstempo ließ keinen Raum mehr für ausgereifte und verifizierte Businesspläne. Oberste Priorität hatte es, der Erste zu sein.

---

[14]   vgl. Spiegel 11/2000, S. 108
[15]   vgl. USA Today, 16. November 2000

Das enorme Tempo des Wachstums lässt sich recht gut an dem Beispiel der Webbrowser dokumentieren. Um die Angebote des Word Wide Webs an seinem PC betrachten zu können, benötigt jeder Anwender einen Webbrowser. Der Name wurde abgeleitet aus der Abkürzung des Word Wide Web, kurz Web genannt und dem englischen Wort für stöbern (engl. to browse). Von Anfang an war eine spezielle Software dafür notwendig, und als Ende 1994 die erste Version des Netscape Navigators vorgestellt wurde, stellte dieser Browser eine kleine Revolution dar. Es gab zwar bereits zuvor Webbrowser, jedoch basierten diese alle auf einem Standard, der vornehmlich für die Darstellung von Text geeignet war. Ursprünglich von einem Team aus Studenten und Mitarbeitern der University of Illinois unter dem Namen Mosaic entwickelt, wurde dieser Browser kostenlos ins Internet gestellt und gewann innerhalb kürzester Zeit seine Anhängerschaft. Der Student Marc Andreessen war für die kreativen Aspekte des Browsers zuständig und erkannte wohl als Erster die Bedeutung eines guten Webbrowsers im wachsenden Internet. In einem Gespräch mit Jim Clark, seinerzeit Begründer und Chef von Silicon Graphics, diskutierte er seine Visionen, und dies führte später zur gemeinsamen Gründung der Firma Mosaic Communications Corporation im kalifornischen Mountain View. Nur wenige Monate später musste die Firma aus lizenzrechtlichen Gründen umbenannt werden und hieß fortan Netscape Communications Corporation. Aus Mosaic wurde der Netscape Navigator, dessen erste Version bereits auf fast allen gängigen Rechnersystemen lauffähig war und der in allen wichtigen Sprachen ausgeliefert wurde. Als nach wie vor genial muss man die Firmenpolitik von Netscape bezeichnen. Der Webbrowser war immer kostenlos und wurde daher auch immer als „Testversion" angepriesen. Geld verdiente Netscape mit dem Verkauf spezieller Serversoftware, die auch für das Internet genutzt wurde. So wurde Netscape wegen des damaligen Wachstumstempos innerhalb eines Jahres zur ersten Adresse für moderne Browsertechnologie. Man kann sagen, dass Netscape den Browsermarkt fast zwei Jahre lang unangefochten beherrschte.

Der Softwaregigant Microsoft hatte die gesamte Entwicklung des Internet schlichtweg verschlafen. Erst Ende 1995 begann man, sich in Redmont, dem Firmensitz, Gedanken über die Zukunft des Internets zu machen und legte mehr hastig als qualifiziert den Internet Explorer dem damaligen Microsoft „Plus Package" bei, jedoch nicht kostenlos. Als Microsoft erkannte, dass das Internet mehr als nur eine Seifenblase werden würde, war es schon fast zu spät. Im Sommer 1996 brachte man den Internet Explorer 3.0 auf den Markt und dieser war dann erstmalig ein wirkliches Konkurrenzprodukt.[16]

---

16   vgl. http://www.netplanet.org/www/browser.shtml; Aufruf vom 12. Februar 2008

Die Schlacht, die daraufhin entbrannte, kann man im Nachhinein nur kopfschüttelnd betrachten, denn fortan erschienen meist im Drei-Monats-Rhythmus neue Versionen der Browser-Kontrahenten. Der Anwender profitierte zwar von den immer neuen Möglichkeiten der Browser, aber immer häufiger kam es vor, dass eine Internetseite, die auf die Fähigkeiten des einen Browsers ausgelegt war, sich auf dem anderen kaum oder gar nicht darstellen ließ. Angesicht seiner Marktposition war Netscape mit einer der neuen Versionen dazu übergegangen, Geld für seinen Browser zu verlangen, während Microsoft den Browser entsprechend dem ursprünglichen Vorbild kostenlos anbot. Diese Schlacht um die Marktanteile des Webbrowsers ist ein gutes Beispiel für die teilweise chaotische Entwicklung des Silicon Valley, auch wenn daran ein „Nicht-Kalifornier" namens Microsoft mitwirkte.

In keiner bisherigen Wirtschaftsform war es möglich, so schnell und unkompliziert aus einem jeden Computeranschluss eine Firma zu machen. Wer auch immer eine Idee hatte, konnte sie erst einmal im Netz ausprobieren. Sobald Besucher die Internetadresse anklickten, galt das schon als Durchbruch, völlig unabhängig davon, wie viel reales Geschäftsvolumen sich daraus entwickelte. Gerade in den Anfangsjahren entstanden dadurch zahlreiche neue Modelle des „Electronic Commerce"[17], die von neuen weltweiten Absatzchancen bis zu zielgruppen genauer Werbung reichten.

Die meisten Voraussagen zur Entwicklung der internetgestützten Wirtschaft wurden und werden oft noch heute durch die Wirklichkeit weit übertroffen, auch wenn längst Ernüchterung eingetreten ist. Die Wachstumsgeschwindigkeit der neuen internetbasierten Firmen wurde von einer im wahrsten Sinne des Wortes märchenhaften Möglichkeit des Geldverdienens begleitet. Das passte natürlich in besonderem Maße zu Kalifornien, das vor allem durch den „goldrush" (Goldrausch) von 1848 bis heute berühmt ist. Das damals entdeckte Gold zog scharenweise Goldgräber aus allen Ländern an und sorgte dafür, dass das Land Kalifornien wie ein Zauberland im Denken der Menschen mit der Chance zum Erwerb von schnellem Reichtum verbunden blieb. Das digitale Zeitalter übertraf den ehemals durch Goldschürfen möglichen Gewinn bei weitem. Es wurde von vielen als eine Lizenz zum Gelddrucken empfunden und brachte in kürzester Zeit so viele Millionäre hervor wie noch niemals zuvor in der Wirtschaftsgeschichte. Vielfach wurden und werden die Mitarbeiter der Firmen durch „stock options" (Aktienbeteiligungen) sowohl am Unternehmenswachstum beteiligt als auch durch Anteile mit entlohnt. Dadurch entstand auf ganz legalem Wege die

---

17 vgl. Blemel, F.; Fassot, G.; Theobald, A. (Hrsg.), Electronic Commerce, Herausforderungen – Anwendungen – Perspektiven, Wiesbaden, Gabler Verlag 1999

größte Zahl von Superreichen in der Geschichte in einem Wirtschaftsraum.[18] So einfach es klingt, diese einzigartige Chance zu raschem Gelderwerb durch Dot-com-Firmen oder andere Hightech-Unternehmen, nicht nur des Silicon Valley, muss als ein ganz besonderes Merkmal begriffen werden. Der durch und mit den Dot-coms erstmals praktizierte „Aktien-Kommunismus" hat nach Einschätzung des „Economist" vom 7. Oktober 2000 zur größten legalen Wohlstandskreierung in der Geschichte der Menschheit geführt. Das erklärt auch in besonderem Maße die Faszination vieler durch die New Economy. Über Nacht erschien persönlicher Reichtum durch die internetgestützte Wirtschaft für jeden möglich, selbst wenn er sich bis dahin kaum für Wirtschaft und das Internet interessierte. Das mit Green-Business zu wiederholen lockt viele kreative Geister, zumal die wirtschaftliche Notwendigkeit von Tag zu Tag wächst.

Die Wege, über die mit dem Internet tatsächlich Geld verdient wird, verzweigen sich immer mehr.[19] Üblicherweise nutzt man zur Kategorisierung das 3-C-Modell, wobei die 3 C für Commerce, Content und Connection stehen.

Unter Commerce wird dabei der eigentliche Handel mit Produkten oder Dienstleistungen verstanden, wie z. B. bei Amazon, dem wohl berühmtesten Online-Händler der Welt.

Unter Content werden sämtliche Anbieter von Informationen und Wissen subsumiert, wozu beispielsweise auch Browser gehören. Das Kerngeschäft von Google liegt beispielsweise im Angebot von Content, der es erlaubt, in Sekundenschnelle Antworten auf die Eingabe beliebiger Suchbegriffe zu erhalten.

Connection geht in die Domain der Telekommunikation – im engeren Sinne sind hier die Internet Service Provider wie AOL, T-Online u. ä. zu nennen. Diese sind heute aber kaum noch von den Bereitstellern der Hardware für die Verbindung (z. B. DSL-Leitung) zu trennen. So fusionierte erst kürzlich die nur wenige Jahre zuvor mit großem Trommelwirbel als AG vermarktete T-Online wieder mit dem Mutterkonzern Deutsche Telekom – eine Entwicklung, die weltweit zu beobachten ist.

Das Modell der 3 C lässt sich noch um einige C erweitern. Insbesondere sollten Cooperation und Communities nicht fehlen. Eines der bekanntesten Kooperationsnetzwerke ist das weltweit und branchenübergreifend agierende Netzwerk Xing.

---

18   vgl. Business Week, 27. März 2000, S. 112

19   vgl. Bätz, Volker, Internetbasierte Abwicklung von Consulting-Projekten und Analysen im Umfeld betriebswirtschaftlicher Softwarebibliotheken, Inaugural-Dissertation, Universität Würzburg 2001, S. 65

Netzwerke, die rein privaten Charakter haben und Menschen mit gleichen Interessen, Neigungen, Einstellungen, Bedürfnissen und anderen Kriterien zusammenbringen, stellen den wachsenden Bereich von Communities dar. Dass diese Online-Communities echten Gemeinschaften immer näher kommen, lässt sich musterhaft am Beispiel „Secondlife" erkennen. Das mit dem so genannten Web 2.0 verbundene Geschäftsmodell gilt als Hoffnungsträger für die digitale Zukunft. Hier kann sich jeder seine eigene virtuelle Welt erschaffen. Man kann im Secondlife der sein, der man immer werden wollte. Erfolgreicher Geschäftsmann, Künstler oder Lebemann, alles ist möglich. Dort existiert sogar eine eigene Währung und man kann wie im richtigen Leben mit der richtigen Idee zum richtigen Zeitpunkt Millionär werden.

Die obigen Kategorien zeigen die riesige Bandbreite, mit der im Internet Vergnügen und Geschäft verwoben werden. Allerdings sind heute kaum noch Anbieter in „Reinformat" zu finden. Content-Anbieter wie YouTube stellen gleichzeitig auch eine Community-Komponente bereit. Viele Connection-Anbieter pflegen gleichzeitig den Community-Gedanken und bieten darüber hinaus jede Menge Content – die Beispielliste ließe sich beliebig fortsetzen.

Im weitesten Sinne gehören auch die Anbieter von Hardware und Infrastruktur mit zu den Dot-coms. Denn ohne Laptops und PCs, Netzwerkkarten, DSL, W-LAN und all die anderen Technologien gäbe es keine Dot-coms und vor allem keine Kunden für diese Unternehmen. Nicht nur digitale Startups nutzten den Internetboom, sondern auch klassische Unternehmen richteten ihre Angebote und Kommunikationswege immer stärker in Richtung Internet aus. Auch hier hinkte die Kommunikations- und Marketingtheorie wieder der Praxis hinterher.

Gleichfalls bisher viel zu wenig erforscht ist die erwähnte besondere Arbeitsweise in Dot-com-Firmen. Einen geregelten Arbeitstag gab und gibt es kaum. Oft gilt der eigene abgeteilte Miniarbeitsbereich vor dem PC (cubicle genannt) als zweites Zuhause und sieht entsprechend individuell aus. Jeder bringt mit, was ihm lieb und teuer ist, und entspannt sich so ganz individuell. Die Arbeitsintensität ist außerordentlich hoch und viele überziehen einen Achtstundentag um das Doppelte und schlafen dann gleich im Büro, besonders wenn Projekttermine zusätzlichen Druck erzeugen. Die Arbeitslust geht oft in regelrechte Arbeitswut über und „workaholism" gilt als weit verbreitete Tugend. Für das Lösen der Klimaprobleme wird zweifellos eine ähnliche Arbeitsweise notwendig.

Mit den neuen Hightech-Gütern trat das ursprünglich nur für die Verknüpfung von Rechnerkapazitäten von Forschungs- und Bildungseinrichtungen entwickelte Internet seinen Siegeszug an. Dieser Massenmarkt beflügelte Anleger und Börse in einem bis dahin unbekannten Maße und lockte die Investoren mit riesigen Gewinnerwartungen. Um endlich auch jungen Startups eine Chance an der

Börse zu geben, wurde 1997 analog zur Nasdaq in Deutschland das Marktseg-
ment „Neuer Markt" gegründet. Spätestens darüber fand fast jede spannend
klingende technische oder netzbasierte Idee einen Venture-Capital-Geber. Die
schöne neue Welt des Internets ermöglichte mutigen Unternehmern oft märchen-
artige Karrieren; viele allerdings ohne Happy End.

Auch in Deutschland kam es zu einem Dot-com-Boom – im Wesentlichen durch
den Börsengang des ehemaligen Staatskonzerns Telekom ausgelöst – der im
Frühjahr 2008 wieder hinreichend für Schlagzeilen durch die bisher größte Kla-
gewelle von Anlegern in der Geschichte des Aktienhandels sorgte. Der Börsengang der Telekom wurde massiv in allen möglichen Formen, insbesondere durch
Werbespots im Fernsehen, beworben, um die Telekom-Aktie als Volksaktie besonders bei der bisher in Aktien-Angelegenheiten unerfahrenen Bevölkerung
bekannt zu machen. In der Folge interessierten sich immer mehr Leute für die
Börse und kauften auch Aktien von diversen anderen Internet-Neugründungen.

Zahlreiche Börsenexperten hielten die Aktienkurse der Internet-Firmen schon
damals für überbewertet – aber in der allgemeinen Euphorie wurden solche
Stimmen ignoriert. Als Höhepunkt des Börsenfestes gilt der Börsengang von
Infineon am 13. März 2000, der sogar die Handelssysteme der Frankfurter Wert-
papierbörse zusammenbrechen ließ. Aktienhandel war zu einem neuen Volks-
sport der Deutschen geworden.

Überhitzung des Marktes

Es gibt viele Fragen zu dem neuen Typus von Unternehmensgründern und „Web
Workern" und der Finanzierung ihrer Ideen, auf die die wirtschaftswissenschaftliche Forschung bisher keine oder nur sehr bescheidene Antworten kennt. Als die
Investitionen in die New Economy seit Mitte der neunziger Jahre weltweit überproportional anstiegen, wollten viele dabei sein. Bis zum Börsengang der Deutschen Telekom im November 1996 interessierten sich die meisten Deutschen,
wie schon erwähnt, nicht besonders für Aktien. Mit Einführung der T-Aktie änderte sich das. Das Platzierungsvolumen wurde sogar um 100 Mio. auf 600 Mio.
T-Aktien aufgestockt. Die von dem bekannten Schauspieler Manfred Krug getragene Megawerbung für die „Volksaktie" wirkte. In einer Analyse der „Börsengeschichte" heißt es: „Mit einem Zeichnungsgewinn von über 16 % erfüllte
die T-Aktie die zuvor in sie gesetzten Erwartungen zur vollsten Zufriedenheit der
Anleger. Bereits im Vorfeld der Emission hatte das zunehmende Interesse einen
Aufschwung im Dax verursacht. Am Erstnotiztag der T-Aktie (18. November
1996) notierte der Dax bereits bei 2.763,84 Punkten. Durch den Erfolg mit der
T-Aktie ermutigt, versuchten viele Anleger ihr Glück nun auch mit anderen

Aktien, was dazu führte, dass der Dax wenige Wochen später, am 17. Januar 1997, erstmals die 3.000 Punkte überschritt."[20]

Von einer solchen Euphorie ist in Sachen Umweltinvestitionen längst noch nichts zu spüren. Im Gegenteil, es kann mit Recht gesagt werden, dass die grüne Gründungswelle, gemessen an der Unumkehrbarkeit vieler Prozesse in unserem labilen Klimagleichgewicht, bisher entspannt und eher ruhig verläuft. Das World Wide Web und die geradezu phantastisch anmutenden und grenzenlosen Kommunikationsmöglichkeiten beflügelten nicht allein vor rund 15 Jahren Visionäre oder Jungunternehmer, sondern auch gestandene Geschäftsführer und vor allem Investoren. Besonders die Möglichkeiten, Geschäftsprozesse über das Internet abzuwickeln, boten Raum für neue Unternehmenskonzepte. Sie wurden mit ganz neuen Begriffen und Abkürzungen verbunden, wie *B2B* (Business-To-Business) und *B2C* (Business-To-Customer).

Der neu entstehende Wirtschaftsbereich erhielt den dazu passenden Namen New Economy. Das implizierte sofort die Vorstellung, dass es sich bei der Old Economy um im Grunde genommen obsolete Geschäftsmodelle handelte. Neugründungen, so genannte Startups, schossen aus der virtuellen Welt in die reale. Die ohnehin weit verbreiteten Amerikanismen beherrschten die neue Wirtschaft und ganz neue Arten von Lexika entstanden, wie z. B. von Jürgen Frühschütz im Deutschen Fachverlag das „E-Commmerce-Lexikon" (Frühschütz 2001). Elementare Wirtschaftsbegriffe, wie Aufwand und Ergebnis, fehlen typischerweise. Dafür gibt es zahlreiche Abkürzungsnachweise der Internetsprachregelungen in Langfassung. Parallel entwickelte sich ein Cyber-Recht, wie z. B. von Walter J. Jaburek und Norbert Wölfl in „Cyber-Recht" mit dem passenden Untertitel „Marktplatz Internet – schrankenlose Geschäfte" dargestellt.[21] Im Internet schien sich schrankenlos Geld verdienen zu lassen.

Das Kürzel „.com" wurde als Dot-com Markenzeichen der neuen Branche, auch wenn viele am Telefon damit zumindest in der ersten Zeit wenig anfangen konnten. Selbst anerkannte US-Unternehmen aus der EDV-Branche, wie Hewlett-Packard, IBM oder selbst Microsoft wirkten im Vergleich zur Vitalität und Kreativität der New Economy wie Unternehmen aus einem vergangenen Jahrhundert. Dynamische Jungunternehmer bestimmten das Börsengeschäft. Die alteingesessenen Unternehmen wurden in ihren Grundfesten und Managementstrukturen zutiefst erschüttert. Die Deutsche Börse entwickelte für den „Neuen Markt" nach

---

20   vgl. Börsengeschichte Teil 1, Internethausse und Megabaisse (1996-2002) – Von der T-Aktie zur UMTS-Versteigerung 1996-2000, in: http://zeitenwende.ch/finanzgeschichte; Aufruf vom 30. Juni 2008

21   vgl. Jaburek, Walter J.; Wölfl, Norbert, Cyber-Recht. Marktplatz Internet – schrankenlose Geschäfte, Wien, Frankfurt, Ueberreuter-Verlag 1997

amerikanischem Vorbild der Nasdaq ein neues Anlagengebiet Nemax (Neuer-Markt-Index). Jeder Start eines Unternehmens an der Börse wurde nur noch als IPO (Initial Private Offer) bezeichnet und brachte bereits am ersten Tag hohe Zeichnungsgewinne. Der Nemax wurde im April 1997 mit 500 Punkten gestartet, erreichte bis zur Jahrtausendwende eine Höhe von 8.600 Punkten und stürzte in den folgenden Jahren auf 353 Punkte – ein Albtraum für deutsche Anleger, der bei Bundesbürgern ein Bild vom Verhältnis zwischen Chancen und Risiken des Aktienhandels hinterließ, das mit dem üblichen Börsenbetrieb nichts zu tun hat. Die Zeit „der wirtschaftlichen Schwerelosigkeit" endete wieder einmal mit einem Crash – nach der Aufdeckung „krimineller Machenschaften" und einer gerichtlichen Stärkung des Anlegerschutzes kam im September 2002 das Aus des Neuen Marktes. Ein im Oktober 2005 gestarteter neuer Versuch einer Extrabörse für kleine Risikofirmen vollzog den Wechsel zwischen Hausse und Baisse noch rasanter als alle seine Vorgänger.[22]

Tabelle 1:   *Die Entwicklung der Dax-Performance*
            seit dem 30. Dezember 1998

Datum	Dax	Performance seit 30.12.98
30.12.1998	5006,57	
27.10.1999	5363,86	+7,14 %
03.12.1999	6119,17	+22,22 %
30.12.1999	6958,14	+38,98 %
14.01.2000	7173,22	+43,27 %
07.03.2000	8064,97	+61,09%

Quelle: *Börsengeschichte Teil 1, Internethausse und Megabaisse (1996-2002)*
        – Von der T-Aktie zur UMTS-Versteigerung 1996-2000, in:
        http://zeitenwende.ch; Aufruf vom 30. Juni 2008

---

22   vgl. Zschäpitz, Holger, Der Crash sitzt noch tief in den Knochen, in: Die Welt, 5. Juni 2008

Tabelle 2: *Die Entwicklung der Nemax-Performance*
seit dem 30. Dezember 1998

Datum	Nemax-All-Share	Performance seit 30.12.98
30.12.1998	2744,45	
06.01.1999	3197,82	+16,52 %
27.10.1999	2878,59	+4,89 %
13.12.1999	4150,08	+51,22 %
30.12.1999	4572,18	+66,60 %
19.01.2000	5030,33	+83,29 %
04.02.2000	6212,75	+126,38 %
18.02.2000	7224,74	+163,25 %
02.03.2000	8056,01	+193,54 %
10.03.2000	8559,32	+211,88 %

Quelle: *Börsengeschichte Teil 1, Internethausse und Megabaisse (1996-2002)*
– Von der T-Aktie zur UMTS-Versteigerung 1996-2000, in:
http://zeitenwende.ch; Aufruf vom 30. Juni 2008

„Der Neue Markt konnte sich durch die erzielten Erfolge über regen Zulauf bei Unternehmen und Anlegern freuen. Zum Jahresende 1997 waren neben Bertrand und Mobilcom bereits 15 weitere Gesellschaften im Wachstumssegment Neuer Markt gelistet. Dabei hatten alle Neuemissionen einen Zeichnungsgewinn verbuchen können, der bei einigen Unternehmen wie BETA Systems, SCM Microsystems oder SER Systeme sogar mehr als 100 % betrug. Andere Firmen wie BB Biotech, EM.TV oder Qiagen glänzten weniger durch Zeichnungsgewinne als vielmehr durch rasante Kurszuwächse in den Monaten nach der Emission."[23]

Die Vorbilder für diesen Börsenenthusiasmus kamen alle aus dem Silicon Valley oder im weiteren Sinne der Hightech-Branche.

Als eines der ersten großen Unternehmen in der New Economy galt 1994 der Suchmaschinenbetreiber „Yahoo". Das Unternehmen wurde von den damaligen Stanford-Studenten Jerry Yang und David Filo als Idee gestartet. Sie sammelten interessante Hyperlinks im World Wide Web und legten diese hierarchisch auf

---

23   vgl. Börsengeschichte Teil 1, Internethausse und Megabaisse (1996-2002) – Von der T-Aktie zur UMTS-Versteigerung 1996-2000, in: http://zeitenwende.ch; Aufruf vom 30. Juni 2008.

ihrem Webserver ab. Ende 1994 wurde der Risikokapitalgeber Sequoia Capital auf das Projekt aufmerksam und investierte 1 Million US-Dollar in Yahoo, so dass Yahoo im April 1995 als Unternehmen gegründet werden konnte. Bereits ein Jahr später wurde Yahoo an der Börse notiert.

Der unbeschwerte Glaube an die New Economy führte zu teilweise absurden Entwicklungen in der Börsenwelt, auf die merkwürdigerweise auch keinerlei ernstzunehmende Einwände seitens der Finanzwissenschaftler erfolgten, von den Börsianern ganz zu schweigen. Im Jahr 2000 hatte beispielsweise Yahoo mit 2.300 Beschäftigten einen Börsenwert von über 79 Mrd. Euro. Zum Vergleich: Der Technologie- und Autokonzern DaimlerChrysler wurde zu diesem Zeitpunkt weltweit mit 467.900 Beschäftigten nur mit einem Börsenwert von 57 Mrd. Euro bewertet.

Fast einer Krönung gleich kam im Jahr 2000 die Fusion zwischen dem Online-Dienst AOL und dem Unterhaltungskonzern Time Warner zum neuen Mediengiganten „AOL Time Warner". Die Branche schwelgte förmlich in Selbstgefälligkeit und alles, was auch nur im Entferntesten mit strategischen Neuausrichtungen zu tun hatte, ritt auf der Internetwelle mit. Was bestärkte diesen Glauben an die New Economy besonders? In dem bemerkenswerten „European Communication Council Report" Ende des letzten Jahrhunderts wurden die neuen objektiven Sachverhalte der Internet-Ökonomie erstmals umfassend dargelegt.[24] Der strategische Unterschied aller Aktivitäten im Internet beruht auf einer im Grunde sehr simplen Tatsache: Digitale Bits besitzen einen völlig anderen Warencharakter als physische Waren, tendieren in den Grenzkosten gegen Null und sind global in Lichtgeschwindigkeit verfügbar. Kopien kosten fast nichts, verlangen keine Lagerhallen und kennen keine Grenzen. Die elektronische Infrastruktur bestimmt die Verbreitungsmöglichkeiten und neue Geschäftsmodelle. Messgrößen wie Kunden-Logins führten zu Phantasiewerten, die sich aus heutiger Sicht kaum erklären lassen. Diese sagenhaften Möglichkeiten beflügelten viele Unternehmer, mit ihren Konzepten Risikokapital anzunehmen, das plötzlich in Hülle und Fülle bereitstand. In den Boomjahren entstanden heute bekannte Unternehmen wie 1994 der Buchversender Amazon.com, 1995 das Online-Auktionshaus Ebay, 1999 das exklusive Online-Kaufhaus Boo.com und viele andere mehr. Auch in Deutschland entstanden auf diese Weise Unternehmen, beispielsweise 1993 die Multimedia Agentur Kabel New Media oder 1995 der Online-Shop-Händler Intershop. Seit 1998 bildeten sich innerhalb kürzester Zeit viele neue Unternehmen, die teilweise außer viel Startkapital kaum etwas vorzuweisen hatten.

Im Internet wird heute selbstkritisch die damalige Lage so reflektiert: „Es bildeten sich Szenen, die teilweise an Skurrilität und Albernheit kaum zu überbieten waren: Startup-Unternehmen wurden von Risikokapitalgebern mit sagenhaft viel

---

24   vgl. ECCR, Berlin, Springer Verlag 1999, S. 15 ff.

Kapital ausgestattet, obwohl viele der zugrunde liegenden Unternehmenskonzepte keiner fundierten Analyse standgehalten hätten. Neue Mitarbeiter wurden ohne besondere Vorkenntnisse eingestellt, Kundenprojekte haarscharf an der Rentabilität kalkuliert, Dienstleistungen im Internet kostenlos angeboten, ohne reelle Pläne, irgendwann mustergültigen Umsatz mit der Dienstleistung zu generieren. Stattdessen wurde in viele solcher Startup-Unternehmen weiteres Risikokapital gepumpt, weil viele an die quietschbunte Branche glaubten und den Rubel rollen sahen. Es verbreitete sich eine fast surreal wirkende Leichtgläubigkeit und Unfehlbarkeit, die bezeichnend für die gesamte Branche wurde. Börsengänge fanden im Wochentakt statt und wurden als triumphale Meilensteine gefeiert. Die Börsen honorierten dies mit der Einrichtung von eigenen Technologieindizes, beispielsweise dem *Nemax* an der Deutschen Börse." [25]

Neu ist dieses euphorische Verhalten in der Wirtschaftsgeschichte keinesfalls. Am Bekanntesten dafür ist die Tulpenmanie aus dem beginnenden 17. Jahrhundert. Warum gerade die Tulpe zur gefragten Modeblume v. a. in Frankreich und den Niederlanden wurde, ist bis heute nicht geklärt. In der Mitte des 16. Jahrhunderts hatten Kaufleute und habsburgische Diplomaten sie aus der Levante erst in österreichische und oberdeutsche und dann in niederländische Gärten verpflanzt. Ihre Zucht geriet zunächst zur aristokratischen Liebhaberei und dann zur Quelle tollkühner Spekulationen. Zwischen 1633 und 1637 waren in Holland die Kaffeehäuser zu Tulpenbörsen geworden, an denen es schon bald nicht mehr um den Besitz wirklicher Tulpen ging, sondern um Spekulation und um den Handel mit imaginären Werterwartungen. Solange jeder mit steigenden Zwiebelpreisen rechnete, solange wurde begeistert gekauft und kletterten die Kurse. Doch am 2. und 3. Februar 1637 entstand im Harlemer Handel Unsicherheit, am 4. Februar bei fallenden Preisen Panik, und binnen einer Woche waren die bis dato nicht in Gold aufzuwiegenden Pflanzen zu wertlosen Knollen geworden. Zahlreiche Anleger waren durch den „Windhandel" – so die treffende Bezeichnung der Holländer für diese Art des Geschäfts – vollständig ruiniert.[26] Die international als „Tulipmania" bezeichnete erste große Börsenkrankheit brachte den bis heute üblichen Begriff der Luftgeschäfte oder des Windhandels hervor. Und wie verhielten sich diejenigen, die ihr Kapital auch schon vor Jahrhunderten anlegen und dadurch mehren wollten? Howard Davies berichtet in einer bemerkenswerten Analyse „What can we learn from financial disasters?", dass selbst Große, wie Isaac Newton (1642-1727), nicht vor Niederlagen gefeit waren.[27]

---

25 vgl. http://www.netplanet.org/geschichte/neunziger.shtml; Aufruf vom 30. Juni 2008

26 vgl. Bonß, Wolfgang, Vom Risiko. Unsicherheit und Ungewissheit in der Moderne, Hamburger Edition, Juni 1995

27 vgl. http://www.fsa.gov.uk/Pages/Library/Communication/Speeches/2003/sp121.shtml; Aufruf vom 15. April 2008

Der zu seiner Zeit berühmten Euphorie bezüglich der „South Sea Company"
unterlag auch das Genie. Davies schreibt: „The share price of the South Sea
Company opened at around £120 per £100 par value in January 1720. It reached
£950 in July before collapsing to £290 in October. Most of the 'assets' of the
company were found to be loans and instalments due from subscribers to the
stock. One of the big losers was Isaac Newton, who subsequently wrote, 'I can
calculate the motions of the heavily bodies but not the madness of people'".[28]

Neben dem bekannten ökonomischen Fakt der objektiven Volatilität der Kapi-
talmarktentwicklung fußen Unsicherheiten auch auf immer wieder anzutreffen-
den psychologischen Einflüssen. Sie sind so alt wie Julius Cäsars Einsicht: „Men
willingly believe what they wish." Das war im Falle der Dot-com-Überzeich-
nungen kein bisschen anders. Die Kapitalanleger wollten keinerlei Risiken sehen, sondern nur die verlockenden Gewinne aus den ersten märchenhaften Erfolgen. Besonders die in Kapitalanlagen unerfahrenen Kleinanleger ahnten oft
nicht, dass sie Gefahr liefen, in kürzester Zeit alle Ersparnisse zu verlieren, wenn
sie alles auf eine Karte setzten. Manchmal wird das Mobilisieren von Kapital
durch die New Economy sehr einseitig nur negativ bewertet. Dabei wird nicht
gesehen, dass damit auch durchaus viele positive Effekte verbunden sind, allen
voran das Erschließen von brachliegendem Kapital für Unternehmensneugründungen und für Großprojekte, die sonst gar nicht finanzierbar wären. Diese Rolle
hatten schon in der Gründerzeit in Deutschland die neu entstandenen Banken.
Mit dem Interesse vieler Kleinanleger am Neuen Markt und durch den Internet-
boom kam es zu einer Fülle von Börsengängen wie seit Jahrzehnten nicht mehr.
Das international gestiegene Interesse an Aktien in weiten Kreisen der Bevölkerung erfuhr durch die Gewinnerwartungen der Dot-coms einen weiteren enormen Aufschwung. „Insbesondere der Neue Markt erlebte einen wahren IPO-
Boom. 1998 waren 46 und 1999 sogar 140 Börsengänge zu verzeichnen. Damit
konnte die Deutsche Börse ein Blue-Chip-Segment am Neuen Markt einführen,
das die 50 größten Unternehmen zusammenfassen sollte. Gleichzeitig wurde der
Neue Markt zum 01. Juli 1999 in Nemax All-Share und das Blue-Chip-Segment
in Nemax 50 umgetauft. Kurz zuvor hatte die Deutsche Börse im April 1999
noch das Small-Cap-Segment SMAX aus der Taufe gehoben, das kleinere und
mittlere Traditionsunternehmen zusammenfasste."[29]

In Tabelle 3 sind die Börsengänge im regulierten Markt von 1997 bis 2008 auf-
geführt.

---

28   vgl. http://www.fsa.gov.uk/Pages/Library/Communication/Speeches/2003/sp121.shtml;
     Aufruf vom 15. April 2008
29   Börsengeschichte, ebenda

Tabelle 3: *Anzahl der Börsengänge von 1997-2008*

Jahr	Anzahl der Börsengänge
ab 10.3.1997	38
1998	79
1999	194
2000	173
2001	27
2002	7
2003	1
2004	10
2005	19
2006	47
2007	37
bis 7.7.2008	7

Quelle: *Tabelle erarbeitet nach Angaben der Deutsche Börse Group: http://deutsche-boerse.com/dbag; Aufruf vom 6. Juli 2008*

Auch im Jahr 2000 gab es in Deutschland noch 173 Börsengänge. Das ist durchaus positiv zu bewerten, denn gerade in der Aufbauphase sind flüssige Mittel für den Start der Geschäftsentwicklung überlebenswichtig. Genauso wichtig ist natürlich der betriebswirtschaftlich sinnvolle Einsatz des durch Börsengänge eingespielten Kapitals. Man kann sicher davon ausgehen, dass ein Teil des durch Börsengänge eingesammelten Geldes durch unnötige Ausgaben für Luxusautos oder teure und prestigeträchtige Büroeinrichtungen ausgegeben wurde. Hinzu kamen Managementfehler der Dot-coms aus Unerfahrenheit. Die unterstellten Abzockereien aus ethisch-moralischem Wertverfall bis hin zu bewussten Betrugsabsichten spielten dagegen sicher eine marginale Rolle.

Für die neue Internetökonomie fehlten in den Gründerjahren die objektiv notwendigen neuen Kontrollmechanismen. Wenn es Wirtschaftsprüfern, wie im Falle „Enron" aus den USA, schon nicht gelang, die realen Wirtschaftsblasen zu durchschauen, wie sollte das im für die Kontrolleure ganz neuen Internet möglich sein? Diese mit der Natur der netzgestützten Geschäftsmodelle verbundenen neuen Probleme wurden durch die Medien noch verschärft.

Die Medien berichteten massenhaft über das goldene Internetzeitalter und bekanntlich am liebsten über Erfolgsgeschichten. Skeptische Beiträge fanden keine Leser oder Zuschauer, und als sich Probleme andeuteten, die auch von den Medien ernst genommen wurden, war es meistens ohnehin zu spät. Eine einschneidende Wende leitete dabei die amerikanische Finanzzeitschrift „Barrons" ein. Sie veröffentlichte am 20. März 2000 eine Studie unter dem Titel „Burning Up", in der 207 amerikanische Unternehmen der Internet-Branche untersucht und in eine Todes-Rangliste eingestuft wurden. Die Studie kam zu dem Ergebnis, dass bei den meisten untersuchten Internet-Firmen eine erschreckende Lücke zwischen dem Börsenwert und der betriebs-wirtschaftlichen Bewertung des Unternehmens klaffte. Da die laufenden Kosten dieser Unternehmen höher als die eingehenden Mittel waren, schätzte „Barrons", dass 51 der untersuchten Unternehmen spätestens ein Jahr später zahlungsunfähig sein müssten.

Besonders bemerkenswert erscheint in diesem Zusammenhang die Tatsache, dass es niemand wirklich vorhersah. Dabei hätte jedem Anleger der gesunde Menschenverstand sagen müssen, dass es nicht gut gehen konnte. Wie kann ein Unternehmen mit z. B. 500 Mio. Dollar bewertet werden, wenn der Umsatz gerade einmal 5 Mio. Dollar beträgt? Selbst die optimistischsten Prognosen hätten jedem klar machen müssen, dass solche Bewertungen Hirngespinste sein mussten. Hinzu kam natürlich, dass viele Dot-coms das Geld mit vollen Händen aus dem Fenster warfen. Die teuersten Büros, die tollsten Firmenwagen, kostenloses Essen für die Mitarbeiter, bis hin zu kostenfreien Süßigkeits- und Getränkeautomaten, alles war möglich und wirkte wie im Wunderland.

Sogar dem Internet-Buchhändler Amazon wurde für Januar 2001 die Pleite vorhergesagt, sollte die Burn-Rate (Geldverbrennungsgeschwindigkeit) unverändert bleiben. Einen Tag später brachte Deutschlands größte Tageszeitung die Ergebnisse dieser Studie als „Die Todesliste der Internet-Firmen" an die breite deutsche Öffentlichkeit. Doch damit nicht genug – in den folgenden Tagen überschwemmten Artikel über Burn-Rates, Todeslisten und negative Cash-Flows die Finanzpresse. Viele Experten rieten daraufhin erstmals zumindest zum teilweisen Verkauf von Internetaktien.[30]

Dadurch wurde eine Entwicklung eingeleitet, die zu panikartigen Verkäufen führte und die auch viele neu gegründete Unternehmen betraf, denen durchaus größere Chancen bei normalem Verlauf einzuräumen waren. Der Absturz der Dot-coms riss viele mit in die Insolvenz.

---

[30] vgl. Börsengeschichte. Internethausse und Megabaisse (1996-2002) – Teil 2: Nemax-Skandale und Guru-Schelte 2000-2001, in: http://zeitenwende.ch/finanzgeschichte; Aufruf vom 30. Juni 2008

Platzen der Dot-com-Blase und Katerstimmung

Ende des vorigen Jahrhunderts zeichnete sich schon bald ab, dass viele der ge-
feierten Dot-com-Unternehmen ihre Gewinnerwartungen gar nicht oder nicht in
absehbarer Zeit erfüllen konnten. Der Börsenwert bezog sich häufig lediglich auf
die Idee und deren Geburt, wurde jedoch kaum durch materielle Gegenwerte
gedeckt. Der „Unternehmensstory" wurde mehr Beachtung geschenkt als der
Unternehmensbilanz. Ausführliche Businesspläne und andere Dokumente, an
denen sich Neugründer manchmal schon vor dem eigentlichen Startup zu Tode
planten, interessierten in dieser Zeit kaum einen Investor. Entsprechend beschreibt Spiegel Online in seinem Jubiläumsbeitrag zum neuen Markt spöttisch
das Verhalten der Aktionäre:

„Das Unternehmen schreibt Verluste und hat kein sinniges Geschäftsmodell?
Kaufen!"[31] Die Fakten der Kurszuwächse bestätigten die völlig überzogenen
Erwartungen. Auch die Zeichnungsgewinne brachen innerhalb von wenigen
Wochen ein. In der Börsengeschichte heißt es zum Auftakt der Megabaisse vom
März 2000: „Waren im Februar noch alle IPOs mit Zeichnungsgewinnen gestar-
tet, die den Investoren teilweise Rekord-Zeichnungsgewinne im dreistelligen
Bereich bescherten (z. B. Biodata 433 %, Popnet 340 %, Softline 322 %, Pironet
232 %, Varetis 213 % oder OnVista 195 %), zeigten sich ab März erste Ermü-
dungserscheinungen. So gab es am 22. März bei der Mega-Emission der Lycos
Europe AG keinen Zeichnungsgewinn und bei ProDV, die am gleichen Tag an
die Börse ging, sogar einen Zeichnungsverlust von 4,35 % zu vermelden. Jobs &
Adverts, die sich wenig später, am 6. April, an die Börse wagten, mussten gar
einen Verlust von über 17 % hinnehmen."[32] Zugleich bestätigte sich, dass an der
„Todesliste" der Dot-coms aus den USA etwas dran sein musste. „Zu den ersten
Unternehmen, die dort ihre Geschäftätigkeit einstellen mussten, gehörten heute
fast vergessene Namen wie der britische Mode- und Sporthändler Boo.com, der
Internet-Möbelhändler Homeportfolio oder der Medienhändler Pseudo.com.
Außerdem reduzierten Unternehmen wie Deja.com, iCast oder das Internet-
Portal Altavista große Teile der Belegschaft, um Kosten einzusparen. Obwohl
Deutschland bislang im Großen und Ganzen noch verschont worden war, verlor
das Wachstumssegment bis Anfang April über 30 % und notierte am 5. April bei
nur noch 5.731." Dieser Absturz löste weitere Panikverkäufe aus. Die bis dahin
immer gesichert erschienene Liquidität ging verloren.

---

31 vgl. http://www.spiegel.de/wirtschaft/0,1518,470879,00.html; Aufruf vom 30. Juni 2008
32 vgl. Börsengeschichte. Internethausse und Megabaisse (1996-2002) – Teil 2: Nemax-
    Skandale und Guru-Schelte 2000-2001, in: http://zeitenwende.ch/finanzgeschichte; Auf-
    ruf vom 30. Juni 2008

Schon bald störten die ersten Insolvenzen die Hochstimmung und der bedeutende Kursabfall zog – nach Meinung erfahrener Spekulanten an der Börse – direkt massive Aktienverkäufe nach sich. Mitverantwortlich für den extremen Absturz des neuen Marktes waren zahlreiche Betrugsfälle, in denen fingierte Aufträge, falsche Anlegerinformationen und andere Gemeinheiten vielfach gerade die Kleinanleger trafen. So berichtet der Spiegel in dem oben genannten Bericht beispielsweise von dem Verkehrstechnikunternehmen Comroad, dessen Phantasieaufträge 96 % der Bilanz ausmachten. Andere Unternehmen dichteten ihren Produkten immer neue Eigenschaften an, um so eine weitere Aktiensplittung rechtfertigen zu können. Auch das für sein neckisches „Moorhuhnspiel" berühmt gewordene Unternehmen Phänomedia brachte viele Kleinaktionäre um ihr hart erarbeitetes Geld, nachdem Fälschungen in der Bilanz bekannt wurden. „Der Crash sitzt noch in den Knochen", kommentierte Holger Zschäpitz.[33]

Zahlreiche Börsenexperten hielten die Aktienkurse der Internet-Firmen von Anfang an für überbewertet – aber in der allgemeinen Euphorie bis zum Milleniumswechsel wurden solche Stimmen ignoriert. Im Jahr 2000 kam es dann jedoch tatsächlich zu dem Crash, der einen allgemeinen Abwärtstrend an der Börse einläutete. Seitdem wird der Dot-com Boom rückblickend als Blase bezeichnet. Viele der gegründeten Internet-Startups mussten wieder schließen, insbesondere Geschäftsmodelle, die sich allein über Werbung finanzieren sollten oder die sogar den Surfer für den Erhalt von Werbung bezahlen lassen wollten (Paid4-Szene), konnten sich nicht halten. Im Laufe der Jahre 2000 und 2001 erlebte die Wirtschaft das schnelle Verschwinden eines ganzen Wirtschaftszweiges, der noch Monate zuvor frenetisch gefeiert wurde und der sich vor allem selbst feierte. Unternehmen, deren Finanzmittel erschöpft waren, konnten nun plötzlich nicht mehr auf das bisher immer bequem nachgepumpte Risikokapital zurückgreifen und gerieten innerhalb kürzester Zeit in akute Finanznöte. Geschäftspolitische Fehlentscheidungen taten in solch kritischen Unternehmenssituationen dann ein Übriges, um eine Unternehmenspleite innerhalb kürzester Zeit auszulösen. Hinzu kam ein heute fast vergessenes Ereignis, das viele bis dahin immer gewinnträchtige Telkommunikationsunternehmen mehr belastete als vorab eingeschätzt: Die Versteigerung der UMTS-Lizenzen. Sie spülten nach 173 Runden 98 Mrd. Euro in die Staatskassen, belasteten aber die mitbietenden Unternehmen weit stärker als vorausgesehen, wie die Aktienperformance bald zeigte.

---

[33] vgl. Die Welt, 5. Juni 2008, S. 19

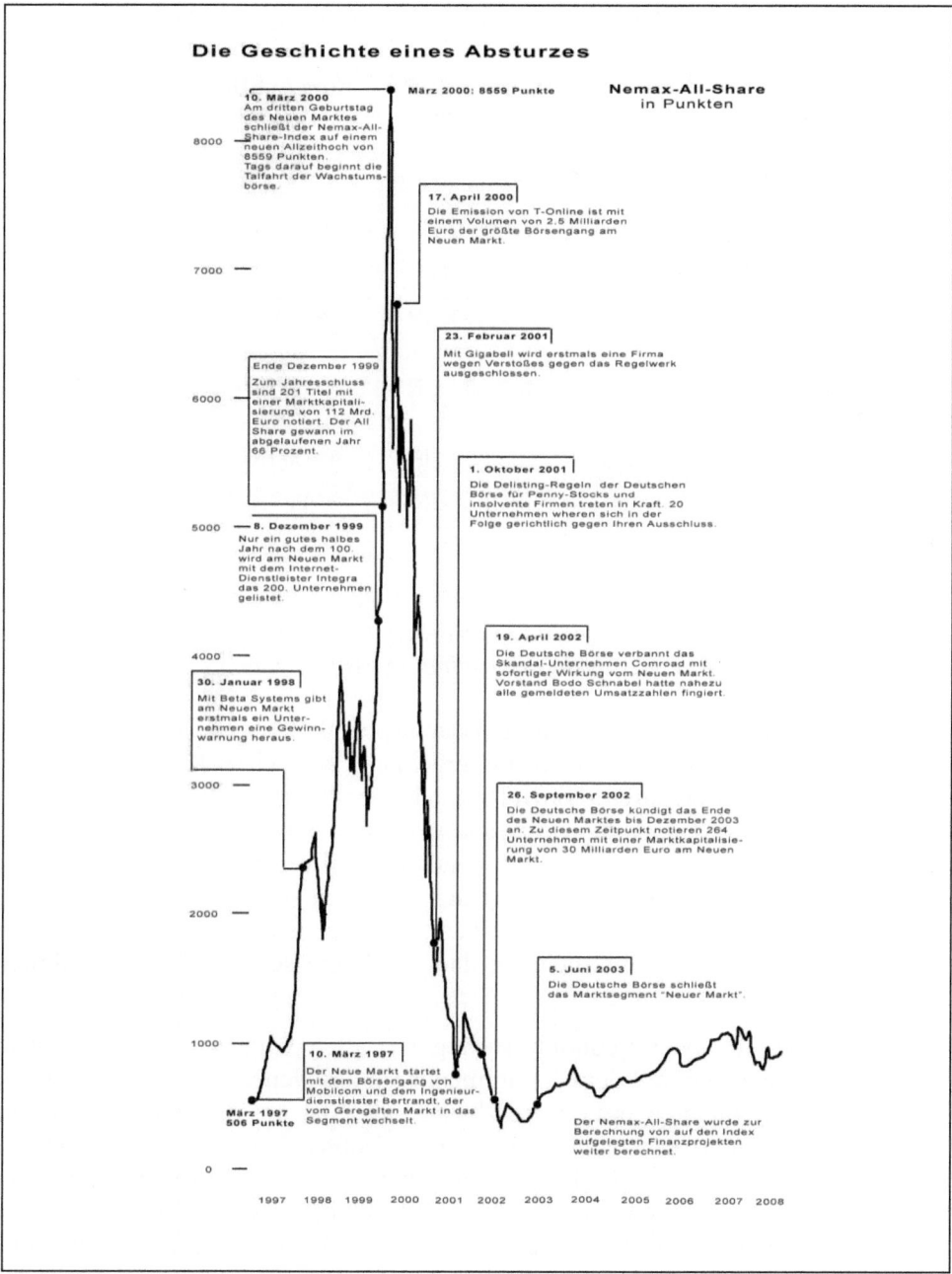

Quelle: Die Welt, 5. Juni 2008
Abbildung 1: *Dotcom-Blase am Nemax*

Tabelle 4:   *Kursverfall nach der Versteigerung deutscher UMTS-Lizenzen*

Bieter in Deutschland	Aktie	Kurs in EUR 11.08.2000	Kurs in EUR 18.10.2000	Performance
E-Plus Hutchison	Hutchison	16,25 EUR	13,30 EUR	-18,15 %
Group 3G	Telefonica	24,06 EUR	19,66 EUR	-18,29 %
	Sonera	33,45 EUR	17,70 EUR	-47,09 %
Mannesmann Mobilfunk	Vodafone	252,00 EUR	126,00 EUR	-50,00 %
MobilCom Multimedia	MobilCom	132,50 EUR	52,60 EUR	-60,30 %
	France Telecom	135,60 EUR	98,00 EUR	-27,73 %
T-Mobil	Dt. Telekom	48,30 EUR	37,22 EUR	-22,94 %
Viag Interkom	British Telecom	12,54 EUR	10,32 EUR	-17,70%

Quelle: Börsengeschichte. Internethausse und Megabaisse (1996-2002) –
Teil 2: Nemax-Skandale und Guru-Schelte 2000-2001, in:
http://zeitenwende.ch/finanzgeschichte; Aufruf vom 30. Juni 2008

Insbesondere die Aktie der Telekom galt nach spektakulären weiteren Käufen in den USA als überbewertet und verlor erheblich, was viele Kleinanleger der Volksaktie bis heute verbittert. Hinzu kam, dass auch jene Startup-Unternehmen, die bereits tragfähige Einnahmen vorweisen konnten, dank der nun eingetretenen allgemeinen Vorsicht der Anleger und Kunden in teilweise sehr schwere Turbulenzen gerieten. Die Katerstimmung wuchs. Alle positiven Effekte der New Economy, die neu geschaffenen hunderttausende Arbeitsplätze, der Mut zu eigenen weltweit agierenden Unternehmen und das Interesse der Bürger an Aktien gerieten rasch in Vergessenheit.

In den Zentren der New-Economy-Bewegung, allen voran im kalifornischen Silicon Valley, entstand mit dem Zusammenbruch des Neuen Marktes eine regelrechte Rezession, die niemand erwartet hatte. Viele Startups mussten in kürzester Zeit, manchmal innerhalb weniger Tage, einen Großteil ihrer Belegschaft entlassen, um das Unternehmen überhaupt noch retten zu können. Firmen, die in den besten Zeiten mehrere hundert Mitarbeiter beschäftigten, reduzierten sich teilweise auf weniger als 50 Mitarbeiter. Diese Entwicklung fand auch in den deutschen Zentren der Dot-coms und New Economy, wie Hamburg, Berlin, dem Ruhrgebiet oder München, statt.

Hatte das rasante Wachstum der Dot-com-Unternehmen viele findige Köpfe hervorgebracht, so waren unter den Beschäftigten, die alsdann auf der Straße landeten, auch viele Schaumschläger, die nur durch ihr forsches Auftreten und ihre Fähigkeit, große Visionen aufzuzeigen, hervorstachen. All diese schillernden Gestalten landeten von heute auf morgen in der Kartei der „schwer vermittelbaren" Arbeitskräfte. Das dabei vor allem die wirklich qualifizierten Arbeitskräfte die Leidtragenden waren, liegt auf der Hand. Der in den zehn Jahren zuvor so massiv gepushte Markt brach zusammen und der Bedarf an qualifizierten Technikern, Informatikern und Designern rauschte ungebremst in den Keller. Dabei darf man nicht vergessen, dass viele der klugen Köpfe sich in den Jahren zuvor vollkommen ausgepowert hatten. Zu viel Arbeit, zu wenig Freizeit, schlechte Ernährung, wenig Bewegung, all das forderte seinen Tribut. Viele blieben auf der Strecke und landeten im Heer der Arbeitslosen.

Auf diese Weise ging viel wertvolles schöpferisches Potential verloren und viele Arbeitssuchende in Deutschland und ganz Europa fühlten sich als Verlierer einer Entwicklung, die in massenhafter Dauerarbeitslosigkeit und Verbitterung endete. Netplanet schreibt dazu: „Der Frust der ‚Verlierer' kennzeichnete nach einiger Zeit rückblickend diese dramatische Zeit. Freundschaften zerbrachen, es wurden regelrechte Verbalkriege auf Websites zwischen Ex-Unternehmern und ihren ehemaligen Mitarbeitern geführt. Findige Unternehmer fanden jedoch auch in der nun in weiten Teilen arbeitslos gewordenen New Economy einen Markt: So genannte Pink-Slip-Partys[34] wurden in den Zentren der New Economy veranstaltet, damit sich dort arbeitslose Fachleute in ungezwungener Atmosphäre mit neuen Arbeitgebern unterhalten konnten. Einzig der unglaubliche Zynismus der Szene wurde mit solchen Veranstaltungen zuverlässig untermauert, denn nur die wenigsten fanden auf solchen Veranstaltungen tatsächlich neue berufliche Kontakte."[35]

Der Abwärtstrend der New Economy wurde durch die Attentate des 11. Septembers 2001 und die weltweite wirtschaftliche Rezession noch verstärkt. Auch später noch, in den Jahren 2002 und 2003, brachen Unternehmen zusammen, die die Durststrecke trotz hartem Konsolidierungskurs nicht überleben konnten.

In dieser Zeit wurden wieder Männer der „Old Economy" gebraucht, um Unternehmen zu sanieren – auch weil viele um ihr in die neuen Unternehmen eingebrachtes Kapital fürchteten und die völlige Katastrophe abzuwenden versuchten. Manche hatten Glück und es gelang ihnen, den Wert der Aktien in den Händen der Aktionäre wieder auf das zurückzuführen, was diese eigentlich sind, nämlich

---

34 Als „Pink Slip" wird in den USA der Entlassungsschein bezeichnet.
35 vgl. http://www.netplanet.org/geschichte/neunziger.shtml; Aufruf vom 30. Juni 2008

Gegenwerte zu den Sachwerten der Unternehmen. Gelingt es einem Unternehmer, seinen finanziellen Bedarf mit dem Wert der realen Sachwerte der Firma zu verbinden und nicht, wie im Falle vieler Dot-coms mit Phantasiewerten, so kann er sein Unternehmen auf eine sichere Basis bringen. Die alten Kapitalgrundsätze besagen, dass Aktienwerte in Wirklichkeit an Sachwerte gebunden sind, deren reale Werte durch Börsenspekulationen oder Crashs nicht verändert werden. Das bedeutet, Spekulanten treiben Verkaufsgewinn-Hoffnungen in irreale Höhen. Am Beispiel der Dot-coms wurde es besonders deutlich – die Gier ließ Bewertungen zu, die nichts mit der Realität zu tun hatten. Die wachsenden Aktienumsätze an den Börsen resultierten aus dem immer schneller werdenden Handel mit Börsenpapieren. Diese An- und Verkäufe haben nichts mit der realen Wirtschaft und vorhandenen Geldmengen zu tun. Die Altvorderen erwarben Aktienpapiere auf lange Sicht, so wie noch von Ron Sommer für die Telekom-Aktien gefordert. Es war durchaus üblich, Aktienpapiere von Generation zu Generation weiterzugeben. Bei den Dot-coms ging es ganz anders zu. Mit der Einführung der neuen Medien und besonders des Internets änderte sich auch die Aktienhandelspraxis – die Papiere wurden immer rascher verkauft. Die Gewinnerwartungen, und wenn es nur um einen marginalen Prozentsatz ging, stiegen bei jedem Verkauf an. Wie bei der Tulipmania des 17. Jahrhunderts setzte eine Art Roulette ein und die Börsen wurden zu Spielcasinos, in denen man bekanntlich meist sehr viel Geld verliert. Das Roulette der neunziger Jahre wurde durch die weltweite Verknüpfung aller Börsenplätze durch das Internet noch zusätzlich angeheizt und selbstverständlich durch die Banker und Broker gerne gefördert. Gerade sie gewinnen in diesem Spiel immer, denn sie halten die Bank.

Auch wenn Kleinanleger sich in den letzten Jahren wieder mehr Börsengeschäften zugewendet haben, um auch ein Stück des Kuchens abzubekommen, haben sie weniger als ein Fünftel der Aktien der deutschen Gesellschaften erworben und sind am Handelsumsatz der Börsen noch immer eher unterrepräsentiert. Das ist nach wie vor ein Manko in Deutschland. Die durch den Börsencrash der Dotcoms ausgelöste erneute Angst der Kleinanleger vor Aktienkäufen bewirkt, dass viel Geld für Unternehmensgründungen fehlt, auch wenn die gesamtvolkswirtschaftliche Rolle bisher gering ist.

Franz-Josef Leven, Direktor am Deutschen Aktieninstitut, äußerte sich dazu in der „Süddeutschen" vom 24. Januar 2008: „Ich behaupte mal, sogar wenn alle Privatanleger auf einmal ihre Aktien verkaufen würden, hätte das am Markt keine große Wirkung."[36]

---

36   vgl. http://www.sueddeutsche.de/finanzen/artikel/434/154037/; Aufruf vom 30. Juni 2008

Einerseits kann man also davon ausgehen, dass das Börsenspektakel um die Dot-coms zur Jahrtausendwende eine Melange aus der Gier von Spekulanten, Börsenmaklern und Banken, der Entwicklung technischer Möglichkeiten (Internet), der Werbung und der Medien war, die die Aktienkäufe noch zusätzlich angeheizt haben, wie wieder bei den Telekom-Aktien besonders deutlich wurde. Andererseits sorgte die Dot-com-Blase dafür, dass die Internet-Branche grundlegend eine Säuberung erhielt und nun auch hier Konzepte viel objektiver betrachtet wurden. Die Branche entledigte sich Tricksern und Trittbrettfahrern, die nur auf der Suche nach dem schnellen Geld waren und oft jegliche Vernunft dabei ablegten. Auch wenn die Dot-com-Blase geplatzt ist – das Internet als solches hat überlebt und mit ihm bisher vor allem die großen Technologie- und Internetunternehmen.

Angesichts der Horrorgeschichten dieses Crashs darf man natürlich nicht vergessen, dass es immer zwei Beteiligte gibt, was auch in diesem Börsenspiel überdeutlich wurde. Firmen, die ganz reale Umsatzprognosen ablieferten und ein fundamentiertes gesundes Wachstum anstrebten, waren für die Venture Capital Geber sehr schnell völlig uninteressant geworden. Nur der, der immer größere Gewinne in Aussicht stellte, hatte gute Chancen, das benötigte Startkapital zu erhalten. Bei den meisten Existenzgründern jener Zeit handelte es sich in erster Linie um technisch brillante Köpfe, die eine Idee hatten und auf der Suche nach Kapital dann von Managern der Venture Capital Firmen unterstützt wurden. Nicht selten kam es dabei zu seltsamen Zweikämpfen zwischen ehrlichen Unternehmern und wachstums- und gewinnsüchtigen Managern, die das durchaus innovative Produkt in Sphären hoch lobten, die nichts mehr mit der Realität zu tun hatten. Mancher Startup-Unternehmer fand sich später auf der Anklagebank wieder und musste sich rechtfertigen. Natürlich gab es auch unter den risikofreudigen Unternehmern Köpfe, die eine neue Form der Auslegung gültiger Gesetze praktizierten und in der Sucht, viel Geld zu verdienen, niemals daran dachten, dass sie dieses Spiel auch verlieren könnten.

In kürzester Zeit wurde unter Einsatz immenser Geldmittel, auf dem Rücken unzähliger unschuldiger Anleger, eine Technologie vorangetrieben, die ohne diese Goldgräberstimmung niemals in einer so kurzen Zeitspanne hätte entwickelt werden können. Als Gewinn für alle bleibt ein immenser Technologiesprung. Den Preis zahlten zwar die Anleger, profitieren werden aber letztendlich alle davon, denn die Computer- und Softwareentwicklung sowie das Internet, wie es heute ist, wären sonst vermutlich nie in dieser Form entwickelt worden. Vielleicht wäre alles nur einen Schritt langsamer verlaufen, vielleicht wären aber auch die Internetideen nie in die Tat umgesetzt worden, wenn die Aussicht auf riesige Gewinne nicht derart im Vordergrund gestanden hätte.

Das Börsenroulette geht auch im Jahr 2008 weiter und es beteiligen sich etliche große Unternehmen im Bereich Neue Medien weiter daran, wie die jüngsten Milliardenübernahmen in der IT-Branche zeigen. „Microsoft is partying like it's 1999", hieß es etwa im „Wall Street Journal" und meinte die Übernahme von YouTube und DoubleClick durch Google, von Skype durch Ebay und von Facebook durch Microsoft. Sie erfolgten in der Hoffnung auf ein Wachstumspotential, das erneut vor allem auf Werbung beruhen soll. Natürlich denkt man dabei auch an den wachsenden Markt in Asien und erhofft sich durch spezielle Angebote eine hohe Erfolgsquote und neue Gewinnchancen. Erschreckend ist dabei: Gerade Facebook ermöglicht mit seiner Fülle an verfügbaren persönlichen Daten, die die Nutzer selbst bereitstellen, sehr zielgerichtete Werbemöglichkeiten, die den Werbern wiederum eine hohe Erfolgsquote versprechen. Die Firma Facebook hatte der damals 20-jährige Harvard-Student Mark Zuckerberg im Jahr 2005 gegründet. Yahoo bot ihm im Jahr 2007 für seine Firma eine Milliarde Dollar und das, obwohl der Jahresumsatz „nur" etwa 150 Mio. Dollar betrug. Diese „Wertbeurteilungen" von Internetfirmen lassen auf kommende Turbulenzen im Bereich der Neuen Medien schließen, zumal sich in diesen Milliardenumsätzen auch der zwischen Google und Microsoft ausgebrochene offene Konkurrenzkampf zeigt. „Microsoft hat darin investiert, Google rauszuhalten", urteilt Analyst Rob Enderle laut „Times". Auch wenn der endgültige Ausgang einer Beteiligung von Microsoft an Yahoo noch offen ist, die Bemühungen beweisen, für wie strategisch bedeutsam die Dot-coms immer noch gehalten werden. Gleichzeitig zeigen solche spektakulären jüngeren Beteiligungsversuche oder Verkäufe auch, dass noch immer viel Geld in die Internetwirtschaft gesteckt wird und darin neue Wachstumspotentiale gesehen werden. Sie schließen an die Erfolge der inzwischen etablierten Internet-Firmen wie Amazon, Ebay oder Google an, die während der gesamten Dot-com-Krise nicht so stark betroffen waren, dass ihre Existenz gefährdet gewesen wäre. Und so geht der Internet-Boom, wenn auch gebremst, trotzdem weiter und gibt den neuen technologiegetriebenen Dot-greens Hoffnung.

Zukunft der Dot-coms und Schlussfolgerungen

In Deutschland gewinnt man den Eindruck, dass allein das Nachdenken über positive Aspekte des Neuen Marktes schon Unverständnis auslöst, eben weil es zu der bekannten Krise kam. In den USA gilt dabei bis heute noch, dass über 20 Mrd. Dollar im Hightech-Sektor von Silicon Valley im Jahr 2000 investiert wurden und selbst in den mageren Jahren danach jährlich noch über 5 Mrd.[37] Spricht

---

[37]   ebenda

man in Deutschland nur vom verbrannten Geld, rechnet man in Silicon Valley auch die gewonnenen Erfahrungen dagegen und träumt vom nächsten Boom.[38] Ansatzpunkte dafür waren und sind z. B. mobile Internettechnologien, Nano-technologien und vor allem die noch näher zu erläuternden Clean-Technologies.

Angeschoben wird der Aufschwung von höheren Investitionen der Venture-Capital-Firmen mit neuen Zielrichtungen der Geldanlage. Die Haupt-stoßrichtung dafür heißt Klima- und Umweltschutz oder einfach „Green Techno-logies". Der Trend führt von „alten" Hightech-Industrien wie der Chipfertigung hin zu Bereichen wie Mobilinternet und intelligenter Software, biomedizinischen Geräten sowie vor allem Produkten und Services für eine saubere Umwelt. Das Silicon Valley mausert sich in ungewohntem Tempo zum Green Valley. In den deutschen Medien hat zuerst ein ZDF-Beitrag im Januar 2008 und dann das Ma-gazin „Stern" Heft 10 vom 28. Februar 2008 publikumswirksam darauf auf-merksam gemacht. Dabei handelt es sich um mehr als eine Kampagne oder ein Strohfeuer, wie manche Sternleser in der späteren Diskussion zu dem Titelthema „Das bessere Amerika" glauben. Wer denkt, Kalifornien sei gegenüber Deutsch-lands Umweltmaßstäben „hinterm Mond"[39], wird bald eines Besseren belehrt werden. Der Autor vertritt hier eine ganz andere Auffassung. Die deutsche Um-weltindustrie erfährt eine ähnliche Herausforderung, wie sie einst die klassische Elektroindustrie durch das Entstehen der Mikroelektronik erlebt hat oder noch schärfer formuliert, die Ablösung der Pferdedroschken durch Taxis.

Die Venture-Kapitalgeber stehen gerade im Silicon Valley in den Startlöchern. Eines jener Unternehmen, das schon Google und Genetech aus der Taufe heben half, ist die Venture-Capital-Firma Kleiner Perkins Caufield & Byers. Seit Herbst vergangenen Jahres wirkt der ehemalige Vizepräsident und Friedensno-belpreisträger Al Gore hier als Berater mit. Es geht darum, die weltweit besten Ideen und Projekte für „green and clean technologies" herauszufiltern und prak-tisch zum Laufen zu bringen.[40] „The message is: you can transport the skills of Silicon Valley and must transport some of those skills outside of the valley", empfiehlt Al Gore. „But in fact the capital and the laterstage businesses are all over the world."

Kreative Köpfe für besseren Klima- und Umweltschutz sind gefragt wie nie zuvor. Deshalb versuchen die Startups auf diesem Gebiet, Management-Teams mit einem Mix aus Wissenschafts- und Business-Know-how zusammenzustel-len. Inzwischen strömen viele IT-Fachkräfte in diesen Sektor. Den Hintergrund

---

[38]   vgl. Building The Next Silicon Valley, Roven 2003
[39]   Stern 12/2008, S. 20
[40]   vgl. San Francisco Cronicle, http://www.sfgate.com; Aufruf vom 13. November 2007

bildet nicht allein der auf der jüngsten Computermesse in Hannover 2008 deutlich sichtbare Trend zu „Green IT", sondern der Klimawandel selbst. Die weltweit installierte Rechentechnik verantwortet bereits genauso viel CO_2-Ausstoß wie der Flugverkehr. Bereits 1820 entdeckte der Franzose Jean-Baptiste-Joseph Fourier (1768-1830) den natürlichen Treibhauseffekt. Er hielt noch Wasserdampf für das wichtigste Treibhausgas. John Tyndall (1820-1893) entdeckte dann CO_2 als weiteres Treibhausgas und Svante Arrhenius (1859-1927) aus Schweden warnte bereits 1896 vor der bevorstehenden Erderwärmung. Sie wird vor allem durch CO_2-Emissionen hervorgerufen, die beim Verbrennen von Kohle, Öl und Erdgas entstehen. Kohle- oder Gaskraftwerke zur Stromerzeugung haben ihren Anteil daran.

Großrechner, wie die von Google zum Betreiben der weltweiten Datensuchmaschine, benötigen enorme Strommengen mit allen Konsequenzen für den Ressourcenverbrauch und die Umweltbelastung. IBM ändert bereits den Werbeslogan von Big Blue in Big Green zum Aufbau klimaschonender Rechentechnik und investiert darin rund 1 Mrd. Dollar pro Jahr. „Heizen mit Daten" überschrieb das Nachrichtenmagazin „Der Spiegel" Nr. 13, 2008 den ernüchternden Beitrag zum wirtschaftlichen Zwang zu mehr umweltfreundlicher IT. Viele IT-Ingenieure aus dem Silicon Valley wollen zugleich selbst mehr für den Umweltschutz bewirken und natürlich auch weiter in den Branchen bleiben, in denen das meiste Geld fließt. Für sie bedeutet dieser Schritt eine komplette Umstellung auf neue umweltfreundliche Technologien und neue Kunden, etwa im Bereich der Solartechnik.

Gründer und Mitarbeiter aus der IT-Branche, die jahrelang nur mit Soft- und Hardware zu tun hatten, können den grünen Unternehmen viel helfen. Sie übertragen zunächst vor allem erst einmal den Gründergeist und ihre Vorgehensweise auf die Umweltbranche. Viele Vertreter der weitaus dynamischeren Hightech-Unternehmen sind sich sicher, dass allein durch den veränderten Silicon-Valley-Unternehmensstil schon ein ganz neuer Geist in die Umweltbranche gebracht werden kann. Manche sprechen davon, dass der Silicon-Valley-Virus im positiven Sinne in der Umweltbranche verbreitet werden muss.[41] Nach gleicher Quelle sieht David Cope, Vorsitzender des Wasser- und Nahrungsmittel-Verarbeitungsunternehmens Novazone es als ganz entscheidend an, dass der richtige Mix des Teams die größte Herausforderung für neu entstehende Umwelt-Unternehmen ist. „Man muss die Personen finden, die bereit sind, sich noch einmal selbst neu zu erfinden."

---

[41]   vgl. Martin LaMonica und Katharina Guderian, am 30. Mai 2007, in: http://www.silicon.de/cio/strategie, Aufruf vom 30. Juni 2008

Das gilt auch dann, wenn der Umweltsektor für die IT-Fachkräfte gar nicht so neu ist. Paul Holland, bei der Foundation Capital Verantwortlicher für die grünen Technologien, berichtete in gleicher Quelle: „Wir finden tatsächlich Mitarbeiter, die in den vergangenen 20 Jahren nur im Bereich Software oder Networking gearbeitet haben. Und dann stellt sich heraus, dass sie einen Uni-Abschluss in Umwelttechnik haben."

Laut Russell Hancock, CEO von Joint Venture, ist der grüne Aufschwung auch besonders aus dem Blickwinkel der Sicherheit für die Zukunft interessant. Die aktuelle ökonomische Lage der USA werde das Silicon Valley beeinflussen, sagte Hancock dem Wall Street Journal. So gebe es in der Region immer weniger Jobs mit einem mittleren Gehalt – von 30.000 bis 80.000 Dollar pro Jahr. Die Lebenshaltungskosten seien im Silicon Valley jedoch 47 % höher als im Rest der USA. Der instabile Aktienmarkt und die Subprime-Krise führten dazu, dass es den Menschen im Silicon Valley „immer schwerer fällt, sich sicher zu fühlen." Auch daher wächst die Neigung, sich zukunftsorientierten Technologien mit dem Hintergrundwissen aus der IT-Branche zuzuwenden.

Die Macher dieser „grünen Revolution" wissen aus den vergangenen Jahren, dass sie aus eigener Kraft und gepaart mit Risikokapital ganz neue Branchen hervorgebracht haben. Aus diesem Selbstbewusstsein erwächst die Erkenntnis, auch in den neuen Umwelttechnologien genauso zum Erfolg kommen zu können. Man gewinnt den Eindruck, dass dieser besondere Silicon-Valley-Virus geradezu belebend wirkt und ein sehr großes Selbstbewusstsein hervorbringt. In der Vergangenheit hat das dazu geführt, dass in zahlreichen anderen Regionen auf der ganzen Welt versucht wurde, die Idee der Gründungswelle aus Kalifornien nachzuahmen. Daraus sind allein über dreißig „Valleys" entstanden, die von den USA über Europa bis in die russische Taiga reichen. Auch wenn es natürlich von den örtlichen und klimatischen Bedingungen inklusive der Versorgungslage nach wie vor gewaltige Unterschiede zwischen Taiga- und Tourismus-Tälern gibt, ist eins offenbar gleich: die Besessenheit und der unglaubliche Wille der in solchen Gründerzentren Schaffenden, etwas Bahnbrechendes praktisch durchzusetzen.

Im Oktober 2007 charakterisierte Todd Woody den neuen Aufbruch in einem Kommentar zum Erscheinen des Umweltberichts „Sustainable Silicon Valley-CO_2 Report 2007" so: „Silicon Valley these days is the epicenter of all things green, home to renewable energy entrepreneurs, ecologically minded venture capitalists and global warming-fighting CEOs."

In der Los Angeles Times vom 28. Februar 2008 beschrieb Jessica Guynn in einer Titelstory die neue Aufbruchstimmung folgendermaßen: „Even as the rest of the business world frets about the gloomy economy, Silicon Valley is living the Hightech high life. Nowhere is that more evident than at Founders Brunch, a private, invitation-only gathering where new-boom kids and industry veterans pick up whispers of the next big trends, invest in one another's ideas and push one another to think big".[42]

Die Beschreibung der informellen Treffen sagt viel über den dort herrschenden Geist. Niemand kommt im Armanianzug oder Porsche vorgefahren, sondern alle in getragenen Jeans, T-Shirts und vielleicht mit dem Fahrrad. Die äußeren Statussymbole spielen keine Rolle. Entscheidend sind die geäußerten Ideen und ihre Zukunftschancen, der Glaube an die Machbarkeit des Neuen. Die Treffen sind bunt gemischt und unterliegen keinen formellen Regeln. Man kommt ins Gespräch und entscheidet, sich erneut zu treffen oder eben nicht. Anwesend sind Ideen- und Geldgeber. Zu einem „Founders Brunch" eingeladen zu werden, basiert oft lediglich auf einer Email oder der Teilnahme an einem Bloggerforum zu einem spannenden Thema.

Man vergleiche allein diese Art des Zusammentreffens und die dabei herrschende Kultur ohne Papier mit für uns typischen Einladungen zu Gründerseminaren oder Informationsveranstaltungen, die besonders häufig zu neuen Fördermöglichkeiten verlocken sollen. Das „Enterprise Europe Network" lud z. B. gerade in der Zeit, als diese Ausarbeitung entstand, zu einem Treffen zu Förderinhalten und Projektanträgen ein, in dem Fall für das Programm „eContent*Plus*". Obwohl das Netzwerk mit dem kaum lesbaren Slogan wirbt „Wir stehen Unternehmen zur Seite" hat man bei gründlicher Durchsicht der Einladung den Eindruck, eher um sein Geld gebeten als beraten zu werden. Für die vierstündige Informationsveranstaltung zum EU-Programm wurde ein Teilnahmeentgelt von 59,50 Euro inkl. 9,50 Euro (19 % Mehrwertsteuer) erhoben. Für eine individuelle Beratung zu einer vorher schriftlich einzureichenden Projektskizze wurden noch einmal 30,- Euro fällig. Als Einladender fungierte in diesem Fall die Berlin Partner GmbH aus dem bekannten Ludwig-Erhard-Haus in der Berliner Fasanenstraße. Es ist selbstverständlich, dass in der dreiseitigen schriftlich versandten Einladung auch noch Detailhinweise zu Deadline und Zahlungsbedingungen enthalten waren. Das allein charakterisiert wahrscheinlich den Unterschied in der Herangehensweise zwischen Los Angeles und Berlin deutlicher als jede weitere Erklärung. Dass sich nur wenige junge Gründer von solchen Treffen angesprochen fühlen, zeigt sich bei der Teilnehmerzahl. Oft genug scheuen sich junge Kreative, ihre noch unausgereiften Ideen preiszugeben. Profis wissen aus Erfahrung, dass der Weg zu den Fördertöpfen der EU oder anderer Gremien lang und büro-

---

42   vgl. Jessica.guym@latines.com, Come for Brunch. Bring Billions, in: Los Angeles Times.Business; http://www.latimes.com/technology/lafifounders26feb26,1,6009894. story?ctrack=1&cset=true); Aufruf vom 30. Juni 2008

kratisch ist. Sie meiden ihn und wissen, dass die Chancen auf eine Finanzspritze ohnehin schlecht stehen. Die großen Konzerne können sich dagegen Spezialisten allein für das Durchforsten des Förderdschungels leisten und finden so zusätzliche Unterstützung. Auch hieran zeigt sich, dass der Gründungsvirus in unserem Land noch wenig ansteckend wirkt, dagegen in anderen Regionen der Welt auf sehr fruchtbaren Boden fällt, wie z. B. in der Taiga, wie unter dem Titel „Silicon Taiga" berichtet wurde.[43]

In all diesen Betrachtungen muss man natürlich die schon zuvor beschriebenen Hintergründe einbeziehen, sei es die vollkommen andere Mentalität der Silicon Valley Pioniere gestern wie heute, oder den immer noch tief sitzenden Stachel des Misstrauens, der gerade hier in Deutschland zu spüren ist. Unternehmen, die hier und heute Venture Capital suchen, werden in der Regel bereits an den Hilfskräften der Venture-Capital-Firmen scheitern, die die Flut von Businessplänen zu sichten haben und nicht selten kaum über die notwendigen Kenntnisse der einzelnen Branchen und auch nur selten über ein Gespür für wirkliche Visionen verfügen. Heute hat es sich eingebürgert, seine Businesspläne via E-Mail an die Geldgeber zu senden und es ist schier unmöglich geworden, mit einem wirklich kompetenten Partner zu kommunizieren. Es mutet eher an wie ein großes Roulettespiel, so dass viele Ideen klanglos untergehen.

Genau an dieser Stelle sollten wir uns wieder ein Beispiel an Silicon-Valley-Unternehmern nehmen, die trotz der immensen Verluste ihren Optimismus und den Glauben an innovative neue Technologien nicht verloren haben. Denn gerade jetzt täten wir gut daran, unsere antrainierte Skepsis über Bord zu werfen und aus einer Mischung von Pioniergeist und Optimismus noch viel mehr neue Unternehmen als Dot-greens zu gründen.

---

[43] vgl. Der Spiegel, 10. März 2008

2. Der neue Goldrausch: Green to Gold

Green-Business-Strategien als neue Herausforderung

Unter den Zukunftstechnologien des 21. Jahrhunderts nehmen die im weitesten Sinne umweltorientierten Neuausrichtungen einen vorderen Platz ein. In typisch amerikanischer Werbemanie sticht Going Green seit dem Frühjahr 2008 in vielen Unternehmen und öffentlichen Einrichtungen so ins Auge, dass man sich vor Ort fast in einen Öko-Werberummel versetzt fühlt. Kalifornien gilt dabei seit langem als „das bessere Amerika" und Vorbild, wie der „Stern" Heft 10 in einem überschwänglichen Leitartikel formulierte. Das Silicon Valley steht als Musterlandstrich an der Spitze. Selbst Präsident George W. Bush, der seit seinem Amtsantritt im Jahr 2001 immer im Bremserhäuschen des internationalen Ökozugs rückwärts kurbelte, schwenkt im letzten verbleibenden Amtsjahr um. Die Newsweek vom 5. Mai 2008 zeigt Bush auf dem Titel unter der verblüffenden Überschrift: „Turning Green". Nach kurzer Abrechnung seiner bekanntesten, gegen die Umwelt und den Klimaschutz gerichteten Aktivitäten, insbesondere der Kassierung des Kyoto Protokolls 2001 zur Verminderung des CO_2-Ausstoßes und der Öffnung von Alaskas Naturschutzgebieten für Ölbohrungen, wundert sich das Nachrichtenmagazin: „Lately, however, Bush is turning ... well if not green, then at least lime or chartreuse ... What is behind Bush's late-term epiphany about the environment?"[44] Pragmatisch gibt Newsweek zehn Schwerpunkte vor, durch die dem geschundenen Planeten besonders geholfen werden kann.[45] Sie reichen von Empfehlungen zur in den USA besonders dringlichen radikalen Reduktion von Verpackungen und Abfall bis hin zu „Zero Waste", über energiesparende LED-Beleuchtungen und Solarzellen aus Plastik bis zum Abschaffen von ineffizienten Kochmethoden und natürlich dem Benzinverbrauch der alten Straßenkreuzer. Der anhaltend schockierend hohe Ölpreis führt zu schmerzhaften Preiserhöhungen an der Zapfsäule. Ende Juni 2008 kostete eine Gallone Benzin in Kalifornien bereits 4,10 Dollar. Das entspricht rund 70 Eurocent pro Liter, also immer noch wenig im Vergleich zu Europa. Die sprunghafte Steigerung seit Jahresende 2007 um fast 40 % empört jedoch viele Amerikaner. Die genervten Autofahrer versuchen Carpools zu gründen, bilden Clubs der „Hypermilers", um spritsparend möglichst viele Kilometer zu fahren, schalten die Klimaanlage ab, fahren auf Autobahnen weit unter der Richtgeschwindigkeit oder nutzen elektrische Golfcars zum Einkaufen. Als erster Bundesstaat führt

---

44 vgl. Environment and Leadership. The New Green Leaders, Newsweek, 5. Mai 2008, S. 34
45 ebenda, S. 50

Utah für seine Angestellten in diesem Sommer die Vier-Tage-Woche ein, um Sprit und Energie zu sparen.[46]

Dem Autogiganten General Motors wird beispielsweise das Startup Unternehmen „Aptera Motors" aus Carlsbad, Kalifornien, als Vorbild genannt, das mit ultraleichten aber superfesten Composite-Werkstoffen ab nächstem Jahr Autos im Hybrid- oder reinen Elektrobetrieb anbieten wird. Perspektivisch sollen diese durch Photovoltaik auf dem Garagendach aufgeladen werden können. Ironisch fragt Newsweek: „Are you listening, GM?"[47] Offenbar hören immer mehr amerikanische Unternehmen endlich den Startschuss zum neuen internationalen Wettlauf in Umwelt- und Klimaschutztechnologien.

Vergleicht man das Herangehen in Amerika mit dem in Deutschland, sind einige gravierende Unterschiede unverkennbar. So hatte die Umweltbewegung in Deutschland und Europa vor allem ideologische Wurzeln, als sie Ende der siebziger Jahre begann, zunächst die Kommunalpolitik und ab 1980 auch als Bundespartei „Die Grünen" die Bundespolitik zu verändern. Im Mittelpunkt stand eine ökologische, soziale, gewaltfreie und basisdemokratische Politik. Im Programm von 1980 heißt es dazu: „Die ökologische Weltkrise verschärft sich von Tag zu Tag: Die Rohstoffe verknappen sich, Giftskandal reiht sich an Giftskandal, Tiergattungen werden ausgerottet, Pflanzenarten sterben aus, Flüsse und Weltmeere verwandeln sich in Kloaken, der Mensch droht inmitten einer späten Industrie- und Konsumgesellschaft geistig und seelisch zu verkümmern, wir bürden den nachfolgenden Generationen eine unheimliche Erbschaft auf."[48] An der Richtigkeit dieser Aussagen hat sich bis heute nichts geändert. Das wirtschaftliche Umsteuern in Deutschland und Europa sowie weltweit begann dennoch nur unter äußerstem Druck, in der Regel erzwungen von Umweltskandalen oder regelrechten Katastrophen. Auch auf Grund ihres bewusst anderen äußeren Auftretens (Turnschuhe, Jeans, Rollkragen) nahm man das Anliegen der Grünen jahrelang nicht so ernst wie nötig. Erst nach Wahlerfolgen auf Kommunal- und Landesebene gelang den Grünen 1983 der Sprung in die Bundespolitik. Auch hier dominierten ideologische Ziele das Programm: „Ein völliger Umbruch unseres kurzfristig orientierten wirtschaftlichen Zweckdenkens ist notwendig. Wir halten es für einen Irrtum, dass die jetzige Verschwendungswirtschaft noch das Glück und die Lebenserfüllung fördere; im Gegenteil, die Menschen werden immer gehetzter und unfreier. Erst in dem Maße, wie wir uns von der Überschätzung des materiellen Lebensstandards freimachen, wie wir wieder die Selbst-

---

46   Dowideit, Anette, Der Benzinpreis macht in den USA sogar Strafzettel teurer, Die Welt, 2. Juli 2008, S. 9

47   ebenda, S. 52

48   vgl. http://www.dhm.de/lemo/html/dokumente/NeueHerausforderungen_programmPraeambelDerGruenen1980/index.html; Aufruf vom 05. Juli 2008

verwirklichung ermöglichen und uns wieder auf die Grenzen unserer Natur be-
sinnen, werden auch die schöpferischen Kräfte frei werden für die Neugestaltung
eines Lebens auf ökologischer Basis."

Aus dieser wirtschafts- und technologiefernen Grundposition blüht bis heute
eine eher innovationsskeptische und technologiefeindliche, ja bisweilen zerstöre-
rische Politik (z. B. gegen die Genpflanzenproduktion in der Landwirtschaft).
Die „grüne Politik" wird in Deutschland oft mit Deindustrialisierung (z. B. Aus-
stieg aus Atomkraftwerken), Technologie-verhinderung (z. B. Transrapidtechno-
logie) oder Innovationsverzicht (z. B. für Modeprodukte) gleichgesetzt. Ein
„Grünwerden" (Going Green) verbindet sich im deutschen und europäischen
Selbstverständnis noch immer primär mit öko-ideologischem Ansinnen, mit
einem erzieherischen Generalanspruch zu Natur-, Klima- und Umweltschutz und
vor allem oft genug mit ausgeprägtem Verzichtsdenken.

In den USA kommt die neue grüne Politik und Praxis aus einem ganz anderen
Ansatz, nämlich den harten, unmittelbaren wirtschaftlichen und damit verbundenen sozial-pekuniären Zwängen zum Energiesparen und Umsteuern. Der Klimawandel bewirkt an der Zapfsäule weit mehr als die oft genug in weiter Ferne
liegenden Klimaziele für 2020 oder sogar 2050. Als der Benzinpreis im Frühjahr
2008 in San Francisco die 4-Dollar-Marke übersprang, konzentrierten sich die
Nachrichten und Talkrunden tagelang auf diesen Fakt. Präsident Bush versprach
in „positiver" Weltsicht, Saudi-Arabien bewegen zu wollen, mehr Öl zu fördern
und dadurch Preisstabilität zu erreichen. Die Hilflosigkeit der Regierungen
weltweit beweist, dass unternehmerisches Handeln einen schnelleren und vor
allem wirksameren Ausweg zeigen muss. „Entrepreneurs will turn us to green
faster than government mandates" schätzt Ed Ring im Silicon Valley basierten
AlwaysOn-Magazin nüchtern ein.[49]

Der Umschwung in den USA resultiert einfach und völlig ideologieunabhängig
zunächst und massenhaft aus wirtschaftlichen Zwängen, einem so genannten
„practical environmentalism" entgegen dem in Europa weit verbreiteten „emotional environmentalism". Ersterer Denkansatz wird im Weiteren vereinfacht als
„Ökopragmatismus" gegenüber dem gut meinenden „Ökoidealismus" verstanden. Ein gutes Gewissen und ein sauberes Gefühl zu haben, ergänzt den pragma-
tischen Druck, bewirkt ihn aber längst nicht allein und schon gar nicht auf so
breiter Front wie gegenwärtig in Silicon Valley und ganz Kalifornien spürbar.
Wer für das Parken eines Hybridleihwagens nur 11 Dollar am Hotelparkplatz
statt 25 Dollar bezahlen muss, nimmt sich, auch ohne einen Vortrag über die
Luftverschmutzung von San Francisco, beim nächsten Mal sicher eher ein Hyb-
ridfahrzeug.

---

49 vgl. AlwaysOn, GoingOn, Issue 10, Fall 2007, S. 3

Die schon erwähnte geradezu überbordende Einordnung jeglicher ökologischer Anstrengungen in den USA als „green-business" lässt mit Recht fragen, was die vielen Unternehmensstrategien mit dem Aufkleber „Bio, Eco, Clean, Green-Business, emission free", oder „sustainable" tatsächlich voneinander unterscheidet.

Die heute besonders inflationär gebrauchte Vorsilbe „Bio" hat zweifellos die längste Tradition.[50]

Die Demeter-Organisation als Vorläufer des heute so „hippen" Bioanbaus wurde 1942 von den Nazis verboten und auch nach dem Kriege in der DDR offiziell nicht wieder zugelassen. In Westdeutschland führte sie gleichfalls nur ein Schattendasein und gewann im Grunde erst in den letzten Jahren wieder neues Profil durch den Bioanbau. Die Hervorhebung der Bio-Produkte als Öko-Innovationen hat doppelte Bedeutung.

Zum einen kommen viele grüne Unternehmensgründungen aus der Natur- und Bodenschutzbewegung, zum anderen hat das Präfix „Bio" gerade in Verbindung mit Technologie eine sehr seriöse und auch wieder umstrittene Bedeutung.

In der Praxis fällt eine solide Abgrenzung der Bio- und Gentechnologie noch immer schwer, weil es keine klaren Abgrenzungsmerkmale gibt, sie Querschnittstechnologien darstellen und in vielen Branchen verwendet werden. Nicht zuletzt unterliegen sie ständig neuen Potentialeinschätzungen.[51]

Mit den Bio-Produktlabeln, die immer mehr um sich greifen, verhält es sich ähnlich wie mit den zugrundeliegenden Herstellungsmethoden. In der Regel fällt es sehr schwer, die eher marketingorientierten von den realen produktionstechnischen Besonderheiten zu unterscheiden. Das Biogeschäft hat sich zu einer Boombranche entwickelt, die von einigen Anbietern auch gern zu biokosmetischen Maßnahmen genutzt wird. Im Nachrichtenmagazin „Der Spiegel" heißt es dazu: „Viele vermeintlich gehaltvolle Prüfsiegel klingen bedeutungsschwer, sind aber vor allem dick aufgetragene Unternehmenskosmetik".[52]

Auch mit dem „Ökobegriff" steht es nicht viel besser, wie in dem Standardwerk „Ökotricks und Bioschwindel" anhand zahlreicher Beispiele schon 1990 bewiesen wurde.[53]

---

50   vgl. Bentzien, Hans, Ein Lesebuch von früher und heute, von bekannten Leuten, von ihrem Werk und vom liebreizenden Ort, Berlin/Bonn, Westkreuz-Verlag 1999, S. 13

51   vgl. Technologien des 21. Jahrhunderts, OECD Paris 1998, S. 80

52   Das große Moral-Monopoly, in: Spiegel 19/2008, S. 102

53   vgl. Adler, Adam; Mackwitz, Hanswerner, Ökotricks und BioSchwindel, Verlag Orac, Wien 1990

Die neue Generation von technologiebasierten grünen Unternehmern steht international vor großen Herausforderungen, wenn es um wirklichen Klima- und Umweltschutz geht. Hierfür werden so genannte „maintenance man", kreative Schöpfer neuer Produkte, Materialien, Dienstleistungen und Absatzmärkte, aber auch im Schumpeterschen Sinne neue Organisationsstrukturen und politisch-administrative Lösungen gebraucht. Es gibt nicht wenige Anzeichen dafür, dass der Markt allein die Anforderungen der Klimaproblematik nicht bewältigt und dass nach wie vor das Betreiben einer rücksichtslosen Ökonomie im Sinne des „Heuschreckenkapitalismus" andere Wege des Eingreifens erfordert. Benötigt werden dafür vielmehr Ökogründer, die in der Fachliteratur auch als „green-entrepreneurs" bezeichnet werden. Dabei geht es über die oft schon üblichen Betonungen des Umweltmanagements im Sinne einer Ökoberichterstattung hinaus um fundamental nachhaltig orientierte Gründungen.

Robert Isaak charakterisiert diese Unternehmen wie folgt: „In contrast, a green-business is one that is designed to be green in its processes and products from scratch, as a start-up, and, furthermore, is intended to transform socially the industrial sector in which it is located towards a model of sustainable development."[54] Damit wird an die neuen grünen Unternehmer ein außerordentlich hoher Anspruch gestellt. Er richtet sich global auf die neue Cleantech-Welt, die sich anschickt, die Rolle der bisherigen Hightech-Industrie zu übernehmen. Die erst Ende Februar 2008 in Los Angeles stattgefundene Konferenz „Cleantech Forum" unterstrich deutlich, dass es sich um eine ganz neue Dimension handelt.

David R. Baker betonte im Chronicle vom 28. Februar 2008: „Known both as green tech and clean tech, the industry develops alternative fuels, better ways to use existing resources and other eco-friendly products. Most of the companies are young, and many call Silicon Valley home. California cleantech companies won $1.79 billion in venture capital funding last year, 45 percent of the nationwide total of $ 3.95 billion."

In einer empirischen Studie über grüne Marktführer hat Holger Petersen in seinem Buch „Ecopreneurship und Wettbewerbstrategie"[55] eine Reihe von Unternehmen untersucht, die sich selbst als führend sehen, davon:

- 11 führend im globalen Maßstab
- 15 im kontinentalen Maßstab

---

54 vgl. Issak, Robert, The making of the Ecopreneur. In: Greener Management International, Nr. 38/2002, S. 82

55 vgl. Petersen, Holger, Ecopreneurship und Wettbewerbsstrategie – Verbreitung ökologischer Innovationen auf Grundlage von Wettbewerbsvorteilen, Marburg, Metropolis-Verlag 2003, S. 102

- 43 im nationalen und

- 4 im regionalen Bereich.

Die überwiegende Mehrheit der befragten Unternehmen gehört zum Mittelstand in den Bereichen Ernährung (14), Strom und Wärmeversorgung (13), Wohnen (11) und Mobilität (6). Über zwei Drittel der Unternehmen wurden erst nach 1970 mit dem Aufkommen der Umweltbewegung in Deutschland gegründet.[56] Nur relativ wenige erfolgreiche grüne Unternehmen können auf eine langjährige Unternehmensgeschichte zurückblicken. Das beweist auch, dass es eine „Öko-Wirtschaftsgeschichte" praktisch noch nicht gibt, obwohl manche heute besonders aktuelle „grüne Produktion" in Wahrheit schon historische Vorläufer hat. Auch neuere Dissertationen, wie die von Jens Clausen „Umsteuern oder Neugründen? Die Realisierung ökologischer Produktpolitik in Unternehmen" (Hannover 2004), geben keine eindeutige Abgrenzung zwischen den verschiedenen international vergleichbaren „Green-Business-Strategien". Auch im Silicon Valley sind längst nicht alle Umweltsünden ausgeräumt; es gibt genügend Versuche, sich durch einen grünen Mantel einem allgemeinen Trend anzuschließen. Going Green ist „in".

Auf Pseudo-Eco-Entrepreneure muss verwiesen werden, weil sie Gefahr laufen, immer wieder ganze Branchen in Verruf zu bringen. Das gilt nicht allein für Neugründer, sondern auch für etablierte Firmen und ihre Umweltberichte bzw. CO_2-Reports. Mitunter werden selbst Prominente erwischt, die öffentlich grüne Wortschwalle von sich geben, dann aber in einen privaten Jet steigen.

Hier interessiert im Sinne der Eingangsfrage die Charakteristik des Typischen und zugleich Besonderen von Öko-Unternehmern. Deren Erforschung hat noch wenig wissenschaftliches Hinterland. In der internationalen Literatur wird gleichermaßen von „environmental entrepreneur", „ecopreneur" oder auch „green entrepreneur" gesprochen.[57]

Ihnen zur Seite stehen die so genannten „Enviro-Capitalists", die schon in der Standardpublikation von Terry Anderson und Donald Leal 1997 in ihrer progressiven Rolle richtig bewertet wurden[58]. Ihr Wirken konzentriert sich in der Regel auf lokale naturbezogene Effekte. Doch auch im internationalen Maßstab zeigt sich der grüne Wandel. Längst wetteifern ehemals öko-abstinente Regionen wie die Golfstaaten oder Wachstumstiger in Asien oder Indien um grüne Unterneh-

---

56   ebenda, S. 104

57   vgl. z. B. Schaper, Michael, The Essence of Ecopreneurship. In: Greener Management International, Nr. 38/2002, S. 26 ff.

58   vgl. Anderson, Terry; Leal, Donald, Enviro Capitalists. Doing Good While Doing Well, Lanham, Oxford, Rowmann & Littlefield, 1997

mensgründungen. Die meisten Nachfragen gehen ins Silicon Valley und nicht nach Deutschland, wie hierzulande viele in einer oft eingebildeten Vorherrschaft im Bereich der Umwelttechnologien glauben.

Selbst die reichen Ölstaaten haben den Zug der Zeit erkannt und eifern den Unternehmensgründungen aus dem Silicon Valley mit dem neuen grünen Anspruch nach.

„It's very clear – let's extend our activities in the energy sector. It's what we do best", sagte Sultan al Jaber, Chief Executive Officer der Abu Dhabi Future Energy Company „We're creating the Silicon Valley of alternative energy in Abu Dhabi". 15 Mrd. Dollar stehen dafür bereits bereit.[59]

In Indien ist man schon weiter, genau wie in Singapur und auch in China. Überall wird mit enormem Aufwand daran gearbeitet, Basisinnovationen im Bereich der Cleantech oder Green-Business schnell zum Laufen zu bringen. Nach den Jobverlusten in den Bereichen der Militärtechnologie, der Personal-Computer-Branche und sogar in der Softwareentwicklung stehen im Umweltbereich alle Signale auf Grün. Selbst Großunternehmen wie Wal-Mart schalten auf die grüne Welle um. Ende 2007 wurden neue Richtlinien für grüne Einkaufsbedingungen vor allem für kleine und mittlere Firmen als neue Lieferanten aufgenommen. Diesem Trend folgend findet man auch in deutschen Supermärkten zunehmend Produkte mit grünem Siegel.

Zweifelsfrei hat das, in den letzten Jahren selbst krisengeschüttelte, Silicon Valley einen neuen „Hot Spot" in den grünen Technologien gefunden. Der Fokus liegt dabei auf den neuen alternativen Energiegewinnungstechnologien. Insider sprechen in San Fransisco bereits von einem Wandel der Dot-com-Firmen zu Watt-com-Unternehmen mit enormen Wachstumschancen in den nächsten Jahren, auf Grund des anhaltenden weltweiten Energiehungers. In diesem Buch wird bewusst in Anspielung auf die Dot-coms von Dot-greens gesprochen.

Die politischen Unsicherheiten in den Nahost-Regionen beflügeln diesen Trend. Daher fließt immer mehr Geld nach Kalifornien. „A study just out from Dow Jones Venture Source indicates that more than half of all clean-tech venture capital in the United States last year went to California companies."[60]

---

59   vgl. http://www.masdaruae.com/; Aufruf vom 15. Juni 2008
60   vgl. Keefe, Bob, Money for Clean-Tech Research Mainly Flowing to California, in: Cox News Service, 10. März 2008

Veränderte Märkte und Rahmenbedingungen für Nachhaltigkeit

In den letzten Jahren hat sich das Bild vom „grünen Konsumenten" radikal geändert. Galten Ökokonsumenten jahrzehntelang als Rand- oder Nischengruppe, steht heute der selbstbewusste Verbraucher im Mittelpunkt der strategischen Neuorientierung. Aufgeklärte und klimabewusste Kalifornier gehörten und gehören heute zu den Vorreitern. Gouverneur Arnold Schwarzenegger setzt sich persönlich mit seinem Umweltprogramm für mehr Klimaschutz ein. Die von ihm im besonders klimagefährdeten Kalifornien durchgesetzten und geplanten Maßnahmen sprechen eine radikale Sprache und den Sinn an, der in den USA noch immer am schärften ausgeprägt ist: Dollars zu verdienen. Kalifornien steht zweifelsfrei an der Spitze der grünen Erneuerung Amerikas. Zugleich werden umwelt- und klimapolitische Entscheidungen für Kalifornien getroffen, die bekanntlich weit über den amerikanischen Durchschnitt hinausgehen. Gerade durch die praktisch umgesetzten Maßnahmen ist Schwarzenegger als Politiker beliebt und wird in seinem neuen umweltbewussten Lebensstil wie viele andere Persönlichkeiten zum Vorbild für Millionen. Neue Webseiten, wie „ecorazzi.com", verfolgen streng, wie ernst der neue für die Umwelt und das Klima bessere Lebensstil von den Prominenten eingehalten wird.

Analysen der „Carbon footprints", das heißt des CO_2-Fußabdruckes bzw. Umfangs der Kohlendioxidemissionen praktisch jeder Handlung, liegen weit vorn. Für den Treibhauseffekt werden zwar verschiedene Treibhausgase verantwortlich gemacht, besonders jedoch CO_2.

Bei der Verbrennung von kohlenstoffhaltigen Stoffen entsteht CO_2. Weltweit bemüht man sich, den Ausstoß des Gases zu verringern, wobei auch in modernen Anlagen oder schadstoffarmen Autos mit Verbrennungsmotoren stets CO_2 entsteht. Der Gesamtausstoß weltweit beträgt etwa 36 Mrd. Tonnen im Jahr.[61] Da noch kein wirksames und zugleich wirtschaftliches Verfahren zur Abtrennung von CO_2 zur Verfügung steht, entweicht diese Menge in die Atmosphäre und trägt entscheidend zur globalen Erwärmung bei. Umgangssprachlich wird allgemein von Kohlendioxid statt exakter Kohlenstoffdioxid gesprochen. Gemessen wird die Konzentration in ppm (parts per million), also zehntausendstel %. Das CO_2 macht inzwischen 0,04 % unserer Atmosphäre aus. Der CO_2-Anteil in der Erdatmosphäre unterlag im Verlauf der Erdgeschichte beträchtlichen Schwankungen, die verschiedene biologische, chemische und physikalische Ursachen haben. Seit wenigstens 650.000 Jahren lag der Anteil jedoch immer unterhalb von 280 ppm, wie zahlreiche Wissenschaftler bestätigen. Die CO_2-Konzentration in den letzten 10.000 Jahren blieb relativ konstant bei diesem Wert. Die Bilanz des Kohlenstoffdioxidkreislaufs war somit in dieser Zeit weitgehend ausgegli-

---

[61] vgl. Wikipedia, Kohlenstoffdioxid; Aufruf vom 25. Juli 2008

chen. Mit Beginn der Industrialisierung im 19. Jahrhundert stieg der CO_2-Anteil in der Atmosphäre auf bislang 381 ppm (2006) und steigt z. Zt. weiter um durchschnittlich 1,5 bis 2,0 ppm pro Jahr.[62] Daran hat jeder durch Autofahren, Energieverbrauch und Fliegen seinen Anteil. In England und den USA erschienen viele Bücher zur Messung des persönlichen CO_2- Fußabdruckes. [63]

Hierzulande kann man sein persönliches CO_2-Konto online mit verschiedenen CO_2-Rechnern bestimmen.[64] Dabei spielen die Lebensumstände bis zu den Essgewohnheiten eine entscheidende Rolle und es entsteht bereits eine Art CO_2-Ablasshandel.

Die anglo-amerikanischen Anstrengungen gehen weit über das in Deutschland jahrzehntelang besonders gepflegte Mülltrennen und Recyceln hinaus. Man spürt sogar eine leichte Ironie darin, dass Europäer zwar als Weltmeister im Mülltrennen und Wiederverwerten gesehen werden, aber über dieses leidenschaftliche Trennen und Sammeln offenbar die innovativen Ansprüche der neuen Cleantech aus den Augen verloren haben.

International geht man von einem neuen grünen Wirtschaftswunder, getragen durch Green- bzw. Cleantech, aus und von einem Trend, der allgemein als LOHAS bezeichnet wird, abgeleitet von Lifestyle of Health and Sustainability. Gesundheit und Nachhaltigkeit spielen dabei die Schlüsselrollen und stellen kein Ökofeigenblatt dar. Das Zukunftsinstitut in Hamburg legte im Februar 2007 eine Studie unter dem Titel vor: „Zielgruppe LOHAS. Wie der grüne Lifestyle die Märkte erobert."[65] Dieser neue Megatrend verändert die gesamte Arbeits-, Konsum- und Lebenswelt und die damit verbundene Produktionsweise und Technologie schneller und radikaler als bisherige ökologisch motivierte politische wie strategische Ziele. Worin steckt das Schlüsselgeheimnis dieses grünen Wirtschaftswunders, der globalen Going Green-Bewegung oder der regelrechten ökologischen Revolution, von der immer öfter gesprochen wird? Ohne neuen Marketingslogans aufzusitzen, kann vor allem festgehalten werden: „Wenn einer der wichtigsten Venture Capitalists der Welt sagt, dass der Green-Business-Markt mehr Marktpotential besitzt als der gesamte Internetmarkt – dann ist das eine Aussage."

---

62   vgl. ebenda

63   vgl. I Count – together we can stop climate chaos. Your step-by-step guide to climate bliss, Penguin Book Ltd, London 2006; de Rothschild, David: The Live Earth Global Warming Survival Handbook, Virgin Books Ltd., London 2007; McKibben, Bill: Fight Global Warming Now, Holt Paperbacks, New York 2007

64   vgl. http://www.spiegel.de/wissenschaft/natur/0,1518,470825,00.html; Aufruf vom 3. Juni 2008

65   vgl. Horx, Matthias: Zielgruppe LOHAS, www.zukunftsinstitut.de/verlag/studien_detail.php; Aufruf vom 12. Mai 2008

Die Rede ist von John Doerr, der Google an die Börse brachte und für die Finanzierung von Unternehmen wie Amazon.com, Symantec und Compaq verantwortlich war. Dieses Statement gab Doerr in einer Rede vor der Elite amerikanischer Politik und Wirtschaft auf der TED-Talk-Konferenz in Kalifornien ab. Ausgelöst durch eine Diskussion mit seiner 15-jährigen Tochter begann er sich mit dem Thema Klimaschutz zu beschäftigen. Und in guter amerikanischer Unternehmermanier sieht er neben den Problemen auch große Chancen für die Menschheit.[66] Solche Aussagen beflügeln die Phantasie vieler Marktteilnehmer und vor allem von Investoren. Das sich abzeichnende grüne Wirtschaftswunder zielt auf den Massenmarkt und trifft auf geo- wie nationalpolitische Rahmenbedingungen, die den Umbruch fördern und auf Grund veränderter wirtschaftlicher Ausgangsdaten erzwingen. Franz Josef Radermacher verwies in seinem bemerkenswerten Buch „Balance oder Zerstörung"[67] darauf, dass die Rahmenbedingungen eine viel größere Rolle spielen als vielfach mit Fokus auf den Markt allein angenommen wird. „In der Art der Rahmenbedingungen ihrer Märkte unterscheiden sich entwickelte Gesellschaften am meisten."[68] Radermacher zeigt, dass der Wettbewerb allein wenig bedeutet: „Viel entscheidender ist aber der zweite Aspekt, das sind die Rahmenbedingungen, unter denen der Wettbewerb stattfindet. Dabei geht es in erster Line um die staatsbürgerlichen Anliegen, um die sozialen Fragen, um den Erhalt der Vielfalt der Kulturen und um den Schutz der Umwelt. In den Rahmenbedingungen legt man fest, was unveränderbarer und zu erhaltender Bestand in Bezug auf die sozialen Gegebenheiten, die Vielfalt der Kulturen und die Intaktheit der Umwelt ist. Sie werden gegebenenfalls auch gegen Eigentumsinteressen und Wachstumserwartungen von Marktteilnehmern durchgesetzt."[69] Die Rahmenbedingungen haben sich weltweit verändert. Die bisher kostenlose Atmosphäre muss so fundamental neu in Rechnung gestellt werden, dass jeder begreift, es geht im wahrsten Sinne des Wortes um das Überleben.

Seit dem letzten UN-Weltklimabericht von 2007 steht unumstritten fest, dass ein von keinem ernstzunehmenden Forscher mehr zu leugnender Klimawandel eingesetzt hat. Er wird sich beschleunigen oder kann aufgehalten werden, wenn wir entschlossen handeln.

---

66   http://www.ted.com/index.php/talks/john_doerr_sees_salvation_and_profit_in _greentech.html; Aufruf vom 5. Juli 2008

67   vgl. Radermacher, Franz Josef, Balance oder Zerstörung – Ökosoziale Marktwirtschaft als Schlüssel zu einer weltweiten nachhaltigen Entwicklung, Ökosoziales Forum, Wien 2002

68   ebenda, S. 17

69   ebenda, S. 18

Unsere Atmosphäre und das Klima stellen jedoch für jeden die elementaren Lebensgrundlagen dar, wie Jörn Altmann in seinem Grundlagenbuch „Umweltpolitik" 1997 sehr anschaulich verglich.[70] Schon 500 km über der Erde herrscht absolut leerer interstellarer Raum. Vor allem die Stratosphäre, einschließlich der darin liegenden Ozonschicht sowie die Troposphäre, auch als Wetterzone bis etwa 10 km Höhe bekannt, sind von besonderem Interesse für unser Klima. Nur diese sehr dünne und sehr verletzliche Schicht der Troposphäre ist als blaue Hülle der Erde aus dem Weltraum erkennbar, weil sie Partikel enthält, die das Sonnenlicht reflektieren.

Die für uns so lebenswichtige Atmosphäre (aus dem Griechischen von „atmós – Luft, Druck, Dampf" abgeleitet) besteht aus einem Gemisch von unsichtbaren Gasen, Wassertropfen und Eispartikeln sowie Staub, Ruß und anderen Teilchen. 78 % davon sind Stickstoff (N_2), 21 % Sauerstoff (O_2), 0,9 % das Edelgas Argon (Ar) und rund 0,04 % bestehen aus Kohlendioxid (CO_2).

Dieser kleine Anteil von Kohlenstoffdioxid ist jedoch in entscheidendem Maße am Treibhauseffekt beteiligt. „Die Erde hat Fieber, unser Planet ist krank. Und der Mensch ist der Virus, der das Fieber in die Höhe treibt." Mit dieser Nachricht schreckte das Intergovernmental Panel on Climate Change (IPCC)[71] die Weltöffentlichkeit im ersten Halbjahr 2007 auf.[72]

Erstmals wurden die vom Menschen verursachten Zunahmen von Treibhausgasen in der Atmosphäre und ihre zerstörerischen Konsequenzen unumwunden vom Weltklimarat benannt.

„Die globalen atmosphärischen Konzentrationen von Kohlendioxid, Methan und Lachgas sind als Folge menschlicher Aktivitäten seit 1750 markant gestiegen und übertreffen heute die aus Eisbohrkernen über viele Jahrtausende bestimmten vorindustriellen Werte bei weitem. Der weltweite Anstieg der Kohlendioxidkonzentration … ist primär auf den Verbrauch fossiler Brennstoffe und auf Landnutzungsänderungen zurückzuführen, während derjenige von Methan und Lachgas primär durch die Landwirtschaft verursacht wird."[73]

Weiter wird der wichtigste Klimakiller eindeutig als vom Menschen verursacht herausgearbeitet: „Kohlendioxid ist das wichtigste anthropogene Treibhausgas".[74] Darüber hinaus darf die gesundheitsgefährdende Wirkung des Kohlendi-

---

[70] vgl. Altmann, Jörn, Umweltpolitik. Daten, Fakten, Konzepte für die Praxis, Stuttgart, Verlag Lucius & Lucius 1997

[71] Zu Deutsch die „Zwischenstaatliche Sachverständigengruppe über den Klimawandel"

[72] Der UN-Weltklimareport, Köln, Verlag Kiepenheuer & Witsch 2007, S. 29

[73] UN-Report, S. 147

[74] UN-Report, ebenda

oxids nicht unterschätzt werden. Schon ab etwa 5 % CO_2 in der eingeatmeten Luft treten Schwindel und Kopfschmerzen auf. Höhere Konzentrationen beschleunigen den Herzschlag, steigern den Blutdruck und können zu Atemnot und Bewusstlosigkeit führen. Dieses Phänomen ist als Kohlendioxidnarkose bekannt. CO_2-Konzentrationen von 8 % und mehr in der Atemluft führen innerhalb von 30 bis 60 Minuten zum Tod.

Kein ernstzunehmender Klimatologe auf der Welt ignoriert mehr die Fakten des UN-Berichts:

„Die globale atmosphärische Kohlendioxidkonzentration ist von einem vorindustriellen Wert von etwa 280 ppm (parts per million) auf 379 ppm im Jahr 2005 angestiegen, die atmosphärische Kohlendioxidkonzentration im Jahr 2005 übertrifft die aus Eisbohrkernen bestimmte natürliche Bandbreite der letzten 650.000! Jahre (180 bis 300 ppm) bei weitem." Alle diejenigen, die ihrer Sorge um das Weltklima Ausdruck verleihen und zum raschen Umsteuern auffordern, werden von den so genannten „Klimaskeptikern" oder „Klimakritikern" gern als „Angstmacher" denunziert. Im Mittelpunkt der Angriffe steht stellvertretend für viele namenlose Klimaschützer Al Gore, der für sein Engagement mit dem Friedensnobelpreis geehrt wurde.

Sein bereits 1992 erschienenes Buch „Earth in the Balance – Ecology and Human Spirit" wurde zu einem Manifest für ein neues Denken und Handeln in Sachen Umwelt- und Klimaschutz. Der von ihm initiierte Dokumentarfilm „Eine unbequeme Wahrheit" erschütterte viele bis dahin Gleichgültige und ist ein sehr anschaulicher Beweis dafür, dass es um keinerlei Angstmache, sondern um nackte, überall bereits sichtbare Fakten geht. Al Gore war vielen nicht allein als Vizepräsident und später als Präsidentschaftskandidat der USA ein visionärer Politiker mit ausgeprägtem Realitätssinn, sondern er gilt bis heute als unbequemer Mobilmacher gegen die Klimaskeptiker. „Ökologie" versteht Al Gore als „die Wissenschaft vom Gleichgewicht und einige derselben Prinzipien, die das gesunde Gleichgewicht der Elemente steuern."[75]

Immer wieder mahnt er eine realistische Einstellung zum Klimawandel an:

„Wir sehen, und doch sind wir blind. Wir hören, und doch sind wir taub."[76] Allgemein bekannte Beobachtungen des Klimawandels aus den letzten 100 Jahren bestätigen, dass wir uns in einem viel gravierenderen Prozess befinden, als bisher hinsichtlich der Lebenskonsequenzen erkannt. Das betrifft erstens den globa-

---

[75]   vgl. Gore, Al, Earth in the Balance – Ecology and Human Spirit, New York, Penguin books 1992. Deutsche Erstausgabe: Wege zum Gleichgewicht – Ein Marshallplan für die Erde, Frankfurt/Main, S. Fischer Verlag 1992, S. 23

[76]   ebenda, S. 43

len Anstieg der mittleren Temperatur, zweitens den Anstieg des Meeresspiegels und drittens die mit bloßem Auge erkennbaren Minderungen der Schneebedeckung auf der nördlichen Halbkugel. Kanzlerin und Umweltminister bestaunten letzteres kamerawirksam an Gletschern in Grönland. Die Zunahme extremer Wetterereignisse liefert einen weiteren Beweis, wird aber gern anders erklärt.

Betrachtet man die natürlichen Grenzen der Bewohnbarkeit der Erde, fällt zu allererst das rasante Wachstum der Wüsten auf. [77] Ca. 860 Mio. Menschen, also fast 15 % der Weltbevölkerung hungern. Andererseits bedroht der klimabedingte Anstieg der Meere nicht allein ferne Regionen, vor allem Bangladesh, sondern auch unsere Nordseeländer.[78]

Auch der schon jetzt viel beklagte Verlust vieler Arten aus der Flora und Fauna gehört zum Erhalt des Ökosystems unserer Erde wie das Wachstum der Bevölkerung. Die Weltbevölkerung beläuft sich derzeit auf ca. 6,3 Mrd. Das Wachstum hat sich in den letzten Jahrzehnten verlangsamt, doch auf hohem Niveau. Derzeit wird die jährliche Bevölkerungszunahme auf 1,14 % bis 1,9 % geschätzt. Bleiben wir an der unteren Grenze, dann würde die Weltbevölkerung um 72 Mio. Menschen pro Jahr (6 Mio. pro Monat oder 200.000 pro Tag) zunehmen.

Alle benötigen Trinkwasser, Nahrung, Kleidung, Wohnung, Heizung, Strom, Verkehrswege, Schulen, Krankenhäuser, Arbeitsplätze usw. Welche Bevölkerungszahl markiert also wirklich die Obergrenze für ein menschenwürdiges Leben? Die Pherologen, abgeleitet vom lateinischen Wort fero (tragen), beschäftigen sich mit dieser speziellen Frage der Ökologie, oft heftig angefeindet und wissenschaftlich umstritten. Nach den derzeitigen Schätzungen der UNO wird sich die Weltbevölkerung bis 2050 zwischen 7 bis 11 Mrd. einpendeln, wobei große Unterscheide im Lebensstandard unterstellt bleiben. Herbert Gruhl wies in seinem richtungsweisenden Buch „Ein Planet wird geplündert" schon 1975 auf die Notwendigkeit ökologischer radikaler Neuorientierungen unseres Wirtschaftens zum Erhalt der Bewohnbarkeit der Erde hin. Optimistische Einschätzungen, etwa die von Herman Kahn in „Vor uns die guten Jahre" (1976) oder in „Die Zukunft der Welt"(1979) gingen von größeren Bevölkerungszahlen bis 10 Mrd. Menschen aus, allerdings bei durchschnittlich wesentlich geringerem Einkommen und Verbrauch pro Kopf von 20.000 Dollar pro Jahr. Der „Verbrauch" an Atmosphäre wurde dabei nicht in Rechnung gestellt.

Niemand besitzt die Atmosphäre, aber wir alle verschmutzen sie jeden Tag ohne Rücksicht auf die Nachkommenden. Das kann uns weder aus der Frosch- noch

---

77   vgl. http://www.dradio.de/dlf/sendungen/einewelt/387504/; Aufruf vom 3. Februar 2008
78   vgl. http://www.spiegel.de/wissenschaft/natur/0,1518,463967,00.html;
      Aufruf vom 2. Februar 2008

aus der Vogelperspektive länger egal sein. Letztlich gibt es kein Leben ohne gesunde Luft oder wenn das gesamte natürliche Dienstleistungssystem unserer Erde ausfällt. Paul Hawken, Amory und Hunter Lovins haben hierzu in ihrem Fundamentalwerk „Natural Capitalism"[79] 1999 entscheidende Ansatzpunkte aufgezeigt. Sie setzen alle bei einer veränderten Einstellung und elementaren Einsicht an: Wir sind nicht Gott. Im Klappentext des Buches warnen die Autoren:

„Wir laufen Gefahr, das natürliche Kapital der Erde zu verlieren. Nicht nur die Ressourcen drohen sich zu erschöpfen, das Leben selbst befindet sich auf dem Rückzug. Das hochintelligente und komplexe System des Planeten ist für uns von lebenserhaltender Wichtigkeit. Dennoch verhalten wir uns so, als wären seine Dienstleistungen wertlos. In Wahrheit ist der Wert dieser Dienstleistungen geradezu unendlich und durch keine Technik zu ersetzen."

Vor diesem Hintergrund sind die neuen Markt- und Rahmenbedingungen zu sehen, die Investmentträume beflügeln. Wie folgende Übersicht zeigt:

- Gesundheit: 118 Mrd. Dollar
  (includes natural/organic foods, supplements, personal care, alternative medicine, yoga, health/fitness, media)

- Öko-Tourismus: 24,2 Mrd. Dollar
  (includes eco-travel and adventures, new age/spiritual travel)

- Alternative Energie: 400 Mrd. Dollar
  (includes green pricing programs, renewable energy certificates (RECs))

- Alternative Mobilität: 6,1 Mrd. Dollar
  (includes hybrid vehicles, biodiesel, car sharing)

- Baubiologie: 49,7 Mrd. Dollar
  (includes ENERGY STAR products and homes, other green-certified homes, materials and solar panels)

- Lifestyles: 10,6 Mrd. Dollar
  (includes home furnishings/supplies, natural pet products, cleaners, apparel, philanthropy)

- Socially Responsible Investing 215 Mrd. Dollar
  (including privately managed accounts, SRI screened mutual funds, etc.)[80]

---

[79] Dt. = Öko-Kapitalismus. Die industrielle Revolution des 21. Jahrhunderts – Wohlstand im Einklang mit der Natur, Gütersloh, Riemann Verlag 2002

[80] vgl. Natural Marketing Institute, http://karmakonsum.de/neue-marktstudie-lohas-aus-den-usa, 48,2007-03.html; Aufruf vom 24. Juli 2008

Der lange Weg zu den Greentech-Basisinnovationen

Wen überrascht es, wenn die Vertreter und Wissenschaftlervereinigungen der Industriebereiche, die besonders durch den Verbrauch fossiler Brennstoffe für Klimaschäden verantwortlich sind, energisch gegen diese Kausalzusammenhänge argumentieren? Die Vertreter der American Association of Petroleum Geologists behaupten beispielsweise, dass es keine nachweisbaren Zusammenhänge zwischen menschlichem Handeln, speziell in der Petrolindustrie, und den Klima-Veränderungen gibt. In zahlreichen Medienberichten wurde dagegen offen gelegt, dass höchste Regierungsstellen in den USA sowie einflussreiche Ölkonzerne die Folgen des Klimawandels bewusst herabspielten und sogar diejenigen Wissenschaftler besonders finanziell fördern, die beruhigend statt aufrüttelnd wirken. Sogar Untersuchungsausschüsse des Kongresses in Washington sahen sich gezwungen, die politische Einflussnahme auf objektive Klimaberichte zu kritisieren. In einem Report vom Dezember 2007 hieß es:

„Die 16-monatige Untersuchung des Komitees enthüllt systematische Bemühungen des Weißen Hauses, Klimawissenschaftler zu zensieren, indem ihr Zugang zur Presse kontrolliert wurde und durch die Bearbeitung ihrer Aussagen gegenüber dem Kongress. Das Weiße Haus war besonders darum bemüht, Diskussionen über die Verbindung zwischen zunehmender Hurrikanintensität und der globalen Erwärmung zu ersticken. Das Weiße Haus versuchte auch die Bedeutung und die Sicherheit des Klimawandels zu minimieren, indem es ausführlich Regierungsberichte über den Klimawandel bearbeitete. Andere Tätigkeiten des Weißen Hauses beinhalteten die Editierung von Rechtsgutachten ... über den Klimawandel."[81]

Kritiker des IPCC-Berichts gehören unterschiedlichen Nationen und gesellschaftlichen Gruppen aus Wissenschaft, Wirtschaft und Politik an. Besonders kontrovers wird der durch den Klimawandel begründete politische Handlungsbedarf diskutiert. Letztlich geht es dabei vor allem um die künftige Nutzung fossiler Energieträger und die Kohlendioxid-Emissionen, die nachgewiesen Treibhausgase freisetzen. Die an unterschiedlichen Aspekten ansetzende Kritik richtet sich einerseits gegen die IPCC-These, die besagt, dass zumindest ein bedeutender Anteil des beobachteten Erwärmungsprozesses von Menschen gemacht (anthropogen) sei. Stattdessen werden dafür natürliche Ursachen angenommen.

Vordergründig werden dafür besonders gern Sonnenaktivitäten herangezogen. Beispielhaft steht dafür das jüngste Buch von Henrik Svensmark und Nigel Cal-

---

81 vgl. Committee Report, U.S. Department of Energy, Washington, DC, 12. Dezember 2007

der aus dem Jahr 2007 „The Chilling Stars". In dem Buch wird eine neue provo-
kante Klimatheorie vorgestellt, die BBC in einem Report zusammen-fasste:

„The book sets out to prove that a combination of clouds, the Sun and cosmic
rays – sub-atomic particles from exploding stars – have altered our climate far
more than human carbon emissions."[82] Schon 1997 erschien von Nigel Calder
das Buch „Die launische Sonne" mit dem Untertitel „Widerlegt Klimatheorien"
in Deutsch.[83] Danach steht und fällt jede Klimaveränderung mit der Sonnenakti-
vität und so wird indirekt dafür plädiert, technologisch in allen Bereichen so
weiterzumachen wie bisher. Man könnte über solche Publikationen und viele
andere im Sinne unbewiesenen Wissenschaftsjournalismus hinweggehen, wenn
damit nicht eine ernstzunehmende Gefahr verbunden wäre. Die Lobbyisten und
politischen Vertreter der alten, die Umwelt belastenden und das Klima zerstö-
renden Politik und die dahinter stehenden Konzerne versuchen, von den wahren
hausgemachten Ursachen zu Lasten der gesamten Menschheit vehement abzu-
lenken, ganz nach dem Motto: „Nach uns die Sintflut".

Aus Fehlern lernt man bekanntlich, doch was sprichwörtlich so einfach scheint,
erweist sich im Alltag als schwierige Aufgabe. Schon unsere Kinder zeigen uns,
dass sie lieber ihre eigenen Fehler begehen, als aus den Erfahrungen der Alten zu
lernen. Kein Wunder, dass es auch aus globaler Sicht bisher kaum gelungen ist,
bereits begangene Fehler nicht zu wiederholen. Es handelt sich um eine gefährliche Schwäche, wie der österreichische Autor Festl treffend formuliert: „Angesichts der Tatsache, dass die Menschheit nicht fähig ist, aus den Fehlern der Vergangenheit zu lernen, dürfen wir uns in Zukunft keine Fehler mehr leisten."[84]

Allen Warnungen zum Trotz geht der Fortschritt im Sinne sauberer Technologien
viel langsamer voran als notwendig. Das liegt nicht alleine daran, dass es zu
wenig erfolgversprechende und tiefgreifende Innovationen gibt, sondern vor
allem daran, dass noch immer viel zu oft das Alte über das Neue siegt und sich
schneller ausbreitet, als Innovationen im Markt Fuß fassen können.

Die Ursache hierfür kann in drei Faktoren gesehen werden:

1. Für viele Großunternehmen der Industriestaaten ist es wirtschaftlich immer
   noch rentabel, bereits veraltete Produkte, die kostengünstig, aber umweltbelastend produziert werden können, auf neuen Märkten anzubieten. So lässt
   sich auch aus alten Eisen noch oft genug jahrzehntelang Profit schlagen. Die
   europäische Autoindustrie fährt voll diesen Kurs.

---

82   BBC, 2. Februar 2008
83   Calder, Nigel; Svensmark, Henrik; Böttiger, Helmut, Sterne steuern unser Klima. Eine
     neue Theorie zur Erderwärmung, Patmos Verlag 2008
84   vgl. Ferstl, Ernst, einfach kompliziert einfach, vabene Verlag, 1995, S. 20

2. Beim wirtschaftlichen Aufbau von Entwicklungs- und Schwellenländern wird viel zu häufig auf traditionelle Produkte statt auf ganzheitliche, nutzenbasierte Konzepte und Dienstleistungen gesetzt. Anstatt beispielsweise umweltverträgliche Konzepte für die Mobilisierung zu entwickeln, wird das Statussymbol Automobil weltweit mit Verbrennungsmotoren und bestenfalls Hybridantrieb vermarktet.

3. Hersteller in Entwicklungs- und Schwellenländern verfügen vielfach nicht über die Finanzkraft, um die neuesten Technologien einkaufen zu können. Insbesondere Patentrechte und die damit verbundenen Lizenzgebühren und Auflagen verhindern so den Transfer dringend benötigter umweltverträglicherer Technologien oder Produkte.

Bisher fehlt eine fundierte historische Aufarbeitung der „Umwelttechnikgeschichte" und vor allem ihrer Durchsetzungsgeschwindigkeit, obwohl es einige Bücher zur allgemeinen Geschichte der Umweltbemühungen gibt.[85]

Aus unserer Sicht sind folgende Epochen und die damit verbundenen theoretischen wie praktischen Konzepte der Verbreitung umweltorientierter Technologien und Kultur-Veränderungen zu unterscheiden:

Erstens die durch die Sanitärtechnik bedingten Umweltveränderungen, im Weiteren vereinfacht als Sani-Ökologie bezeichnet. Sie findet ihre Vorreiter bereits mit dem Wachstum der Städte im Mittelalter, da damals durch die Pest und andere Krankheiten neue hygienische Anforderungen gestellt wurden. Auch die Bekämpfung von Umweltbelastungen, etwa aus Gerbereien und Färbereien, war bereits im Mittelalter ein drängendes Problem.[86] Den Erfindern der ersten Wassertoiletten gebührt aus dieser Sicht weit mehr Aufmerksamkeit, beginnend bei den römischen Latrinen bis hin zu den ersten herrschaftlichen „Temples of Convenience", wie sie von Lucinda Lambton treffend und anschaulich beschrieben wurden.[87] Oft wird unterschätzt, was gerade durch die hygienischen Innovationen ausgelöst wurde, was bis hin zur Erfindung und Einführung der Seife zum Waschen und Reinhalten des eigenen Körpers ging. Die erste Toilette mit Wasserspülung aus einer Zisterne von Sir John Harington von 1596 war ihrer Zeit 179 Jahre voraus, denn erst 1775 wurde das erste Patent dafür in England angemeldet; danach verbreitete sich die neue Sani-Technik.[88] Jahrhundertlang hat sich danach am Grundprinzip der Wasserspülung für Toiletten nichts geändert.

---

[85] vgl. Fischer, Helmut, 90 Jahre für Umwelt und Naturschutz, Geschichte eines Programms , (Bund Heimat u. Umwelt), Mentis Verlag 1998

[86] vgl. Kühnel, H. (Hrsg.), Alltag im Spätmittelalter, Weltbild Verlag 2006, S. 62 ff.

[87] vgl. The Gordon Fraser Gallery Ltd., London and Bedford, 1978.

[88] ebenda, S. 5

Erst jetzt stehen durch die allgemeine Wasserverknappung und die hohe Grundwasserverschmutzung neue Filtrations- und Recyclingüberlegungen an und wird nach innovativen Lösungen für ein elementares menschliches Bedürfnis geforscht. Das Beispiel zeigt bereits, wie langsam der Umbruch zu innovativer Green-Business im weitesten Sinne erfolgt. Martin V. Melosi hat einen ersten fundamentalen und umfassenden Report über die Geschichte der Stadtumwelttechnik geschrieben.[89]

Die *zweite* massenhafte Auseinandersetzung mit neuen Umweltfragen hängt eng mit der hier im Weiteren als Limit-Ökologie bezeichneten Bewegung zusammen. Im Jahr 1972 erschien der Weltbestseller „The Limits to Growth" erstmals in New York und noch im gleichen Jahr in Deutsch unter dem Titel „Die Grenzen des Wachstums". Die Hauptautoren Donella H. Meadows, Dennis L. Meadows und Jorgen Randers rüttelten die Welt mit bisher noch nie ausgesprochenen Gedanken auf. Im Kern ließen sie sich auf folgende drei Hauptaussagen zusammenfassen:

1. Die absoluten Wachstumsgrenzen auf der Erde werden in den nächsten 100 Jahren durch Zunahme der Weltbevölkerung, Industrialisierung, Umweltverschmutzung, Grenzen der Nahrungsmittelproduktion und Ausgehen der natürlichen Rohstoffe erreicht. Dadurch sinken die Bevölkerungszahlen und die industriellen Kapazitäten drastisch.

2. Nur durch Abkehr vom Wachstumstrend hin zu einem ökologisch-wirtschaftlichen Gleichgewichtszustand könnten die materiellen Lebensgrundlagen für jeden Menschen mit einem gewissen Spielraum für individuelle Ziele und Bedürfnisse auch über einen längeren Zeitraum aufrecht erhalten bleiben.

3. Je schneller und konsequenter die Menschheit sich entschließt, diesen Gleichgewichtszustand herzustellen, umso größere Chancen bestehen, diesen Zustand zu erreichen.[90]

Wir wissen, dass die vorausgesagten Grenzen, z. B. im Sinne von Höchstbelastungen der Umwelt, bisher nicht erreicht wurden. Die Limit-Ökologie hat viel dazu beigetragen, neue umwelttechnische Lösungen fast grundsätzlich mit Verzichtsideologie zu verbinden. Das wirkte wie eine eingebaute Bremse, wenn es auf Beschleunigung ankam und sorgte oft genug für ein Heißlaufen der Diskussion.

---

[89]   vgl. Melosi, M.V., The Sanitary City, Environmental Services in Urban America from Colonial Times to the Present, University of Pittsburgh Press, 2008

[90]   vgl. Meadows, D. H.; Meadows, Randers, J. et al., Die Grenzen des Wachstums, DVA, Stuttgart 1972, S. 17

Das mussten auch die Autoren Meadows und Randers zugeben und formulierten zwanzig Jahre später neue Grenzen des Wachstums.[91] Die amerikanische Originalausgabe trug 1992 den Titel „Beyond the Limits", im Deutschen den freundlicheren Titel „Die neuen Grenzen des Wachstums; die Lage der Menschheit: Bedrohung und Zukunftschancen."

Die Grenzen wurden darin in folgenden drei Hauptrichtungen präzisierter gezogen:

1. Der Rückgang der Nahrungsmittelerzeugung, der Energieverfügbarkeit und der Industrieproduktion wird von einer sinnvolleren Nutzung der natürlichen Ressourcen und der Abbaubarkeit irreversibler Schadstoffeinträge in die Umwelt bestimmt.

2. Der Verbrauchsanstieg und das Wachstum der Bevölkerung müssen durch politische Handlungspraktiken umfassend so revidiert werden, dass die Energieeffizienz und der Nutzeffekt materieller Ressourcen wesentlich erhöht werden.

3. Nachhaltige Zukunftsfähigkeit kann nur durch Ausgleich zwischen lang- und kurzfristigen Zielen und lebenswerteren Perspektiven als konstante Expansion erreicht werden, z. B. durch Reife, partnerschaftliches Teilen und Weisheit.[92]

Das Buch hatte längst nicht den Erfolg des 1972 erschienenen. Viele bezweifelten die neu formulierten Grenzen und die meisten Umweltaktivisten konzentrierten sich vor allem auf die Minimierung oder Verhinderung von Schadstoffeinträgen in unsere Umwelt. Von daher wird diese *dritte* Richtung der Neuorientierung der Umweltbewegung als Chemo-Ökologie bezeichnet. Greenpeace sorgte mit vielen spektakulären medienwirksamen Aktivitäten dafür, dass die Umweltsünder oft genug am Pranger des „Schadstoffes des Monats" standen. An Grenzen der Erdbewohnbarkeit glaubten die wenigsten.

Als einzige geografisch definierbare Grenze gaben Meadows und Randers in ihrem Buch von 1992 die Ozonschicht an und definierten als Hauptzerstörer Fluorkohlenwasserstoffe (FCKW).[93] Das führte dazu, dass viele Menschen sich schon als Umweltschützer begriffen, wenn sie auf Produkte verzichteten, in denen FCKW als Treib-, Lösungs- oder Kühlmittel verwendet wurde. 1978 wurden erste Verbote für FCKW-Treibgase in Sprühdosen in Deutschland wirksam und

---

91   vgl. Meadows, D. H.; Meadows, Randers, J., Die neuen Grenzen des Wachstums, DVA, Stuttgart 1992

92   ebenda, S. 13

93   ebenda, S. 178 ff.

relativ zügig stellte sich die Industrie weltweit auf eine weitgehend FCKW-freie Produktion um, was einen Beweis mehr dafür liefert, dass der Marktwettbewerb ohne die vorher beschriebenen Rahmenveränderungen allein den Umweltanforderungen nicht genügt. Die Entdeckung des Ozonlochs und der damit verbundenen Gefährdungen der Lebensgrundlagen führte zu ersten gemeinsamen weltweiten Gegenreaktionen, die für die Zukunft hoffen lassen. Zugleich überrascht heute natürlich, dass in den „Neuen Grenzen des Wachstums" der Klimawandel praktisch kaum erwähnt wurde. Von einer Klimakatastrophe war schon gar keine Rede.

Die sich hierzu parallel ausbreitende *vierte* Neuorientierung in der Umwelttechnik und -bewegung wird als Meno-Ökologie (Einsparökologie) bezeichnet. Sie fokussierte sich auf das Einsparen von Ressourcen im Allgemeinen und bei jedem Produkt auf geringeren Flächenverbrauch und den minimalen Energieverbrauch aller Produkte und Dienstleistungen.[94] Als neues Maß des ökologischen Wirtschaftens galt das mips-Konzept, die Materialintensität pro Serviceeinheit. Die Material- und Energieintensität unseres Wohlstandes rückte dadurch in den Mittelpunkt. Dematerialisierung hieß das neue Ziel, die Suche nach Tonnen und Kilogramm Umweltverbrauch löste die Suche nach Nanogrammen von Giften in der Umwelt ab. Die Senkungsziele wurden im Sinne einer Faktor- und Effizienzwirtschaft auf das Vier- und Zehnfache, in einigen Bereichen noch viel größere Einspareffekte konzentriert. In jüngster Zeit verschärft sich das damit verbundene Audit- und Ökocontrolling, die Lifecycle-Analyse der Produkte und Leistungen bis hin zu den Carbon-Footprints, d. h. dem CO_2-Ausstoß bis zur Ecorazzia.

Die *fünfte* neue Welle der Ökologiebewegung wird als Green-Business-Ökologie bezeichnet. Sie vereinigt Hightech, Cleantech, Eco-Intelligenz, Eco-Entrepreneurship und Innovationslust mit dem neuen LOHAS-Lebensgefühl und Massenmärkten. Die innovationsfokussierte neue Bewegung bewirkt das grüne Wirtschaftswunder des 21. Jahrhunderts.

Wie sähe das klimafreundliche, ressourcenschonende, schadstofffreie Auto heute aus, wenn all die Kraft und Ingenieurkunst in die Entwicklung und Markteinführung wirklich ökologischer Greentech-Fahrzeuge bis zur Markteinführung geflossen wäre? Die Betonung liegt hierbei auf der Marktdurchsetzung, nicht der konzeptionellen oder Studienphase.

---

[94]   vgl. z. B. F. Schmidt-Bleek, Wieviel Umwelt braucht der Mensch?, Birkhäuser Verlag, Berlin, Basel, Boston 1993

Tests haben ergeben, dass selbst viele Autofreaks Probleme damit haben, das allerneuste Modell vom vorletzten und vorvorletzten beliebiger Automarken zu unterscheiden.

Der Innovationsforscher Gerhard O. Mensch hat dieses Phänomen der großen Ähnlichkeit und technischen Austauschbarkeit von neuen Produkten und Techniken unterschiedlichster Hersteller mit dem aus dem Schachspiel bekannten „Patt" bezeichnet. Sein schon 1975 erschienenes Buch „Das technologische Patt" gilt heute als Klassiker der Innovationstheorie und beschreibt, wie verwechselbar viele Massenprodukte mit herkömmlicher Technik im Grunde genommen sind. Die Folgen des technologischen Patts münden in der Wirtschaftsgeschichte regelmäßig in tiefen Rezessionen und Wirtschaftskrisen.

Die kleinen, so genannten „inkrementalen" Neuerungen schaffen keine neuen Arbeitsplätze und zu wenig Wünsche nach Ersatzbedarf. Grundlegende Neuerungen oder so genannte Basisinnovationen, besonders aus Umweltsicht, sehen anders aus. Wachstum und Prosperität ganzer Volkswirtschaften hängen nachweislich davon ab, wie es gelingt, solche fundamentalen Durchbrüche aus technologischer Sicht zu meistern. Bekannte Beispiele aus der Technik- und Wirtschaftsgeschichte sind die ursprüngliche Einführung der Dampf- und Werkzeugmaschinen, das Entstehen der Elektrizitätswirtschaft, der Siegeszug der Autoindustrie vor über 100 Jahren oder die Einführung der Telefonie und des Fernsehens sowie aus der jüngsten Zeit die Markteinführung von PC, Mobiltelefonen oder des Weltweiten Webs, der Tourismusindustrie und des Flugbetriebes.

Besonders in diesen Branchen entstanden bei ihrer Marktdurchsetzung viele neue Arbeitsplätze, neue Produkte und Dienstleistungen. Gerhard Mensch stellte bei seinen Analysen fundamentaler Durchbruchsinnovationen fest, dass sie in der Wirtschaftsgeschichte nicht gleichmäßig, sondern eher schubweise am Ende depressiver Phasen auftreten. Das technologische Patt wird gerade durch solche fundamentalen Neuerungen durchbrochen. Abbildung 2 zeigt das in der Fachliteratur viel diskutierte zyklische Durchsetzen von Basisinnovationen.

Die zyklischen Innovationsflauten entsprechen den zuerst von dem russischen Ökonomen Nikolai Kondratieff (1892-1938) im Jahr 1926 in den USA entdeckten langen Wellen der Konjunktur. Die sie stützenden Basisinnovationen fußen alle auf Technologien, die zumindest aus ökologischer Sicht obsolet sind und heute im Patt stehen, oft aber auch aus Sicht der enormen irreversiblen Ressourcen-Inanspruchnahme und Müllproduktion längst überwunden sein müssten.

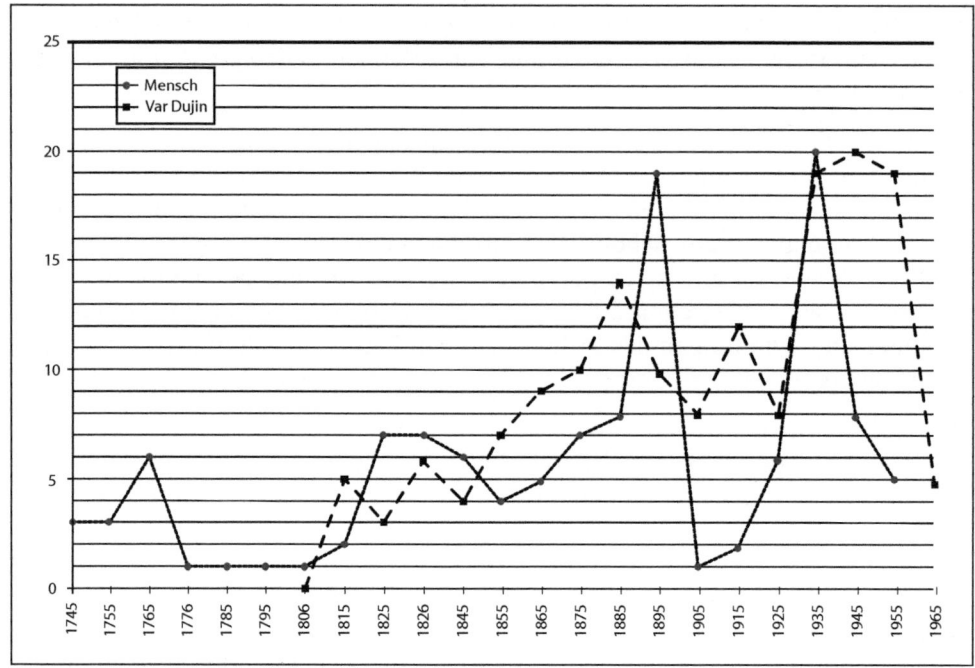

Quelle: Forum Wissenschaft, Bd. 40, Marburg 1998 (die Linie mit den Quadra-
        ten entspricht analogen Ergebnissen von J.V. Duijn in: The long wave in
        Economic Life, London et al. 1983). Die Ergebnisse der Parallelstudien
        wurden mit Gerhard Mensch im Frühjahr 2008 besprochen und mit sei-
        ner Zustimmung hier aufgenommen.
Abbildung 2: *Innovationsebben und Innovationsfluten*

Dazu zählen historisch gesehen im Sinne der abgelaufenen fünf Kondratieff-
Zyklen[95] vor allem stichwortartig: Die Industrialisierungsperiode mit Dampf-
und Werkzeugmaschinen sowie der baumwollbasierten Textilindustrie bis 1850,
die Stahl- und Eisenbahnentwicklung von 1850 bis 1900, der Aufschwung der
Elektrotechnik und Chemieindustrie von 1900 bis1950, die Autobranche und mit
ihr eng verbundene Petrochemie sowie seit etwa 1990 der Aufschwung der In-
formationstechnik.

Haben sie allerdings etwas Fundamentales für den Umwelt- und Klimaschutz
gebracht oder die Lage eher verschlimmbessert? Die Antwort liegt auf der Hand.
Die meisten Neuerungen erfolgten erst in zweiter oder dritter Hinsicht mit Blick
auf den Umwelt- oder Klimaschutz, oft genug sogar unter Missachtung der da-

---

95   vgl. Leo N. Nefiodow, Der sechste Kondratieff, Sankt Augustin, Rhein-Sieg-Verlag
      2007, S. 3 ff.

durch bedingten neuen Gefahren. Auch wenn von „Ökoinnovationen" oder in jüngster Zeit besonders oft von „Bioprodukten" die Rede ist, sind längst nicht in allen neuen Produkten Natur und Nachhaltigkeit enthalten.

Der Begriff „Innovation" unterliegt in letzter Zeit oft genug selbst einer regelrechten Inflation. Ursprünglich bezeichnet er nichts anderes als eine Neuerung, die man wirklich zum Laufen bekommt. Also ist eine noch so pfiffige Idee, wie etwa ein Wasserstoffantrieb ohne praktische Marktdurchsetzung keine Innovation.

Innovation im Sinne der Green-Business bezeichnet über die Kreation einer Idee hinaus vor allem die praktische Realisierung, das Marktdurchsetzen von Ökoneuheiten zu einem Geschäfts- und Markterfolg. Innovation ist von daher immer die Verbindung einer Erfindung (Invention) im Interesse des Klima- und Umweltschutzes mit der Nutzung des Neuen, also Exploation oder Implementation. Die Innovationsformel des Umweltzeitalters lautet folglich:

> Erfindungsgabe
>
> + Umwelt- / Klimaverträglichkeit
>
> + Implementation / Kommerzialisierung
>
> = Innovation

Nimmt man wirklich tiefgreifende umwelt- und klimaschonende Produkte und Technologien aus Sicht der realen Umweltkonsequenzen unter die Lupe, sucht man durchschlagende Neuheiten oft genug vergeblich. Das praktische Durchsetzen von Klimainnovationen bleibt weit hinter den Möglichkeiten unserer Hochtechnologien zurück, auch wenn mehr Druck in die richtige Richtung erfolgt. Um beim Beispiel der Autoindustrie zu bleiben, müsste das Rad tatsächlich neu erfunden werden, allerdings im Sinne eines ganz neuen Mobilitätskonzepts. Der damit zu verbindende Paradigmenwechsel dürfte weit weniger auf das „Auto" als Prestigeprodukt anstelle der eigentlichen, weit weniger prestigeträchtigen Dienstleistung „Mobilität" oder „Transport" zielen.

Ausbreitung alter Technologie stoppen

Die Verbreitung des Automobils mit veraltetem Antriebssystem steht besonders gut Pate für die Folgen des Festhaltens an obsoleten Konzepten. Warum erst die jüngsten Ölpreissteigerungen die Suche nach Alternativen beschleunigen, können sich plötzlich viele Autokonzerne selbst nicht erklären. Anstatt innovative Schlüsseltechnologien zu suchen, mit denen z. B. 17 Mio. Quadratmeter russische Erde überbrückt oder 1,3 Mrd. Chinesen mobilisiert werden können, wird noch immer viel zu stark auf die traditionelle Lösung gesetzt, die sich schon in den Industrieländern als ökologische und nunmehr verstärkt wirtschaftliche Sackgasse erwiesen hat. Obwohl zahlreiche Experten längst erkannt haben, dass nicht allein die Schwellenländer hier neue Wege gehen müssen, fehlen wirklich marktreife Alternativen außer Hybridautos aus Japan.

„There are nine million bicycles in Beijing" sang Katie Melua in ihrem berühmten Hit „Nine million bicycles". Millionen Fahrräder, die darauf warten, endlich daheim zu bleiben und durch ein Automobil ersetzt zu werden? Vor rund 20 Jahren zählten Autos in Chinas Hauptstadt noch zu einer Rarität. Unübersehbar beherrschten Fahrräder das Straßengeschehen. Beim Nachdenken über Mobilitätskonzepte der Zukunft erschien es selbstverständlich, dass neue umweltfreundliche Lösungen gesucht und gefunden werden müssten.

Wie groß die verpassten Chancen alleine jetzt schon in China sind, zeigt sich darin, dass die größten Wachstumsraten des Automobilmarktes über 70 % pro Jahr erreichten, auch wenn sie heute der Vergangenheit angehören. Dennoch zählt China neben Russland und Indien zu den am stärksten wachsenden Automärkten. Wie „Der Spiegel online" am 16.11.2006 in seinem Bericht „Maos Erben geben Vollgas" berichtete, gingen chinesische Banken davon aus, dass 2010 jeder zweite chinesische Haushalt ein Automobil besitzen wird. Das wären 180 Mio. Privatautos mehr, die Öl brauchen und ihre Abgase in die Atmosphäre blasen. Zwar fördert die chinesische Regierung alternative Antriebe wie Hybridmotoren und Brennstoffzellen, aber für den ersten Schwung der Mobilisierung kommen diese bereits zu spät. Daran ändern auch die wenigen z. B. mit Gas betriebenen Taxis und Busse auf chinesischen Straßen wenig. Man möchte meinen, dass hier zumindest der Absatz der neuesten PKW-Modelle mit möglichst verbrauchs- und schadstoffarmen Motoren zum Einsatz kommt, doch statt dessen nutzte beispielsweise der Marktführer VW die Chance, seine veralteten Modelle, die in Deutschland und anderen Stammmärkten längst nicht mehr laufen, noch einmal an den Mann zu bringen. Zum Glück regierte in der Volksrepublik China schon der Markt. Die autohungrigen Chinesen wollten nicht nur in robusten eckigen Kisten sitzen, die ihren Bedürfnissen nicht entsprachen. Dank schlapper Zahlen in den letzten Jahren waren die Wolfsburger seit 2005 gezwungen, etwas Moderneres anzubieten. Nun meldete sich auch das ökologische Gewissen des Automobilherstellers, der laut Tagesspiegel vom 11. Oktober 2007 umweltfreundlichster Autohersteller Chinas werden will.

Es gibt noch mehr Grund zur Hoffnung. Schon jetzt macht China die Energieknappheit zu schaffen und es gibt zahlreiche Initiativen, um umweltverträgliche Nahverkehrssysteme und Antriebsformen in China zu bauen.

Der große Trumpf der Chinesen liegt in ihrem hohen systembedingten Kommandowirtschaftsteil. Wenn die Führung etwas beschließt, gibt es für Parteiaktivisten und Privatunternehmer kein Halten. Chinesen sind Macher. Während in Deutschland schon mindestens zwei Jahre für Planungen, Genehmigungen und Umweltverträglichkeitsprüfungen für den Bau eines neuen Verkehrsprojektes vergehen, fährt in dieser Zeit in China schon die U-Bahn auf der neuen Strecke. Wer innerhalb eines Jahres zweimal nach Shanghai fliegt, findet sich an Neubauabschnitten kaum noch zurecht. Was mögen chinesische Manager denken, wenn sie dagegen an Hinweistafeln auf mehrjährige Bauzeiten an deutschen Autobahnbau- und Staustellen vorbeischleichen? Shanghai wäre heute noch ohne Autobahnen und sowieso ohne Transrapid zum Flughafen, der in Deutschland bislang immer noch einzig auf einer Versuchsstrecke fährt. Die Wirtschaftsaktivität steht in China ganz vorn, auch wenn Umweltschutzprojekte schon aus Selbsterhaltungstrieb an Gewicht gewinnen.

Mit Klima- und Umweltinnovationen könnte China zum Vorreiter für neue Mobilitätskonzepte werden. Das ist höchste Zeit, denn schon jetzt gehören viele chinesische Großstädte zu den Metropolen mit der schlimmsten Emissionsbelastung. Wenn der Verkehr auf Basis herkömmlicher fossiler Brennstoffe weiter ansteigt, sind aus gesundheitlicher Sicht bald auch die verbliebenen Fahrradfahrer gezwungen, auf Alternativen auszuweichen.

Parallel spielt sich in der angrenzenden Russischen Föderation etwas Ähnliches ab. Dort gewinnt der Automarkt sogar noch an Fahrt. Nach einem Bericht in „Spiegel online" vom 21. Februar 2008 kommen in Russland zurzeit 250 PKW auf 1.000 Einwohner. In Deutschland beträgt diese Quote über 500. Neben der kommenden Verdopplung des PKW-Bestandes hat aber Russland auch große Chancen auf ökologischen Fortschritt, denn immerhin beträgt das Durchschnittsalter der PKW im Lande Lenins 10 Jahre, in Deutschland dagegen rund 16 Jahre.

Die Automobilhersteller könnten zumindest hier ihre Verantwortung wahrnehmen und aus den früheren Spritfressern Russlands in Zukunft den modernsten und umweltfreundlichsten Fuhrpark der Welt machen. Aber möglicherweise widersprechen solchen Träumereien der reale Markt und die Übernahme der Konsummuster Westeuropas. Denn während bei den schwächer bemittelten früheren Kosaken die Kosten eine große Rolle spielen, wünschen sich die „Nowi Ritsch" (die Neureichen) über Oberklassenfahrzeuge hinaus vor allem geländetaugliche Statuswagen. Klimaverträglichkeit spielt beim Kaufverhalten bisher keine Rolle.

Sofern hier nicht von Seiten der Politik eingegriffen wird, sind die Aussichten für umweltfreundliche Fahrzeuge genauso trüb wie die Luft über Russland bei entsprechendem Wachstum des Individualverkehrs. Denn wo es keine Markt-nachfrage gibt, da wird es auch kaum Angebote geben und wo wirtschaftliche Interessen gefährdet sind, zog der Umweltschutz in der Vergangenheit den Kür-zeren.

Das Denken und Handeln „pro Umwelt" sind bisher noch wenig ausgeprägt, obwohl es natürlich auch Umweltaktivisten und viele ökologische Fortschritte gibt. Man darf allerdings nicht vergessen, dass beispielsweise große Teile der Einsparung von CO_2 auf den Zusammenbruch der planwirtschaftlich geführten Altindustrie zurückzuführen sind.

Die Position der Umwelttechnologien wird auch heute noch bei der Verbreitung neuester Technologien für eine ökologisch nachhaltige Produktion sichtbar, die insbesondere von Entwicklungsländern dringend benötigt wird. Die meisten dieser Entwicklungen kommen aus den USA, Japan oder Westeuropa, wo die neuesten Technologien durch Patente geschützt werden. Dieser Schutz des geis-tigen Eigentums und damit auch der erhofften Gewinne verstärkt den Trend, dass in den Ländern, wo theoretisch die größten Chancen eines ökologischen Neuanfangs gegeben sind, weiterhin veraltete, weniger umweltfreundliche Tech-nologien eingesetzt werden. Denn entweder können sich die Hersteller in den Entwicklungsländern die notwendigen Lizenzgebühren nicht leisten, die Aufla-gen nicht erfüllen oder die Kosten der Endprodukte verteuern sich durch diese Summen so, dass sich am Ende auf dem Weltmark kein Erfolg einstellt. Obwohl im Nachfolgeprotokoll zu Kyoto der Technologietransfer ganz oben auf der Ak-tionsliste erscheint, bestehen die Regierungen der Industrieländer darauf, dass der Schutz geistigen Eigentums gewahrt bleiben muss. Falls diese Auffassung nicht gelockert wird, bleibt der Transfer sauberer Technologien nur eine Wort-hülse mit schmutzigem Inhalt – unseren veralteten, aber bezahlbaren Erfindun-gen, deren Patentschutz schon längst abgelaufen ist.

Zum Teil leisten es sich zwar auch Schwellenländer wie China, modernste Tech-nologien einzukaufen, um die notwendige Effizienz und Qualität sicherzustellen, jedoch wird dann gerade am entscheidenden Punkt – der Umwelttechnologie – gespart. So werden beispielsweise hochmoderne Stahlwerke errichtet, bei denen Entstaubungsanlagen fehlen und umweltverträgliche Kühlsysteme eingespart werden. Das Ergebnis sind weithin sichtbare Smogfelder in einer Luft, die sich kaum noch atmen lässt.

Wer trägt die Verantwortung dafür, dass hier vorhandene Technologien nicht eingesetzt werden? Es handelt sich um eine globale wie lokale Herausforderung für Investoren, Lieferanten sowie Politik gleichermaßen. Letztere findet hier viele Anknüpfungspunkte, steuernd einzugreifen, sei es über Gesetze, Steuern oder Zuschüsse für umweltfreundliche Technologien.

Aber auch die Konsumenten werden in die Pflicht genommen. Denn es kann nicht oft genug betont werden, dass letztlich sie durch ihre Nachfrage und Zahlungsbereitschaft entscheiden, ob Umweltschutz auch wirtschaftlich tragfähig ist.

Daher brauchen wir nicht nur die Verbreitung neuester Technologien, sondern auch die einer neuen Konsumkultur mit erheblicher Effizienzsteigerung.

In den Industrieländern nehmen immer mehr Menschen die Leere hinter gefüllten Warenhäusern, Kühlschränken und Wohnungseinrichtungen wahr. Aber ernsthaft gelebt wird Energiereduktion zugunsten von Umwelt und immateriellen Werten erst von wenigen. Gepuscht durch Medien und Werbebranche wird alles dafür getan, dass der Konsumhunger auch in der westlichen Welt nicht nachlässt und dank der Globalisierung wird das heutige Konsumbild unserer Gesellschaft in die Welt hinausgetragen.

Die Auswirkungen der Amerikanisierung waren schon in den ehemaligen Ostblockstaaten zu spüren, wo Coca-Cola zum Inbegriff eines erfüllten Lebens wurde. Ein Appell an die ärmsten Bevölkerungsschichten unserer Welt, neue Konsumwege einzuschlagen, wäre jedoch eine grobe Ironie. Denn damit Geld und Konsum glücklich machen, muss zumindest eine gewisse Basis an Einkommen erzielt werden. Diese einfache Tatsache lässt sich besonders gut mit einer der bekanntesten Motivations- und Erklärungstheorien menschlichen Verhaltens nachvollziehen. Nach der Bedürfnispyramide eines der Mitbegründer der humanistischen Psychologie, A. Maslow, müssen zuerst unsere Grundbedürfnisse wie Hunger und Durst, Sicherheit und soziale Bedürfnisse bis zu einem gewissen Grad erfüllt werden, bevor ein Mensch sich um „höhere" Wünsche wie Anerkennung, Selbstverwirklichung und nicht zuletzt eine gesunde Umwelt kümmert.[96]

Während Millionen Menschen hoffen, endlich aus einem Leben unterhalb des Existenzminimums aufzusteigen, bleibt kaum Raum für eine sich entwickelnde Umweltschutzkultur. Wo die Not regiert, bleibt die Umwelt auf der Strecke. In vielen Ländern wurden außerdem die Kulturen der Ureinwohner zerstört, die vielfach noch eng mit der Natur verbunden lebten. Als Alternative gibt es häufig keine wirkliche, authentische Kultur dieser Völker mehr, sondern nur einen schlechten Abklatsch einer freien Marktwirtschaft, zu der ein großer Teil der Bevölkerung kaum Zutritt hat. Kann man da erwarten, dass diese Menschen sich

---

[96] vgl. Maslow, Abraham H., A theory of human motivation, in: Psychological Review, 50, (1943), p. 370-396

tatkräftig den Problemen unserer Umwelt zuwenden? Wohl kaum, genauso wenig, wie die westliche Welt darauf hoffen darf, dass diese Länder in Sachen Konsum und wirtschaftlicher Entwicklung einen grundlegend anderen Weg einschlagen, als unsere Nationen. Denn auch diesen wurde eine Umweltschutzkultur nicht in die industrielle Wiege gelegt. Eine wirkliche Kultur zum Umweltschutz hat sich auch in Europa erst in den sechziger, siebziger Jahren herauskristallisiert, nachdem ein gewisses Maß an Konsumsättigung erreicht worden war.

Um zu einem gerechten Umweltschutz zu kommen, ist es daher unabdinglich, dass sich vor allem in den industrialisierten Ländern eine neue Konsumkultur entwickelt. Dabei jedoch nur den Konsumverzicht zu predigen oder auf alte Zeiten zurückzublicken, als die Menschen noch mehr im Einklang mit der Natur lebten, kann nicht zielführend sein. Diese Art Umweltkultur hat sich längst überlebt. Stattdessen brauchen wir neue Leitbilder, die unsere kulturellen und materiellen Errungenschaften mit ökologischen Anforderungen vereinbar machen, wie sie neue Umweltbewegungen wie „bright green" eindrucksvoll demonstrieren.

Wir können die Uhr der Zivilisation nicht zurückdrehen, aber wir können das Potential der Menschheit nutzen, um zu handeln und endlich zu beginnen, unsere wissenschaftlich-technischen Erkenntnisse zum Wohl von Umwelt und Menschheit einzusetzen. So können wir Maßstäbe für die Handlungsintelligenz unserer Generationen setzen.

Suche nach dem goldenen Weg aus dem Klimakollaps

Beim Weltklimatreffen in Bali Ende 2007 ging es hoch her, um abrechenbare Ziele, insbesondere zur CO_2-Reduktion, zu vereinbaren. Letztendlich kam ein Fahrplan zu Stande, nach dem Ende 2009 konkrete und weiterführende Abkommen geschlossen werden sollen. Alle verantwortungsbewussten Staatsmänner wissen, dass der Klimawandel bereits eine erschreckende Eigendynamik entwickelt hat, doch die Interessenkonflikte zum wirklich konsequenten Umsteuern stehen immer noch im Vordergrund. Viele kritische Zeitgenossen hegen gesunde Zweifel daran, dass Regierungen überhaupt das Steuer herumreißen können. Sie setzen vielmehr auf Unternehmer und verweisen immer wieder auf die Tradition des Silicon Valley. Der hier ausgelöste Internetboom war von keiner Regierung vorhergesehen worden oder staatlich gelenkt, auch wenn es im Rahmen militärischer Forschungsprogramme staatliche Förderungen gab, wie bereits gezeigt wurde. Daher sprechen sich die Verfechter des marktwirtschaftlichen Vorgehens dafür aus, eher Superprodukte als Supersteuern, etwa auf den CO_2-Ausstoß, zu entwickeln. In Großbritannien sowie in Kalifornien wird dies als Top-Thema lebhaft diskutiert. In Deutschland halten viele das notwendige Umsteuern noch für eine „Gutmenschendiskussion". Umweltminister Sigmar Gabriel schätzte im Spiegel-Interview im Herbst 2006 deshalb richtig ein, dass Deutschland „nicht auf Ballhöhe" sei.[97]

Im Kern geht es einerseits darum, wo immer möglich die schädlichen Treibhausgase zu reduzieren und zu vermeiden, andererseits ganz neue klimafreundlichere technologische Lösungen weltweit durchzusetzen. Im Spannungsfeld beider Strategien ist das Reduzieren von Emissionen zunächst immer der schnellere und oft auch leichtere Weg. Dazu zählt in erster Linie die Steigerung der Energieeffizienz in allen Bereichen, womit auch die Privathaushalte gemeint sind. Gegenwärtig schafft Europa jährlich gerade eine Verbesserung der Energieeffizienz von 1 %, viel zu wenig, um schnelle Ergebnisse im weltweiten Maßstab zu erreichen. „Wir müssen bis zum Jahr 2050 den weltweiten Ausstoß von Treibhausgasen gegenüber 1990 mindestens halbieren. Für uns Industrieländer bedeutet das eine Reduktion um 60 bis 80 %."[98] Zugleich muss unabdingbar jeder Einzelne sein Handeln auf den Prüfstand stellen.

Wir stehen in Deutschland und weltweit bei der Klimaanpassung vor schwierigen Fragen: Wie müssen Anpassungsmaßnahmen konkret aussehen? Wer hat sie umzusetzen und bis wann? Welche Rolle spielen Staat und Verwaltung, Unternehmen sowie die Zivilgesellschaft? Und: Was kosten konkrete Anpassungsmaßnahmen? Ein Kompetenzzentrum „Klimafolgen und Anpassung" (KomPass) entsteht gerade erst beim Bundesumweltamt.

Wie schwierig die vor uns stehende Aufgabe im internationalen Maßstab zu lösen ist, zeigen wenige Zahlen. Jährlich werden allein bis 2030 weltweit etwa 550 Mrd. US-Dollar in den Energiemarkt investiert werden, davon ca. 60 % in die Stromversorgung und 20 % in die Gasversorgung.[99] Dabei sind Investitionen zur Verringerung der CO_2-Reduktionen noch gar nicht berücksichtigt. Der Strom- und Erdgasverbrauch wird sich im genannten Zeitraum verdoppeln. Der Regulierungsdruck auf die Energiewirtschaft verschärft sich enorm, um die anvisierten und schon beschlossenen Einsparungen an Kohlendioxid bis 2020 und später 2050 konkret durchzusetzen. Wenn der Druck auf die Hersteller nicht reicht, werden zweifellos die Abnehmer einbezogen. Alle Verbraucher werden bald begreifen, was es heißt, dass die Sonne den Energieverbrauch eines Jahres auf der ganzen Erde kostenlos in nur einer Stunde liefert. Aber selbst in Deutschland, dem Pionierland der Heliowirtschaft stammt nur 0,32 % der Elektrizität aus

---

[97] Gabriel, S., in: Der Spiegel 45/2006, S. 92

[98] ebenda

[99] Wintjen, Hendrik, in: www.gtz.de/de/dokumente/Energie; Aufruf vom 3. Juni 2008

der Photovoltaik.[100] Warum ein solches „Himmelsgeschenk" bisher auch innovationspolitisch nicht besser angenommen wurde, zeigt wieder einmal, wie enorm wichtig die weiter oben angesprochene Einsicht in unumgängliche Anpassungsstrategien zugunsten des Klimas ist.

Wie noch nie in der Wirtschaftsgeschichte wird eine Wettfahrt ins Grüne einsetzen müssen, die sowohl viele neue Gewinner als auch Verlierer mit sich bringt. Wer rechtzeitig auf den Zug aufspringt und mit neuen Konzeptionen dabei ist, wird zweifelsfrei zu den Gewinnern des neuen Jahrtausends gehören. Die Industrie- und Infrastrukturgeschichte kennt Beispiele, die beweisen, wie rasch sich Neues durchsetzen kann. Die von vielen Umweltschützern besonders strapazierten Autobahnen gehören dazu. Die ersten Autobahnen entstanden erst vor rund 100 Jahren per Gesetz in den USA durch die bislang weltgrößte Infrastrukturmaßnahme.[101] Solche Gesetzesinitiativen werden durch internationale gemeinsame Anstrengungen zur Rettung des Klimas notwendig und machen zugleich klar, was Al Gore meint, wenn er von einer regelrechten Mobilmachung aller Kräfte zugunsten unseres Klimas spricht. Gleichzeitig werden die Verbraucher weiter umdenken und den Beitrag der Unternehmen zum Klimaschutz sowohl aus wirtschaftlicher als auch emotionaler, moralischer und kultureller Sicht viel stärker in ihre Kaufentscheidungen einbeziehen.

Eines ist in den letzten Jahren deutlich geworden: die Flut an Reports, Studien, Dokumentationen und Filmen zum klimapolitischen Ernst der Lage ist kein Garant dafür, dass sich die internationale Gemeinschaft auch tatsächlich zu einem konzertierten praktischen Handeln gegen die immer bedrohlicheren Gefahren des Klimawandels zusammenfindet. Man konnte manchmal eher den Eindruck haben, dass der mediale Aufwand in einem umgekehrten Verhältnis zu den wirklichen praktischen Maßnahmen steht, die die viel beschworene Klimakatastrophe auch aufhalten könnten.

Das ist nur zu gut auf den diversen internationalen Klimakonferenzen unter dem Dach der UN mit oft Zehntausenden von Teilnehmern deutlich geworden, auf denen in den letzten Jahren um ein international wirksames Klimaregime gerungen wurde.

Die letzte dieser Konferenzen in Bali im Dezember 2007 bildete da keine Ausnahme, obwohl der Weltklimarat (IPCC) mit seinem 4. Sachstandsbericht noch kurz zuvor nicht an deutlichen Worten gespart hatte. Nur mit Mühe konnte man sich auf eine neue Verhandlungsrunde in 2009 einigen, um eine Nachfolgeregelung zum klimapolitisch eher zahmen Kyoto-Protokoll ab 2012 zu finden.

---

100   vgl. mobil 08/2007, S. 68
101   vgl. Federal Aid Road Act, 1906

Aber auch abseits der globalen Bühne hinterließ das teilweise heftige politische Gezerre zwischen EU-Mitgliedstaaten um das klimapolitische Programm der Gemeinschaft den Eindruck, dass der Abschied vom „business-as-usual"-Verhalten in Sonntagsreden immer noch leichter fällt als in der praktischen Politik.

Andererseits ist dieser Widerspruch zwischen Wort und Tat nicht verwunderlich. Den Anstieg der Treibhausgase in der Atmosphäre auf einem Niveau zu stabilisieren, das nach heutigen Annahmen den mittleren globalen Temperaturanstieg in historisch relativ kurzer Zeit auf +2°C zur vorindustriellen Zeit begrenzen kann, ist nicht zum Nulltarif zu haben. Dass er von Unternehmen und Marktmechanismen allein bewältigt wird, bleibt zu bezweifeln.

Da ist noch nicht einmal die Rede von den sowieso schon unvermeidbaren Kosten der mit dem laufenden Klimawandel bereits eintretenden Folgen in einer Vielzahl von Ländern. Insofern beruhigt es auch nicht, wenn die Kosten eines solchen Klimaregimes immer in solch niedrigen Prozentwerten des Bruttosozialprodukts angegeben werden oder gar von einem „Nullsummenspiel" ohne gesamtwirtschaftliche Einbußen die Rede ist.

Einige Vordenker ahnen, dass hier ganz elementar Wachstums- und Entwicklungsbedingungen von Volkswirtschaften, ihre Leistungs- und Wettbewerbsfähigkeit im weltwirtschaftlichen Ranking, die Umlenkung gewaltiger Investitionsströme, die Neuverteilung von Einkommen, Vermögen, Umfang und Struktur von Beschäftigung und Arbeitsplätzen und damit letztlich auch die Fähigkeit zu politischer und sozialer Stabilität von Gesellschaften zur Disposition stehen. So wie das Internet die Wirtschaft umkrempelte und völlig neue Globalplayer hervorgerufen hat, wird das Green-Business die Welt noch gewaltiger verändern.

Die globale Veränderung des Klimaregimes kann nicht allein als unternehmerisches Unterfangen angegangen werden. Der Anstieg der Treibhausgase lässt sich nicht lokal oder regional eingrenzen und „bekämpfen". Ein klimafreundliches Regime an einem Ende der Welt kann durch ein „business-as-usual"-Verhalten am anderen Ende in seiner Wirkung begrenzt oder sogar zunichte gemacht werden. Hier liegt denn auch die Crux der Suche nach dem goldenen Mittelweg: die Verteilung der Lasten, die einen Konsens und ein Mitwirken aller unterstützt, ist alles andere als ein einfaches Rechenexempel. Um alle ins Boot einer nachhaltig karbonarmen Wirtschaftsentwicklung zu bekommen, bleibt ein differenziertes Herangehen an Länder und Ländergruppen der letztlich einzig gangbare Weg: er muss Aspekte wie das Verursacherprinzip, die Fähigkeit und Möglichkeit zur

Emissionsminderung, Zweckmäßigkeit, kostengünstiges Vorgehen etc. im Auge behalten.[102]

Geht man so heran, dann ist eine Vorreiterrolle der entwickelten Industrieländer bei der Eindämmung, Stabilisierung und möglichen Reduktion von Treibhausgasen eine Selbstverständlichkeit und keine Aufgabe der Kalifornier allein. Sie ist de facto natürlich auch in Politik und Praxis prinzipiell anerkannt. Eine Nach-Kyoto-Regelung wird das erneut widerspiegeln. Die Abschwächung einer solchen Forderung mit dem immer wieder vorgebrachten Hinweis auf schnell wachsende Schwellenländer wie China und Indien, deren Treibhausgasemissionen rasant anwachsen, läuft ins Leere, ist ein klimapolitisches Rückzugsgefecht. Wichtige Gründe hierfür liegen auf der Hand:

Erstens ist die historisch-moralische Verantwortung der Industriestaaten für den eingetretenen Zustand unabweisbar. Es ist der karbonintensive Wachstums- und Entwicklungspfad der westlichen Industrieländer seit der industriellen Revolution, der uns in die Klimafalle geführt hat. Schwellen- und Entwicklungsländern Wachstums- und Entwicklungsmöglichkeiten mit Hinweis auf klimabedingt notwendige Bescheidenheit abzusprechen oder zu verwehren, wäre in höchstem Maße unredlich und letztlich auch nicht durchsetzbar.

Zweitens wäre eine klimapolitisch begründete Strangulierung von Wachstum und Entwicklung in Entwicklungs- und Schwellenländern wegen des eigenen elementaren Interesses der Industriestaaten an einer stabil funktionierenden und sich dynamisch entwickelnden Weltwirtschaft (Globalisierung) verheerend. Eine klimapolitische Schocktherapie gegenüber diesen Ländern wäre unter dem Aspekt der Wahrung weltwirtschaftlicher Stabilität ausgesprochen kontraproduktiv. Derartige „klimapolitische Lösungen", die letztlich zu Lasten einer Verschärfung des Armutsproblems gehen, sind indiskutabel.

Drittens kann natürlich nicht von der unterschiedlichen Fähigkeit und Machbarkeit hinsichtlich der Verfolgung einer weniger karbonintensiven Wachstums- und Entwicklungsstrategie zwischen entwickelten Industriestaaten und Entwicklungs- und Schwellenländern abgesehen werden. Wenn erstere besser in der Lage sind, eine CO_2-Reduktionsstrategie umzusetzen und zu verkraften, dann stehen sie auch in der Pflicht, die vorhandenen überlegenen Ressourcen dafür einzusetzen und zwar sowohl bei sich selbst als auch zur Befähigung der Entwicklungs- und Schwellenländer.

---

102 vgl. hierzu und im weiteren Stock, Walter, Auf dem Weg in den Co_2-Überwachungsstaat, unveröffentlichtes Manuskript

Tabelle 5: *Vergleich der CO_2-Emissionen (2005)*

CO_2 Emmissionen	CO_2 gesamt 2005 (Mio t)	Änderung zu 2001 (in %)	CO_2 / Kopf 2005 (in t)	Änderung zu 2001 (in %)
USA	5.817	2,5	19,61	-1,2
China	5.060	62,6	3,88	44,2
Russland	1.544	1,6	10,79	2,8
Japan	1.214	7,2	9,50	6,7
Deutschland	813	-4,3	9,87	-4,4
Großbritannien	530	-2,0	8,80	-4,3
Frankreich	388	0,9	6,19	-2,1
Australien	377	1,9	18,41	-3,1
Brasilien	329	5,6	1,77	-2,2
Indien	1.147	13,2	1,05	7,1
Indonesien	341	20,3	1,90	39,7
Ungarn	58	2,4	5,72	3,4
Bangladesh	36	17,2	0,26	13,0

Quelle: Internationale Energieagentur (IEA), 2007

Im Übrigen wären gravierende Verwerfungen und Einbrüche in der Weltwirtschaft auch dann vorprogrammiert, wenn die Industrieländer versuchen sollten, die Folgen des Klimawandels „auszusitzen" in der Annahme, dass der „Norden" immer noch am besten in einem solchen Szenario davonkäme.

Es gibt also keine Wahl zwischen klimapolitischer Vorreiterrolle und Nichtstun. Auf absehbare Zeit werden die entwickelten Industrieländer den größeren Part bei allen Maßnahmen zur Eindämmung und Stabilisierung von globalen Treibhausgasemissionen zu übernehmen haben. Das hat nichts mit gutem Willen oder Zugeständnissen zu tun.

Zu diesem Part gehört untrennbar die Aufgabe, Bedingungen und Anreize zu schaffen, dass Entwicklungs- und Schwellenländer ebenfalls auf einen klimaverträglichen Wachstums- und Entwicklungspfad einschwenken können. Wenn das nicht erreicht wird, müsste der Beitrag der Industrieländer noch weitaus höher ausfallen.

Die offene Frage ist so gesehen nur, auf welches Stabilisierungsniveau an globalen CO_2-Emissionen wann zugesteuert werden soll bzw. muss. Ein Stabilisierungsniveau (der CO_2-Konzentration in der Atmosphäre) würde bei einem zu langsamen und unzureichend koordinierten Vorgehen bei der Emissionsreduzierung immer später zu erreichen sein. Es würde dadurch immer weiter nach oben verschoben werden und über das als kritisch angesehene Niveau von 450 ppm hinausgehen (mit einem damit verbundenen stärkeren Temperaturanstieg als +2°C).

Andererseits macht es keinen Sinn, ein unrealistisch niedriges Stabilisierungsniveau (mit wahrscheinlich geringerem Temperaturanstieg) vorzugeben, das schon relativ früh durch umfassende und drastische Maßnahmen durchgesetzt werden müsste. Hierfür gibt es keinen Konsens und keine Voraussetzungen.

Es gibt also ein Zeitfenster für CO_2-Reduktionen, in dem zwischen den beiden Optionen ein Weg gefunden werden muss, der eine Balance zwischen den ökonomischen Kosten einer schnellen Reduktionsstrategie und den möglichen Risiken und Kosten einer hinausgeschobenen CO_2-Stabilisierung herstellen kann. Würde dieses „window of opportunity" verpasst, dann blieben zu einem späteren Zeitpunkt nur drastische Reduktionsmaßnahmen zu enorm hohen Kosten, ohne aber ein möglicherweise schon lebensgefährlich hohes Temperaturniveau verhindert zu haben.

Aus diesem nur stufenweise möglichen Prozess des Übergangs zu einem weniger karbonintensiven Wachstums- und Entwicklungsweg muss realistischerweise gefolgert werden, dass der Anstieg von Treibhausgasen in der Atmosphäre bis 2030 und möglicherweise auch noch darüber hinaus anhalten wird.[103] Das hängt auch wesentlich damit zusammen, dass fossile Energiequellen weiterhin einen prominenten Platz im globalen Energiemix einnehmen werden. Das bedeutet zugleich auch eine Fortsetzung des anthropogen verursachten globalen Erwärmungstrends und des Anstiegs des Meeresspiegels in den nächsten beiden Jahrzehnten. Nur zur Erinnerung: eine bestimmte globale Erwärmung wäre auch dann nicht zu vermeiden, wenn die Treibhausgasemissionen auf dem Stand von 2000 eingefroren werden könnten.

Die Dringlichkeit, Schnelligkeit, Wirksamkeit und Reichweite von emissionsreduzierenden Maßnahmen wächst. Sie könnten die politischen Systeme bis an die Grenzen ihrer Belastbarkeit führen. Das wird umso offensichtlicher angesichts der schleppenden und uneinheitlichen Erfüllung der Verpflichtungen der Industrieländer aus dem 2005 in Kraft getretenen Kyoto-Protokoll. Die Sorgen hinsichtlich der Bereitschaft und Fähigkeit der Industrieländer, eine klimapolitische Vorreiterrolle zu spielen, sind berechtigt.

---

[103] vgl. IPTS-Studie, 2007

Der schiefe Blick auf Amerika hilft angesichts des einsetzenden Wandels und der Vorreiterrolle von Kalifornien nicht mehr. Auch für die EU und ihre Mitgliedstaaten trifft zu, dass die Kluft zwischen „vorbildlicher" klimapolitischer Rhetorik und tatsächlichen Ergebnissen bei der Reduktion von Treibhausgasemissionen nicht geschlossen worden ist. EU-Länder wie Spanien, Portugal, Italien, Griechenland und Österreich erfüllen ihre Ziel beispielsweise nicht. Die Einhaltung des EU-Reduktionsziels für alle EU-Staaten von 8 % gegenüber 1990 hat eher den Charakter einer Zitterpartie.

Wenn also bis zur Mitte des 21. Jahrhunderts die Wende in der Entwicklung von Treibhausgasemissionen erreicht und eine Stabilisierung auf einem Niveau von etwa 450 ppm erfolgen soll, dann sind bedeutende überproportionale Beiträge der Industriestaaten bei der Reduktion in einem relativ kurzen Zeitrahmen von ca. 40 Jahren zwingend (um 60-80 % gegenüber 1990).

Akzeptiert man ein Limit hinsichtlich der zulässigen Konzentration von Treibhausgasen in der Atmosphäre, dann taucht unweigerlich die Frage auf, nach welchen Prinzipien und Regeln die Anteile an der möglichen Verschmutzung des begrenzten Gutes Atmosphäre zu verteilen sind.

Man kann es drehen und wenden wie man will, Möglichkeiten und Rechte zur Nutzung der Atmosphäre können letztlich nur nach dem Gleichheitsprinzip geregelt werden. Das läuft auf eine prinzipiell gleiche CO_2-Emissionsmenge pro Kopf im globalen Maßstab hinaus. Das mag eine jetzt noch utopisch anmutende Auffassung sein, wenn man beispielsweise die riesigen Unterschiede in den CO_2-Emissionen pro Kopf zwischen den Ländern betrachtet.

Trotz allem ist dieser Ansatz aber schon längst nicht mehr aus der klimapolitischen Diskussion wegzudenken.[104]

Aber auch die Politik scheint bereits zu ahnen, dass der Prozess in diese Richtung verlaufen dürfte, will man alle Akteure der Weltgemeinschaft in ein notwendig globales Klimaregime einbinden und auf angemessene Reduktionsverpflichtungen festlegen.[105]

Schließlich ist auch nicht einzusehen, warum ein Amerikaner einen größeren Anspruch an die Nutzung der Atmosphäre (im Sinne höherer CO_2-Emissionen) haben sollte als ein Chinese, wenn die globale CO_2-Belastung der Atmosphäre zwingend begrenzt werden muss und nicht beliebig ausgedehnt werden kann.

---

[104] WBGU, Berlin 2003, Rahmstorf, S.; Schellnhuber, H-J., Der Klimawandel. Diagnose, Prognose, Therapie, München, Beck-Verlag 2006, S. 118 ff.

[105] Rahmstorf; Schellnhuber

Tabelle 6: *Verteilung von CO_2-Emissionen auf „reiche" und „arme" Länder*

OECD	Anteil in %
Nordamerika (mit Mexiko)	28
Europäische OECD-Staaten	16
Japan, Südkorea, Australien, Neuseeland	8
Übrige Welt	
Süd- und Südostasien	10
Afrika	4
China, Mongolei, Nordkorea, Vietnam	15
Mittel- und osteuropäische Länder (nicht OECD)	10
Naher Osten	5
Mittel- und Südamerika	4

Quelle: Berechnungen BMU, in: Der UN-Weltklimareport, 2007, S. 37

Im Übrigen ließe die Einführung eines Gleichheitsprinzips immer noch Differenzierungen und Abweichungen unter Berücksichtigung weiterer Kriterien zu (z. B. Berücksichtigung eines Entwicklungsbonus, von wirtschaftsstrukturellen Besonderheiten, von demografischen Entwicklungen etc.).

Dieses Prinzip kann und wird also nicht bedeuten, dass eine Nivellierung des Wohlstands zwischen den Bewohnern verschiedener Länder die Folge ist, da unterschiedliche Produktivität und CO_2-Effizienz der BIP-Entwicklung damit nicht aufgehoben werden. Eine im Prinzip gleich hohe CO_2-Emission pro Kopf kann und wird also in der Regel mit unterschiedlichen Warenkörben dafür einhergehen. Aber diese Unterschiede beruhen dann auf einer „klimaneutralen" Grundlage und werden durch das Niveau der Energie- und CO_2-Effizienz in den Wirtschaften bestimmt.

Mit der Durchsetzung des Gleichheitsprinzips bei der Aufteilung des global verfügbaren „Verschmutzungskuchens" ist die Gerechtigkeitslücke in einem zukünftigen konsensfähigen Klimaregime aber noch nicht geschlossen. Die Entwicklung eines Anpassungsregimes zur Beherrschung von Folgen des schon vorherrschenden Klimawandels ist nur die zweite Seite eines solchen Klimaregimes. Dabei gilt: ohne eine nachhaltige Vermeidungsstrategie wird sich Anpassung als absolut unzureichend erweisen bzw. bestenfalls selektiv wirksam sein.

Ein finanziell ausreichend ausgestattetes Klimaanpassungsregime wird noch einmal die Vorreiterrolle – und damit die Zahlmeisterrolle – der entwickelten Industriestaaten herausfordern und zwar aus den gleichen Gründen, die für eine solche Rolle schon bei dem Reduktionsregime für Treibhausgasemissionen gesprochen haben. Denn ohne eine Anerkennung und Umsetzung des Verursacherprinzips wird es auch keine nachhaltigen Anpassungsmaßnahmen hinsichtlich der bereits eintretenden negativen Folgen des Klimawandels geben. Eine evtl. abgestuft zu erhebende Abgabe auf Treibhausgasemissionen könnte ein Weg zur Anwendung dieses Prinzips sein und eine nachhaltige Finanzierungsgrundlage für Anpassungsmaßnahmen ergeben.[106]

Damit ginge ein solches Regime nicht nur weit über internationale Hilfsaktionen im Falle der sich häufenden Klimakatastrophen in Entwicklungsländern hinaus, sondern ebenso über bisherige halbherzige Versuche, Fonds zur Förderung des Klimaschutzes zu installieren, wie z. B. der Marrakech-Fonds beweist. Die Verschärfung von Wassermangel, Ausweitung arider Gebiete, Untergrabung von Grundlagen der Landwirtschaft etc. sind nicht in erster Linie im Rahmen humanitärer Hilfsaktionen u. ä. zu bekämpfen.

Wie wird die Welt unserer Kinder und Enkel im Jahr 2050 aussehen? Die extrem karbonbasierte Entwicklungs- und Wachstumsstrategie zur Herausbildung der modernen Industriegesellschaft seit ca. 250 Jahren steht zweifellos vor einem Paradigmenwechsel. Es wäre verwunderlich, wenn der soziale und politische Status quo, der diese so geartete Industriegesellschaft getragen hat, nicht ebenfalls einem Wandel ausgesetzt sein sollte.

Anders gesagt, der soziale und politische Status quo wird schwerlich mit den Herausforderungen des Klimawandels – und zwar sowohl im nationalen wie im internationalen, globalen Rahmen – in Einklang zu bringen sein. Die Entwarnung, die noch nach dem ersten Schrecken über die „Grenzen des Wachstums" des Club of Rome gegeben werden konnte, wird nicht wieder möglich sein. Dieses Mal ist es anders. Die Endlichkeit der Atmosphäre und die Ansprüche einer großen Zahl internationaler Akteure auf dieses kostbare Gut versperren ziemlich viele technokratische Fluchtwege. Ein ökonomisches, politisches und soziales System, das diesen Zustand herbeigeführt hat, kann nicht in unveränderter Form zugleich dessen Auflösung und Überwindung bewirken. Vielmehr steht die Neuerfindung der Industriegesellschaft und ihrer Regulierungsmechanismen an. Genau diese Herausforderung bestimmt auch die Erwartungen an die grüne Re-

---

106 Steger, U.; Achterberg, W.; Blok, K.; Bode, H.; Frenz, W.; Gather, C.; Hanekamp, G.; Imboden, D.; Jahnke, M.; Kost, M.; Kurz, R.; Nutzinger, H. G.; Ziesemer, Th., Nachhaltige Entwicklung und Innovation im Energiebereich, Berlin, Springer 2002, S. 6

volution. Hierbei gibt es Zweifel daran, ob diese Herausforderung allein durch Unternehmertum nach amerikanischem Vorbild zu meistern sein wird.

Vergegenwärtigt man sich die Größe der Aufgabe, in einem historisch sehr kurzen Zeitraum, eine auf hoher Kohlenstoffintensität basierende Industriegesellschaft weltweit revolutionieren zu müssen, dann kommt man nicht umhin, eine neue Symbiose von Markt und staatlicher Regulierung zur Durchsetzung dieses Paradigmenwechsels ins Auge zu fassen.

Es ist einfach nicht mehr die Zeit für langwierige Versuch-und-Irrtum-Verfahren gegeben, um die effektivste und effizienteste Vorgehensweise zu erkunden und umzusetzen, denn die notwendigen massiven Investitionsverlagerungen in karbonarme bzw. -lose Wirtschaftsaktivitäten können nicht mehr warten. Ein Festfahren in karbonintensiven Infrastrukturen auf lange Sicht durch falsche oder halbherzige Weichenstellungen zum jetzigen Zeitpunkt hätte verheerende Folgen. Im Klartext bedeutet das, dass der Markt-(Preis)mechanismus bei der Bewältigung dieses Paradigmenwechsels in der Wirtschaft in die zweite Reihe treten wird und muss. Staatliche Regulierung wird das Heft des Handelns an sich reißen. Die Zwänge der Auseinandersetzung mit dem Klimawandel sind unausweichlich die Stunde des Ordnungsrechts.

Denn kein Marktmechanismus der Welt wird mit der notwendigen Sicherheit und Wahrscheinlichkeit in der Lage sein, in einem bestimmten Zeitfenster in der nahen Zukunft die CO_2-Konzentration in der Atmosphäre auf einem bestimmten Niveau zu stabilisieren, um den globalen Temperaturanstieg auf ein lebensverträgliches Niveau zu begrenzen. Vor allem ist der Marktmechanismus angesichts der krassen Ungleichverteilung der globalen Treibhausgasemissionen dafür blind und ungeeignet, die unausweichliche Reduzierung und Stabilisierung nicht noch in eine weitere Verschärfung des Armutsproblems in der Welt umschlagen zu lassen.

Im Grunde genommen ist die Weltgemeinschaft dazu übergegangen, einen politischen Mechanismus zu entwickeln, um im Rahmen von „Mehrjahresplänen" mit Meilensteinen (2020, 2030, 2050) quantitative Vorgaben in Form von Obergrenzen für die globale Treibhausgasentwicklung festzulegen und diese auf einzelne Staaten herunterzubrechen. Die einzelnen Länder verteilen dann ihr nationales Treibhausgaskontingent, das von Periode zu Periode immer geringer ausfallen wird, in einem politischen Prozess auf Wirtschaftsbereiche, Sektoren und einzelne Wirtschaftsakteure wie etwa in den Nationalen Allokationsplänen in Deutschland. Hier findet eine klimainduzierte weltwirtschaftliche „Rahmenplanung" statt, die den Ländern, Wirtschaften und Sektoren einzuhaltende Entwicklungskorridore vorgibt. Offen bleibt die Frage, was passiert, wenn einzelne Staaten ihre vorgesehenen Ziele nicht erfüllen.

Natürlich kann und darf die Planung nicht ökonomisch willkürlich erfolgen, aber dem Prinzip der Freiwilligkeit und dem Rückgriff auf rein marktwirtschaftliche Anreize und Mechanismen sind dabei doch starke Grenzen gesetzt. Erst im Kontext einer quantitativen Rahmensetzung können Preismechanismen wieder zum Zuge kommen. Das kann dann etwa durch den Emissionshandel erfolgen, der eine Möglichkeit zum Finden kostengünstiger Lösungen für Emissionsreduzierungen bietet.

Die Entwicklung des Segments der erneuerbaren Energien im Energiemix wird wohl nur als eine politisch „verordnete" Lösung möglich sein. Bindende Vorgaben auf dem Verordnungswege für einzuhaltende CO_2-Emissionen/km sind die Folge, da der Preismechanismus viel zu träge wirkt.

Die Entwicklung der Gebäudeeffizienz ist schon lange nicht mehr in das Belieben des Einzelnen gestellt, was ja inzwischen auch schon zwingende Vorgaben bei der Wahl der einzusetzenden Energie einschließt, da dem Markt die „richtige" Auswahl der Energieart wohl nicht mehr zugetraut wird. Da ist es nur folgerichtig, wenn auch die Nutzungseffizienz langlebiger Haushalts-gegenstände mehr und mehr auf dem Verordnungswege geregelt werden wird. Dieser ersten klimainduzierten Regulierungswelle könnten weitere folgen, sollte sich die jetzige Generation von Instrumenten als nicht ausreichend wirksam bei der Reduzierung von Treibhausgasen erweisen, etwa spezielle Fahrverbote für überdurchschnittlich CO_2-intensive Fahrzeuge oder Kilometerbeschränkungen. Von der CO_2-regulierten Produktion zu einer CO_2-regulierten Konsumtion des Einzelnen wäre es dann kein großer Schritt mehr, wenn das durch die gravierenden Zwänge des Klimawandels legitimiert werden kann.

Betrachtet man all diese Fakten, blicken viele von uns sorgenvoll in die Zukunft. Jedoch darf man nicht verkennen, dass die Menschen fast immer erst dann handeln, wenn es richtig weh tut. Genau diese Situation liegt jetzt vor. Alle zaghaften Versuche der Industrie und der Politik wurden bislang entweder vom Konsumenten nicht wirklich und konsequent angenommen, oder aber sie wurden nur halbherzig forciert. Die USA, lange Zeit als Klimasünder abgestempelt, erwachen. Mit großen Anstrengungen werden die USA jetzt das Ruder herumreißen. Dabei wird, so meine eigene Prognose, eine ebensolche Innovationswelle und Goldgräberstimmung herrschen wie im Silicon Valley zu den Zeiten der Dotcoms. Das liegt einerseits daran, dass große Gewinne locken, andererseits auch daran, dass ein unausweichlicher wirtschaftlicher wie ökologischer Zwang herrscht. Das Marktpotential der Dot-greens übertrifft das des Internetmarktes bei weitem.

Greentech als lukrative Anlageziele

Einer der wichtigsten Indikatoren für die Tragfähigkeit neuer Technologien ist immer noch das Investitionsvolumen. Hieran zeigt sich am klarsten, worauf die Geldgeber setzen. Im vergangenen Jahr, schätzte das Londoner Beratungsunternehmen New Energy Finance laut Angaben der Süddeutschen Zeitung, „investierten Venture-Capital-Firmen und private Geldgeber weltweit 8,6 Mrd. Dollar in alternative Technologien, 68 % mehr als 2005. Dabei kommt der größte Teil des Geldes für Öko-Startups aus den USA und dort wiederum aus dem erfolgreichsten Gewerbepark der Welt, dem Silicon Valley."[107]

Für Greentech stehen alle Zeichen auf Investieren. Der „Tipping Point" an dem „Green-and-Clean" zum Massenmarkt werden, gilt als erreicht. „Saubere Technologien sind die heißeste Anlageklasse im Venture-Capital-Bereich", behauptet Ira Ehrenpreis, General Partner bei Technology Partners. In den USA sind im vergangenen Jahr mehr als 3 Mrd. US-Dollar in Cleantech-Unternehmen geflossen – über 14 % aller VC-Investments gegenüber 4,2 % im Vorjahr. „Das Cleantech-Segment hat damit sogar den Halbleiterbereich überholt", so Ehrenpreis im Venture Capital Magazine.[108] An gleicher Stelle heißt es weiter: „Die 450 Teilnehmer des IBF-Forums sehen Cleantech als die größte Chance für Investoren im 21. Jahrhundert. Der Grund: ‚The Perfect Storm' – wie es nach Hollywood-Manier ausgedrückt wird; eine Mischung aus Innovationen und Trends, die ein explosionsartiges Wachstum des Marktes unausweichlich machen. Im Unterschied zur Internetblase Ende der neunziger Jahre wird die Cleantech-Euphorie nicht von Investoren und einer Handvoll Firmen generiert. In diesem Fall sind die Endkunden – die Bevölkerung – willens, am gleichen Strang zu ziehen."[109]

Sechs Bereichen wird besondere Attraktivität zuerkannt: Erneuerbare Energiequellen, Stromnetz-Infrastruktur, Biokraftstoffe, Wasser, Transport und ökologisches Bauen. Dabei handelt es sich durchgängig um Massenmärkte und vor allem um Probleme, die jeden betreffen. Das Thema Ökologie und Umwelttechnik wird vom „€uro-greentec-journal" als DER gesamtwirtschaftliche Megatrend des 21. Jahrhunderts eingeschätzt. Über die dafür entscheidenden Technologien gibt es allerdings unterschiedliche Auffassungen. So hat die Silicon-Valley-basierte Zeitschrift „AlwaysOn.GoingOn.com" die wichtigsten 100 Top Green Companies folgenden Wirtschaftbereichen zugeordnet:

---

107   vgl. Breuer, H. Ökowelle in Silicon Valley, in: Süddeutsche Zeitung,
      http://www.sueddeutsche.de/wissen/artikel/881/114767/; Aufruf vom 24. März 2008

108   vgl. http://www.vc-magazin.de/news/titelstory; Aufruf vom 12. Juni 2008

109   ebenda

- Automobil und Transport

- Biokraftstoffe und Landwirtschaft

- Energiemanagement und Effizienz

- Energiespeicherung

- Nanotechnik und -Materialien

- Sonstige Energietechnik

- Solartechnik

- Abfallmanagement

- Wasser

Für diese neun Technologiefelder wurden 100 Topfirmen weltweit durch ein Gremium bewertet, die man auf Grund ihrer technologischen Innovationskraft besonders im Auge behalten sollte.[110] Bei der Liste handelt es sich um die erste, die überhaupt in den USA für Startups und etablierte Firmen erstellt wurde. Gegenüber dem langatmigen Agieren von Regierungen stellt P. Kelly in dem Report fest: „While presidents and prime ministers around the world are focused on choosing among different responses to the ecological crisis, it's the entrepreneurs and companies profiled on this list that are most likely to give them – and us – the tools and options needed to be truly greener."[111] Das spricht für ein gesundes Selbstbewusstsein gegenüber Politikern, denn viele der hier aufgelisteten Firmen sind in Europa und Deutschland noch gar nicht bekannt. Für weiterführende Informationen sind auf der „AlwaysOn"-Webseite die zugehörigen URL-Adressen hinterlegt. Die überwiegende Mehrheit der Firmen ist noch keine zehn Jahre alt.

Von den hier genannten Top-Green-Companies kommen 45 aus Kalifornien, keine aus Deutschland. Das kann natürlich mit der räumlichen Nähe der Bewertenden zum Silicon Valley zusammenhängen, zeigt aber auch, dass es keinen Grund gibt, sich in Deutschland nur auf den Lorbeeren der Vergangenheit oder gar einer eingebildeten Technologieführerrolle auszuruhen. Auch wenn im Mutterland des Wagemuts insgesamt die Aktivitäten der Venture-Capital-Bereitstellung durch die Nachwirkungen der Subprime Crisis Ende 2007 nachgelassen haben, besteht allen Erfahrungen nach guter Grund, den Firmen künftig viel Aufmerksamkeit zu widmen. Nach Angaben der US-amerikanischen National Venture Capital Association wagten sich in den ersten drei Monaten des Jahres 2008 nur

---

[110]   vgl. AlwaysOn, The Blogozine On Innovation//Fall 2007, S. 24
[111]   ebenda, S. 24

5 Venture-Capital-finanzierte Startups auf das Wall-Street-Börsenparkett. Im vierten Quartal 2007 waren es dagegen noch 31 Venture-Capital-finanzierte Startups. Die Zahlen des ersten Quartals 2008 entsprächen dem Tiefstand der Dotcom-Krise, hieß es. Abgesehen von Microsofts Plan, Yahoo zu übernehmen, haben auch die Kaufaktivitäten im Silicon Valley nachgelassen.

Tabelle 7: *Top Greentech-Startups*

Automotive and Transportation	Biofuel & Agriculture	Energy Management & Efficiency
AC Propulsion	Altra Biofuels	Blade Network Technologies
CleanAir Logix	Amyris Biotechnologies	H2Gen Innovations
Myers Motors	Chemrec	Silver Spring Networks
Mygistics	Cilion	SmartSynch
Phoenix Motorcars	ClearFuels Technology	Verdiem
PML	E3 Biofuels	
Tesla Motors	Gevo	
Think Global	Greenfuel Technologies	
ZENN Motor Company	Imperium Renewables	
	LS9	
	Mascoma	
	Mendel Biotechnology	
	RangeFuels	
	Solazyme	
	Targeted Growth	

Energy Storage	Nanotech & Materials	Clean Energy (not solar or biofuel)
A123 Systems	Artificial Muscle	Airtricitiy
Bloom Energy	d.light design	CoalTek
Cobasys	EoPlex Technologies	General Compression
Deeya Energy	FiberTech Polymers	Great Point Energy

Energy Storage	Nanotech & Materials	Clean Energy (not solar or biofuel)
EEStor	Hycrete	Nordic Windpower
GridPoint	Nanoexa	Orion Energy
Jadoo Power	Nanostellar	Powerspan
Lilliputian Systems	Serious Materials	Verdant Power
ZPower	Space-X	

Solar	Waste Management	Water
Ausra	Earthanol	AbTech Industries
Better Energy Systems	EnerTech Environmental	Aqua Sciences
BrightSource Energy	Intechra	Aquarius Technologies
Daystar Technologies	iReuse	Atlantium Technologies
Energy Innovations	LanzaTech	Bio-Pure Technology
HelioVolt	MBA Polymers	Derceto
Innovalight	TechTurn	EnviroTower
Konarka Technologies	Ze-Gen	GeoPure Water Technologies
Miasolé		IDE Technologies
Nanosolar		Industrial Plug and Play
Silicon Valley Solar		Microvi Biotech
Solaicx		MIOX Corporation
SolarCity		NanoH2O
Solaria		Novazone
Solexant		P2W Pollution To Water
SolFocus		PAX Water Technologies
Stion		Poseidon Resources
Stirling Energy Systems		Seven Seas Water
Zytech Solar		Superall Products

Während Großunternehmen im vierten Quartal 2007 noch 83 Venture-Capital finanzierte Startups übernahmen, kauften sie im ersten Quartal 2008 nur 56 Venture-Capital-finanzierte Firmen. Besonders die Aktien von Hightech-Unternehmen sind in diesem Jahr weniger gefragt. Der Hightech-Index Nasdaq Composite fiel seit Jahresbeginn um rund 11 %. Für die Apple-Papiere ging es 21 % abwärts, Google-Aktien verloren 31 %. Zudem wird ein Rückgang des Jobwachstums vorhergesagt. Nach Angaben des Center for the Continuing Study of the California Economy werden in diesem Jahr im Silicon Valley 10.000 neue Arbeitsplätze entstehen. Im Jahr 2007 wurden dagegen noch 17.700 neue Jobs geschaffen, im Jahr 2006 waren es sogar 25.000.

Dennoch bestehen vor allem für Finanzierungen im Clean- oder Green-Business-Bereich beste Chancen. Der Klimaschutz-Aktienindex „GreenTec Climate 30" umfasst analog zum weltbekannten Klimaschutz-Film „Eine unbequeme Wahrheit" von Al Gore 30 Unternehmen aus den sechs wichtigsten klimarelevanten Themen wie erneuerbare Energien, energieeffizienter Transport, CO_2-Reduktion, energieeffiziente Endgeräte, Wasser und Recycling. Hier wird sich das Zukunftsgeschäft abspielen, während es in Deutschland nach wie vor schwierig ist, Venture Capital zu akquirieren.

Branchenkenner fühlen sich bestätigt: Im „Innovationsindikator 2007" stellte das Deutsche Institut für Wirtschaftsforschung fest, dass es hierzulande oft genug an Risikokapital mangelt. Bei der Frage nach der Verfügbarkeit von Kapital bei der Gründungsfinanzierung belegte Deutschland den 13. Platz unter 17 untersuchten Ländern.[112]

Selbst wenn die Finanzierung höchstens 40.000 Euro erfordere, komme die Mehrheit nicht an Kredite, Wagniskapital oder öffentliche Zuschüsse und Darlehen. Mit der Jahresstatistik 2007 lieferte der Bundesverband Deutscher Kapitalbeteiligungsgesellschaften (BVK) einen weiteren Beleg für den schweren Stand von Venture Capital in Deutschland: Gemessen am Durchschnitt der vergangenen drei Jahre stieg zwar die Zahl der finanzierten Unternehmen um gut 10 % auf 978, die investierten Mittel sanken jedoch um mehr als 25 % auf 839,7 Mio. Euro.

Laut Angaben des „greentec-journals" wächst der Markt für klimaschonende Technik bis zum Jahr 2050 überproportional weiter. Der Markt für Solar- und Windenergie und andere klimaschonende Techniken könnte im Jahr 2050 ein Volumen von 500 Mrd. Dollar erreichen, schätzen Ökonomen. Der Markt wächst rasant. Brachten saubere Energien 2006 gerade einmal 55 Mrd. Dollar auf die Waage, so waren es Ende 2007 bereits 77,3 Mrd. Dollar. Der Markt für Windenergie legte 2007 um 28 % und der für Solarenergie sogar um 52 % zu. Die weltweite Kapazität zur Stromproduktion aus erneuerbaren Energiequellen

---

112   vgl. http://www.vc-magazin.de/news/titelstory/index.hbs; Aufruf vom 14. April 2008

wuchs seit 2004 um 50 %. Die „Neuen Erneuerbaren" (Kleine Wasserkraft, moderne Biomasseanlagen, Wind, Solarenergie, Erdwärme und Biokraftstoffe) haben 2006 so viel Strom erzeugt wie ein Viertel der weltweiten Atomkraftwerke. Die Größe Wasserkraft allein deckte rund 15 % des globalen Stromverbrauchs. Das bietet Anlegern eine beispiellose Chance.

Die Aussichten für die Solarindustrie sind weiterhin rosig: In den vergangenen Jahren haben viele Länder mit Förderprogrammen die Rahmenbedingungen für die Branche verbessert. Daher entwickeln sich die internationalen Photovoltaikmärkte sehr dynamisch. Laut einer vom Europäischen Verband der Photovoltaik-Industrie (EPIA) erarbeiteten Studie wird die Photovoltaik bis 2030 fast 10 % des weltweiten Strombedarfs decken können. Der Umsatz der Solarbranche soll von momentan 9 auf 300 Mrd. Euro im Jahr ansteigen.

Doch trotz dieser guten Prognose wird es auch in diesem Sektor nicht nur Gewinner der künftigen Entwicklung geben, sondern auch Verlierer. Deutschland ist vor Japan und deutlich vor den USA der größte Markt weltweit. Hier wächst der Solarmarkt dynamischer als in anderen Staaten. Die deutsche Erzeugung von Solarstrom hat sich seit 2003 verzehnfacht, vor allem dank der im Erneuerbare-Energien-Gesetz (EEG) festgeschriebenen Vergütung. Der Bundesverband Solarwirtschaft geht davon aus, dass in Zukunft das Marktwachstum im Ausland noch größer sein wird als in Deutschland. Besonders viel versprechend seien die europäischen Märkte Spanien, Italien, Frankreich und Griechenland, wo Einspeisevergütungen nach dem Vorbild des deutschen EEG etabliert wurden. Außerhalb Europas gebe es die größte Marktdynamik in den USA, wo viele Bundesstaaten Förderprogramme für Photovoltaikanlagen aufgelegt haben. China hat zwar mittlerweile eine eigenständige Photovoltaikindustrie aufgebaut, sie produziert jedoch vorrangig für den Export. An einer entsprechenden Förderung als Initialzündung für das binnenländische Marktwachstum fehlt es noch.[113]

Wie die Zukunftschancen auch immer gebündelt werden, der noch junge Greenbzw. Cleantech-Markt wird seine Spitzenposition zu Milliardengeschäften ausbauen.

Venture Capital und andere Finanzierungsformen für Startups

Das Silicon Valley ist berühmt dafür, dass Startups hier besonders erfolgreich Geld zum Unternehmensaufbau und Beweis der Tragfähigkeit des Konzepts einsammeln können. Natürlich steckt harte Arbeit dahinter. Auch für das Silicon

---

[113] vgl. http://www.greentecjournal.de/download/greentecjournal/GTJ_0810.pdf; Aufruf vom 23. Mai 2008

Valley gilt, dass jeder vorab seine Erfolgsaussichten kritisch hinterfragen muss. In erster Linie hilft dazu eine Art Branchenfilter. Es gibt nämlich per se nur Geld für sehr wenige Branchen und auch aus diesen Branchen kommen wiederum nur wenige Firmen für Investitionen von Venture Capital (VC) infrage. Das hat nach Meinung der FTD vom 17. Januar 2008 vor allem zwei Gründe:

„Erstens konzentrieren sich die Fonds in der Regel a priori auf bestimmte Segmente der ‚High Tech'-Industrien: Biotech und Pharma, Medizintechnik, Informationstechnologien (z. B. Internetservice, Software, Hardware, Medien, Telekommunikation) und der recht junge Bereich ‚Cleantec' rund um Innovationen in der Energietechnik.

Zweitens wenden sie bei den Unternehmen, in die sie investieren, regelmäßig ein ähnliches Geschäftsmodell an: Erfolgreiche Unternehmen müssen eine Rendite erwirtschaften können, die das Risiko eines Scheiterns rechtfertigt. Und da dieses Risiko extrem hoch ist, sind nur solche Geschäftsmodelle für VC-Investoren interessant, die innerhalb des Anlagezeitraums bei großem Erfolg ein Vielfaches der Investition hereinspielen können".

Das Risiko-Rendite-Profil unterscheidet sich nach Branchen. In der Biotech- und Pharma-Industrie gehen Investoren nach Meinung der FTD davon aus, dass sie im internationalen Durchschnitt 40 bis 50 Mio. Dollar pro Unternehmen investieren müssen. Im Erfolgsfall lässt sich dafür das 20- bis 30-fache der Investitionen erlösen. Es sind diese Summen, die VC-Geber immer wieder locken, sich an innovativen Entwicklungen zu beteiligen. Alle anderen klassischen VC-Branchen von Software bis zur Medizintechnik folgen dem klassischen Technologiemodell: Sie kommen im Schnitt mit 18 bis 20 Mio. Dollar aus, aber die Erfolgswahrscheinlichkeit ist größer als bei Biotech-Investments. Dafür rechnen Investoren hier mit einem Hebel vom etwa Zehnfachen ihres Investments innerhalb von drei bis fünf Jahren. Für die benötigten Investitionen im Clean- bzw. Greentech-Bereich bestehen solche Erfahrungswerte aus der VC-Szene oft noch gar nicht. Deshalb rät die FTD: „Wer VC ergattern will, muss erstens prüfen, ob er zu den Zielbranchen möglicher Investoren gehört. Und zweitens, ob seine Geschäftsidee geeignet ist, innerhalb weniger Jahre mit Hilfe eines niedrigen zweistelligen Millionenbetrags an Eigenkapital den Unternehmenswert zu verzehnfachen, im Bereich Biotech entsprechend mehr."[114] Die Erfahrungen aus dem Silicon Valley zeigen allerdings, dass sich VC-Geber dem Markt weniger nach Definitionen denn pragmatisch nähern. Da sie mit ihren Fonds für Early-Stage-Finanzierungen in der Regel ein- bis zweistellige Millionenbeträge pro Portfolio-Unternehmen investieren, muss zunächst auch ein Kapitalbedarf in dieser Höhe

---

114 vgl. FTD, http://enable.ftd.de/was-ist-eigentlich-venture-capital/?pager=2;
      Aufruf vom 12. Juni 2008

aus dem Business-Plan erkennbar sein. Das bedeutet für junge Unternehmer: Sie sollen von vornherein darüber nachdenken, ob ihre Geschäftsidee sich mit entsprechend viel Kapital sinnvoll ausbauen lässt – etwa durch Internationalisierung oder den Ausbau von Vertriebswegen – und ob sie selbst daran Interesse haben. Wer lieber „klein und fein" bleiben möchte als den Weltmarkt zu erobern, sucht sich besser andere Kapitalgeber.

Nicht alle Gründer haben überhaupt die Chance, auf den Radar von Wagnisfinanziers zu geraten: Die Geldgeber konzentrieren sich auf wenige Branchen, denen besonders viel Potential zugetraut wird. Diese Zielbranchen sind meist schon an den Namen der Fonds oder der VC-Gesellschaften zu erkennen, die oft Begriffe wie „Life Science" oder „Technology" enthalten. Entsprechend stellen die VC-Gesellschaften ihre Mannschaften zusammen: In der Regel finden sich in den Teams Branchenexperten aus den Investitionsfeldern.

Welche Unternehmungen gerade zu den angesagten Branchen gehören, ist nur schwer vorherzusagen – die Palette der Favoriten ändert sich ständig. Vor einigen Jahren waren z. B. noch Softwarefirmen angesagt; heute investiert in diesem Bereich kaum noch jemand. Dafür fließt vermehrt Kapital in die Sektoren Biotech, Pharma und Medizintechnik sowie in Informationstechnologie. Laut FTD vom 10. Januar 2008 „hat die VC-Szene zudem den Cleantech-Markt, also z. B. Unternehmen aus dem Umfeld der regenerativen Energien entdeckt. Hier stehen die Chancen, an Venture Capital zu kommen, für Gründer derzeit besonders gut."

Bei Verallgemeinerungen der Erfahrungen aus dem Silicon Valley müssen natürlich die länderspezifischen Gegebenheiten besonders berücksichtigt werden. Der Mittelstand spielt volkswirtschaftlich, sozial und umweltpolitisch gesehen in Deutschland die entscheidende Rolle, wie Untersuchungen des Instituts für Familienunternehmen der privaten Universität Witten/Herdecke und vieler anderer Wirtschaftsforschungsinstitute immer wieder bestätigen.

Der Mittelstand ist das wirtschaftliche, aber auch das soziale, das finanzielle und vor allem auch das ökologische Rückgrat unseres Landes. Ohne Mittelstand würde Deutschland nicht funktionieren und gebe es keine international wettbewerbsfähige Umweltindustrie.

Darüber hinaus spielt die mittelständische Industrie für die Versorgungssicherheit, aber auch für die Angebotsvielfalt, als Motor der Innovation und sogar als Steuerzahler im Lande die unschlagbar wichtigste Rolle.

Neben diesen allgemein bekannten Aussagen über den Mittelstand gibt es aber weitere Merkmale für eine mittelständische Unternehmerkultur, die für ihren Erfolg von entscheidender Bedeutung sind.

- Die Personen- oder Familienbezogenheit der Unternehmensleitung

- Die Unabhängigkeit des Betriebes in rechtlicher und wirtschaftlicher Hinsicht
- Die Wettbewerbsorientierung des Unternehmens durch einen fokussierten Marktanteil und die Abwesenheit von Monopolen und Oligopolen
- Die hohe Personalisierung der Verantwortung für den Erfolg des Unternehmens unter Angestellten und Eigentümern
- Die Ausrichtung auf eine möglichst hohe Selbstfinanzierungsquote
- Die Ausprägung einer eigenständigen Unternehmensphilosophie mit besonderer Verantwortung für den Umwelt- und Klimaschutz

Gerade in letztgenannter Hinsicht kommt den kleinen und mittelständischen Unternehmen heute die Pionier- und Schlüsselrolle zu, die zweifellos der Generation von Unternehmern aus der IT-Branche zukam, die vor wenigen Jahren den „neuen Markt" schufen und bei aller Euphorie und schmerzlichem Erwachen aus zu kühnen Träumen doch entscheidend zum Durchbruch der Hightech-basierten modernen Informations- und Kommunikationstechnik beitrugen. Ohne diese Technik, ohne das World Wide Web, ohne E-Mail und Internet geht heute wirtschaftlich nichts, weder bei Groß- noch Klein- oder Mittelunternehmen. Etwas ganz Analoges deutet sich im Umweltmarkt, in der neuen grünen Revolution an. Es gibt keine einzige Basisinnovation im Umwelt- oder Klimabereich, die aus der Großindustrie stammt. Im Gegenteil, die Konzerne haben sich oft genug zunächst intensiv gegen Neuerungen aus ökologischer Sicht gewehrt. Ihr Handeln erfolgte meistens nur unter hohem Druck der Öffentlichkeit und oft genug 5 vor 12. Die ganze industrielle und umwelttechnologische Stärke Deutschlands resultiert aus ihrer Vielfalt im Mittelstand. Nach dem Wortgeklingel betreibt die Bundesregierung eine „entschiedene Politik für den Mittelstand". So sei man beim Bürokratieabbau „auf einem guten Weg", um mittelständische Unternehmen zu entlasten. Bei der Erbschaftsteuer solle für Personengesellschaften und Familienunternehmen sichergestellt werden, „dass im Betrieb einbehaltenes Vermögen beim Übergang auf eine nächste Generation auch steuerlich begünstigt wird". Die Realität sieht leider anders aus und die Mittelständler kämpfen oft genug nicht allein mit der wachsenden Marktmacht der Großen, sondern auch intern um qualifizierte Nachfolger. Zum Beweis: Weniger als 10 % aller Familienunternehmen befinden sich in Deutschland in der dritten Generation noch im Familienbesitz und werden von Familienangehörigen geleitet. Dennoch genießt der Mittelstand einen ausgezeichneten Ruf und hier agieren die tätigen Unternehmer in vielerlei Hinsicht ganz anders als die bezahlten Manager großer Konzerne. Daher müssen auch die Finanzierungsinstrumente für Innovationen in besonderem Maße auf die Belange des Mittelstandes abgestellt werden. Die Bedeutung des Mittelstandes zeigt sich in Folgendem:

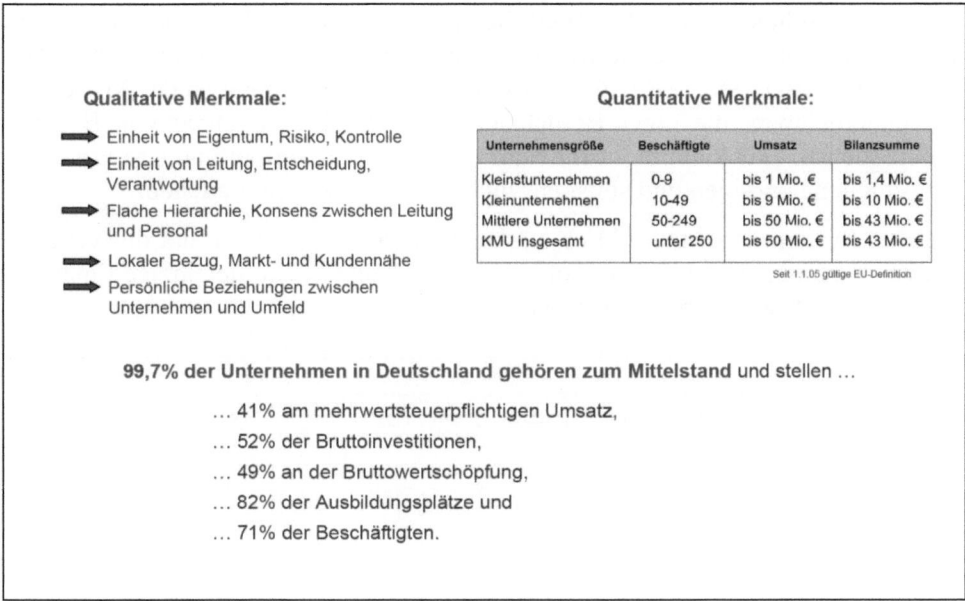

Abbildung 3: *Bedeutung des Mittelstandes in Deutschland*

Die Finanzierung von innovativen Projekten muss dabei natürlich den in unserer Bankenlandschaft üblichen Konditionen Rechnung tragen, wie Abbildung 4 zeigt:

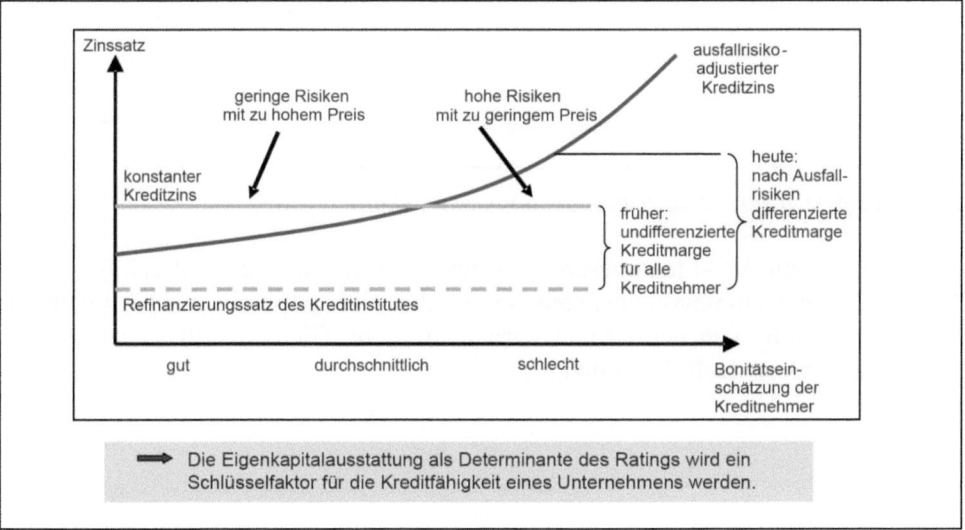

Abbildung 4: *Risikoadjustierte Konditionengestaltung*

Damit unterscheidet sich das deutsche und europäische Finanzierungssystem natürlich erheblich von den in den USA und speziell im Silicon Valley üblichen Verfahrensweisen. Die risikoadjustierte Konditionengestaltung ist das Modell für alle Unternehmen, die unter Berücksichtigung der Bedingungen von Basel II Kredit suchen. Das kann nicht für Startups gelten, die deshalb andere Finanzierungsquellen benötigen und sonst gar nicht erst anzufangen brauchen.

Welches System dabei tatsächlich stärker Innovationen fördert, hat die Venture-Capital-Vergangenheit gezeigt, wobei Venture Capital nicht die einzige Finanzierungsquelle ist, wie Abbildung 5 zeigt.

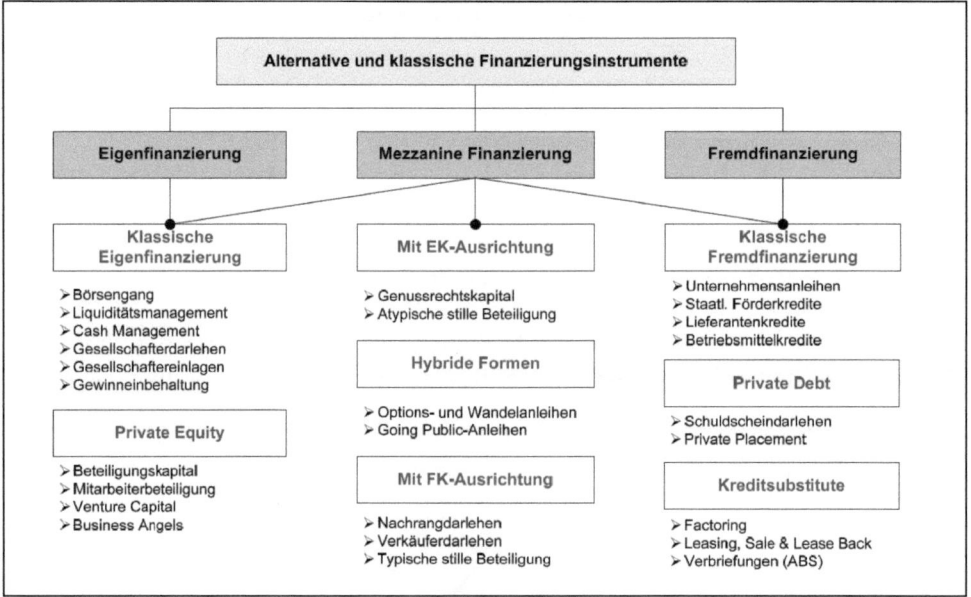

Abbildung 5: *Alternative Finanzierungsinstrumente*

Dennoch gilt die VC-Finanzierung aus den USA als das weltweit erfolgreichste Modell und es kann davon ausgegangen werden, dass ohne dieses Instrument die Internetökonomie von heute nicht vorhanden wäre. Gleiches gilt sicher für den kommenden Greentech-Aufschwung.

3. Wege vom Silicon Valley ins Green Valley

Buck's Restaurant als Innovationstreff

Der Silicon-Valley-Mythos spricht dem Gebiet eine geradezu magische Innovationskraft zu. Da viele Neuheiten mit dem weltweiten Durchbruch des Internets zusammenhingen, wurde die Region durch das selbst geschaffene weltweite Netzwerk viel schneller international bekannt als etwa Ideen aus Nowo Sibirsk. An welchen Orten die neuen Ideen im Silicon Valley tatsächlich entstehen, glauben viele nicht so recht. Es geht oft unspektakulär, geradezu unfassbar einfach und ohne lange vorbereitete Treffen mit fester Tagsordnung zu. Im Silicon Valley wurden die meisten Ideen wirklich in Gaststätten oder Garagen geboren. Darüber gibt es natürlich keine Statistik, aber insgesamt spielen informelle Zusammenkünfte offenbar eine zentrale Rolle. Immer wieder liest oder hört man auch vor Ort davon, dass erste Ideen auf in vielen Restaurants üblichen Papierplatzdecken skizziert und einfach mitgenommen werden, ganz unabhängig davon, wie viel Ketchup darauf Spuren hinterlassen hat. Die offene Atmosphäre des Silicon Valley bestimmt den Unterschied. Der Ideengehalt von Arbeitstreffen wird höher bewertet als das Büro oder die Fassade des Unternehmens. Das gilt sogar für seriöse Ideenkonferenzen, wie z. B. die jährliche TED-Konferenz. TED steht für Technology Entertainment and Design. Wie oft findet man solche Events in Deutschland mit charismatischen Persönlichkeiten und Spitzenbeiträgen von Rednern wie Al Gore oder Craig Venter, an die sich die Hörer noch lange Zeit auch außerhalb ihres Fachgebietes erinnern? Wo verbindet man überhaupt Technologie mit Unterhaltung, Freude und Spaß? Manche sehen beispielsweise den „Genome Guy" mit seinem letzten Vortrag auf der TED sogar als Retter der Menschheit, weil er sich damit beschäftigt, Mikroben zu entwickeln, die CO_2 zerlegen oder neue Biokraftstoffe bzw. Medikamente erfindet. An solche Informationen über Neuerungen kommt man über die Homepage von Buck's.[115] Findet man einen ähnlichen Hinweis auf nur einer Webseite eines Restaurants in Berlin oder München, das sich auf Grund der starken Hightech-Industrie gern als „München Valley" bezeichnet? Nicht einmal die Restaurantkette „Einstein" kommt auf eine solche Idee, und im Münchener Hofbräuhaus fehlen sogar Angaben zu Bierinnovationen, von Preiserneuerungen nach oben abgesehen. Wem macht es in Deutschland Spaß, einem Politiker zuzuhören, und wer fühlt sich von der Botschaft so angesprochen, dass er nach einer Rede selbst

---

115 vgl. http://www.buckswoodside.com/; Aufruf vom 15. April 2008

nachdenklich und vor allem aktiv wird? Al Gores Talent dazu würdigt ein Gastronom, Koch, Landwirt und Multitalent wie Jamis MacNiven in seinem Restaurant in Woodside, Silicon Valley.

Es zählt zu den besonders beliebten Treffpunkten und Insidertipps für Besucher.[116] Der Chef gehört zu den bekanntesten Persönlichkeiten des Valleys und überblickt sein exotisch eingerichtetes Restaurant schon auf Grund seiner Körpergröße wie ein Feldherr. Ab Frühstückszeit ist der Treffpunkt gut besucht und man findet tatsächlich viele Gäste mit Laptops und Arbeitspapieren. Das Ambiente des Restaurants erinnert an eine bunte Sammlung von Reiseandenken, Waffen, Antiquitäten und Kuriositäten bis zu Raumfahrtanzügen und Teleskopen. Kein Wunder, dass durch Gäste wie den Harvard Astronomen Roy Gould und Microsofts Curtis Wong ein World Wide Telescope zur Sternenbeobachtung analog zur Google Earth Perspektive in Nachbars Garten entwickelt wurde.

Offenbar regen die zahlreichen Eyecatcher in Buck's Restaurant die Phantasie der Gäste an. Der Eigentümer, von allen nur Jamis genannt, schreibt wöchentlich Kolumnen und zählt zu den meist interviewten Persönlichkeiten des Silicon Valley. Voller Stolz berichtet er auf seiner Internet-Homepage: „Since 1995 we have had over 600, TV, radio, glossy-print and fishwrapper press come to Buck's to speak with me and my customers".

An seinen rustikalen Tischen wurde das Informationszeitalter geschmiedet und hier findet die nächste Revolution statt, der Übergang in das Green Valley oder die Geburt der Cleantech-Revolution. Auch wenn man das im Restaurant und anhand der zahlreichen großen Autos vor dem Restaurant noch nicht erkennt, ist sich der Insider sicher, dass nach dem langen Tiefschlaf der Amerikaner in ökologischer Hinsicht jetzt eine neue Zeit angebrochen ist. Alle reden nicht allein vom Going Green, sondern tun etwas. Genau deshalb unterstützt Jamis die neue Öko-Innovationswelle und ihre Protagonisten. Das „Buck's" spielt dabei eine Vermittlerrolle, hilft, Kontakte zu finden und zu festigen sowie neue Ideen mit Geld zu versorgen. Dafür sollen sich die Leute im Restaurant wie im Paradies fühlen, neue Kontakte und Anregungen finden und sich an den Aufenthalt auf jeden Fall erinnern. Obwohl Jamis beim Entstehen zahlreicher neuer Verbindungen mitwirkt, kassiert er dafür kein Honorar, sondern freut sich über prominente Kunden genau wie über Neugierige oder Zufallsgäste. Wer Kontakte sucht, kann ihn fragen oder sich einfach durch ihn vermittelt an einen Tisch setzen lassen, wo die neue Idee vielleicht auf offene Ohren stößt. Wo könnte man sich das in einem deutschen Restaurant vorstellen? Welcher Restaurantbesitzer würde es wagen, einen unbetuchten Erfinder an den Tisch von Bankern zu bringen? Die-

---

116 vgl. http://www.buckswoodside.com/history/index.html; Aufruf vom 15. April 2008

ser Fakt sagt viel mehr über die Unterschiede der besonderen Kultur des Silicon Valley gegenüber deutschen Landgasthöfen aus als alles andere. Dass es sich bei der lässigeren Verhandlungskultur um keinen Einzelfall handelt, beweist eine kleine Story, die das Handelsblatt.com am 5. Mai 2007 veröffentlichte. Ein Polizist beobachtete „Verdächtige", einen jungen Asiaten und einen Schwarzen in Jeans, nachts um drei auf einem Parkplatz vor einem Restaurant bei Mountain View und nahm sie ins Kreuzverhör, weil er Drogenhändler witterte. In Wahrheit ging es hier um einen viel größeren Deal – die Übernahme von YouTube durch Google. Die noch in der Nacht auf dem Parkplatz weiter Verhandelnden waren David Drummond, Google-Chefjustiziar und Gideon Yu, YouTube-Finanzvorstand, wie das Szene-Magazin „Valleywag" verriet. David Drummond gilt als medienscheu und daher ist es durchaus glaubhaft, dass er auch schon mal unkonventionell im Dunkeln oder auf einem Parkplatz verhandelt. Nach einem seiner lancierten Statements zum geplanten Einstieg von Microsoft bei Yahoo zog Microsoft prompt sein Angebot zurück. Der pfiffige Jurist hatte laut darüber nachgedacht, ob die marktbeherrschenden Methoden von Microsoft dem WorldWide-Web-Wesen angemessen wären. Das Handelsblatt spekuliert dagegen, wie ein Zusammenschluss von Google und Yahoo auf dem Internetwerbemarkt wohl wirken würde.[117]

So erstaunlich es klingt, könnten die Restaurantplaudereien aus dem Silicon Valley sogar die Weltpolitik betreffen. Immerhin hält Yahoo z. B. 39 % am größten chinesischen Internethaus Alibaba, das ISP, Webspace und Suchmaschine kombiniert. Wenn also aus den Verhandlungen beim Lunch oder Dinner eine Anteilsverschiebung resultiert, etwa durch ein Zusammengehen von Google und Yahoo, entsteht auch für das ferne China eine neue Lage durch die neuen Eigentumsverhältnisse.[118] Umgekehrt wirkt jede strategische Veränderung in Richtung stärkeren Umweltbewusstseins gerade durch die Internetpräsenz gleichfalls weltweit. Gerade deshalb heißt das Buch „Von den Dot-coms zu den Dotgreens". Es gilt, die Ideen cleaner Technologien mit Internetgeschwindigkeit zu verbreiten. Die Macherqualität und der Gründermut aus dem Silicon Valley wirken diesbezüglich wie ein Jungbrunnen auf andere, zumal längst nicht jede neue Idee zugunsten der Umwelt nur auf einem hohen Zuschuss von Venture Capital beruht. Vieles geschieht auch im Aufwuchs von unten ohne großes Startkapital. Startups „Von echtem Blut, Schweiß und Tränen" überschreibt das Handelsblatt vom 13. März 2008 diese Gründer.[119]

---

117 vgl. http://www.handelsblatt.com/News/printpage.aspx?_p=200811&_t=ftprint&_b=1425529; Aufruf vom 14. März 2008
118 vgl. http://www.silicommdada.com/; Aufruf vom 14. März 2008
119 vgl. Handelsblatt.com; 14. März 2008

Gemeint sind all jene, die ohne die typischen VC-Spritzen ihre Unternehmen starten und zum Erfolg bringen wollen. „Bootstraping" – sich an den eigenen Haaren aus dem Sumpf ziehen – nennen die Amerikaner das und es gibt nicht wenige, die es auch dadurch zu schaffen versuchen. Im Bereich neuer Umwelttechnologien geht es z. B. darum, mit intelligenter Software auf neue Green-Business aufmerksam zu werden. Gabe Rivera, Gründer und CEO von Techmeme, arbeitet an solchen Problemen ohne VC-Kapital. Techmeme ist eine sehr schlaue Blogsuchmaschine, die nach neuen technischen Themen in der Blogosphäre sucht (deutsches Pendant ist Rivva.de). Solche Beispiele zeigen, dass man es auch ohne Fremdkapital schaffen kann. „Eine gute Idee, eine handvoll Dollar, sehr viel Willenskraft, ein dickes Fell bei Rückschlägen und sehr, sehr viel Arbeit – das bringt ein Startup durchaus weiter als nur bis zu einem guten VC."[120] Es geht also beim Zusammentreffen an den ungewöhnlichsten Orten keineswegs nur um Kontakte zwischen Geist und Geld sondern auch den Gründern und Mitstreitern untereinander. Deshalb schwören viele Gründer auch auf andere Rezepte, z. B. die gegenseitige Hilfe und das Sich-Ergänzen. Muss man einen Programmierer bezahlen, wenn man selbst nicht programmieren kann? Man muss nicht, sondern nur an die Idee glauben und z. B. interessierte Mitstreiter dadurch gewinnen, dass man Anteilsscheine für die Mitwirkung vergibt. Wenn die Idee floppt, hat man zumindest keine Schulden, sondern dafür wertvolle Erfahrungen. Im Silicon Valley zeigt man sich also auch erfindungsreich im Vernetzen ohne direkte sofortige Geldflüsse und nutzt besonders die virtuelle Zusammenarbeit. Die modernen Kommunikationsformen unterstützen dadurch die klassischen Arbeitstreffen, ob im Restaurant oder an jedem beliebigen anderen Ort. Dabei sind sich alle einig, dass ein persönliches Kennenlernen oft Wunder wirkt und die reale Welt die virtuellen Kontakte bei weitem übertrifft. Um im Gastgewerbe zu bleiben: Virtuelle Arbeitsessen schmecken nicht oder vorsichtiger gesagt, noch nicht wirklich.

Was die Entwicklung des Silicon Valley vorantreibt, erfährt Aufmerksamkeit. Wo es sich um einen bloßen „Businessdeal" handelt, schaut jeder eher gelangweilt zu. Das wird am Beispiel der spöttisch als „Microhoo" begleiteten Übernahmepläne von Microsoft gegenüber Yahoo deutlich. „Mit Microsoft und Yahoo trifft sich ein Softwareunternehmen von vorgestern (das sowieso nicht ins Valley gehört, vielen hier suspekt ist. Außerdem hat es das Internet verschlafen und dann den Browserkrieg nicht durch Innovation sondern durch Schläge unter die Gürtellinie gewonnen) mit einem abstiegsbedrohten Champion von gestern (auch wenn er noch immer in vielen Kennzahlen Tabellenführer ist). Das beflügelt hier keine Phantasie, höchstens lässt es ein paar böse Vorahnungen entste-

---

[120] vgl. ebenda

hen."[121] Ähnliche harsche Urteile treffen auch den Googleplex oder die Google-nomics, sobald sich negative Zahlen andeuten. In der gegenwärtigen Lage wirken sie besonders lähmend, weil sich die US-Wirtschaft insgesamt in einer Rezessionsphase befindet oder zumindest die Angst davor das Wirtschaftsge-schehen negativ beeinflusst. Diese für das Silicon Valley ganz und gar untypi-sche Einstellung beunruhigt viele Analysten mehr als schlechte Quartalszahlen und um so begieriger werden auch nur die kleinsten Zeichen von Neuorientie-rungen aufgegriffen. Das Going Green steht hierbei ganz vorn.

Praxistipps

Die Hege und Pflege der persönlichen Beziehungen in einem breiten Netzwerk sind Erfolgsfaktor und aktiv zu gestalten, aber niemals zu delegieren!

Dot-green-Gründer sollten das Zuhören lernen und schneller persönliche Schlussfolgerungen aus der überall zunehmenden Umwelt- und Klimaschutzdis-kussion ziehen!

Das Umshiften zum Green Business oder Dot-green-Gründer kann jeder ohne Gewissensbisse wegen des früheren Lästern über „tree huggers" praktisch anpa-cken!

Dot-green-Gründer sollten den Mut haben, einfach nach Kalifornien zu fahren und sich vor Ort umzuschauen, auch wenn man niemanden kennt, findet man schnell Kontakt!

Walmart's grüne Einkaufswege

Kann man sich vorstellen, dass Aldi oder Lidl Professoren, Doktoranden und Studenten bittet, ihre Einkaufsquellen zu prüfen? Mitnichten. Die meisten gro-ßen Konzerne lassen sich nicht gern in die Einkaufsbücher gucken, so gern sie auch selbst ihren Mitarbeiter kontrollierend in die Taschen schauen oder sie per Videokamera sogar bis in die Umkleidekabinen ausspionieren, wie jüngst bei Lidl. Auch der Handelsriese Walmart zählte jahrzehntelang zu den Großunter-nehmen, die in ihrem eigenen „Bentonville Bubble" gefangen waren. Im Deut-schen klingt der Ort des Hauptquartiers in Arkansas, USA, schon ein wenig wie „Betonvilla" und so zementiert erschienen auch die Geschäftsprinzipien des 1962 von Sam Walton (1918-1992) gegründeten Discount-Handelskonzerns. Im Mittelpunkt der gewaltigen Expansion, die erst mit dem Gang an die Börse im Jahr 1972 einsetzte, standen operative Effektivität, Wachstum und Profit. Mit

---

121   vgl. ebenda

einem Umsatz von inzwischen 378,80 Mrd. US-Dollar in 2007 handelt es sich um den weltgrößten Konzern mit rund 2,1 Mio. Beschäftigten im Jahr 2008. Durch den Bau der ersten Hypermärkte in den USA festigte das Unternehmen seine Stellung und expandierte weltweit, wenn auch weniger erfolgreich in Deutschland durch die marktbeherrschende Stellung der bekannten großen deutschen Einzelhändler Edeka, Aldi und Lidl. 2006 wurden in Deutschland die Walmart-Niederlassungen an die Metrogruppe verkauft und firmieren heute unter dem Markennamen *real*. Die bereits traditionell geringen deutschen Margen im Lebensmittelhandel von ca. 2 % gegenüber den in den USA erwarteten 5 % zwangen Walmart zum Verkauf und bescherten dem Unternehmen nach Schätzungen rund 1 Mrd. US-Dollar Verlust.[122]

Umso mehr überrascht es, dass der weltgrößte Handelskonzern seine Sichtweise über die Profitbrille hinaus verändert hat. Er bildet Netzwerke mit NGOs (Lieferanten) und Beschäftigten, arbeitet mit staatlichen Agenturen zusammen und durchforstet vor allem seine Lieferkette „grün", wie die „Stanford Social Innovation Review" in der Frühjahrsausgabe 2008 berichtet.[123] Der Anfang des grünen Engagements von Walmart reicht bereits ins Jahr 1989 zurück. Damals konzentrierte sich das Engagement des Konzerns auf umweltfreundliche Verpackungen, die biologisch abbaubar oder recycelbar sein mussten. Einzelversuche, die ökologische Produktqualität mit einem grünen Label herauszustellen, führten zum Teil sogar zu negativen Presseberichten. Die Öffentlichkeit bemerkte, dass z. B. bei Papierhandtüchern lediglich die Verpackung aus recyceltem Material stammte, die eigentlichen Handtücher dagegen durch Chlorbleiche besonders umweltbelastend waren. Danach verschwand in den neunziger Jahren das Umweltengagement zumindest nach außen von der Agenda der Prioritäten des Handelsriesen. Nachdem sich durch eine Studie herausstellte, dass 2 bis 8 % aller Kunden Walmart auf Grund seiner Gesamtpraktiken boykottierten, reagierte der Vorstandsvorsitzende H. Lee Scott im Oktober 2005.[124] In einer Rede, die 1,6 Mio. Beschäftigten in allen Stores und 60.000 Lieferanten weltweit übertragen wurde, gab Walmart seine neue „Business-Sustainability Strategie" bekannt. Sie umfasste drei ambitionierte Ziele, um die Umweltbelastungen des Konzerns zu reduzieren: „To be supplied 100 percent by renewable energy; to create zero waste; and to sell products that sustain our resources and the environment".[125] Mit diesem neuen ökologischen Anspruch wurde zugleich die gesamte Lieferkette konfrontiert und der Anspruch verbunden, die Kosten zu senken. Durch das geplante

---

[122] vgl. wikipedia, wal-mart

[123] vgl. Stanford Social Innovation Review, vol. 6, Nr. 2, S. 53 ff.

[124] vgl. BusinessWeek, Nov. 29, 2006

[125] vgl. L. Scott, Twentieth Century Leadership, Wal-Mart, Oct. 24, 2005

neue Netzwerkdenken und -handeln wurde der Umweltschutzanspruch auf die gesamte weltweite Lieferkette ausgedehnt. Es entstanden 14 Netzwerke, die helfen sollten, zumindest jeweils eins der drei Hauptziele umzusetzen.

1. Ziel: Belieferung mit 100 % erneuerbaren Energien durch folgende Netzwerke:

- Global Greenhouse Gas Strategy
- Alternative Fuels
- Global Logistics
- Energy, Design, Construction & Maintenance

2. Ziel: Abfallreduzierung auf Null

- Operations and Internal Procurement
- Packaging

3. Ziel: Verkauf von Produkten, die nachhaltig Ressourcen und Umwelt schonen

- Chemical Intensive Products
- Seafood
- Electronics
- Food & Agriculture
- Forest & Paper
- Jewelry
- China
- Textiles

Diese 14 „Walmart's Sustainable Value Networks" brachten zahlreiche neue Erkenntnisse mit hohem wirtschaftlichen Nutzen durch verbesserte Wahrnahme von Umwelt- und Klimaschutzbelangen sowie neuer sozialer Verantwortung. Die Stanford-Wissenschaftler Erica L. Plambeck und Lyn Denend interviewten 40 Repräsentanten von Walmart und deren Netzwerkpartnern und filterten sieben Erfolgsmaximen dieser Netzwerkarbeit heraus. Unter dem Stichwort „Networking the Walmart Way" halten sie folgende Maßnahmen für besonders wichtig:[126]

---

[126] vgl. E. L. Plambeck, L. Denend, Case Study: The Greening of Wal-Mart, Leland Stanford Jr. University, Stanford 2007

1. Walmart dehnt seine eigenen Management-Kapazitäten durch Partnerschaften mit NGOs aus, um

- Designziele und messbare Kriterien der Umweltleistung festzulegen

- Zertifizierung von Produkten als umweltfreundlich durchzusetzen

- Lieferantenunterstützung zu erhalten, besonders in den untersten Stufen, die bisher für Walmart als Zulieferer undurchsichtig waren, um deren Prozesse mit Durchbruchtechnologien zu verbessern

- neue Einnahmequellen durch Umweltschutz zu entwickeln.

2. Die Lieferanten werden motiviert, Walmart-Partner zu werden und zu bleiben durch

- Vereinbarungen, umweltfreundliche Produkte zu kaufen oder zu promoten

- Konsolidierung der Geschäftsbeziehungen mit einer kleineren, besser ausgewählten Lieferantengruppe

- Bevorzugung von längerfristigen, engeren Beziehungen mit Lieferanten, die im Fokus umweltorientierte Innovationen einschließen.

Für das Silicon Valley und seine Hightech-Firmen bestätigt das Herangehen des weltgrößten Handelskonzerns die Notwendigkeit, sich mehr und mehr auch im Elektronikbereich umweltfreundlichen Lösungen zuzuwenden. Im Jahr 2004, schreiben die Stanford-Forscher Plambeck und Denend, exportierten die USA 80 % ihres Elektronikabfalls in Entwicklungsländer. Die dadurch ausgelösten Verunreinigungen übertrafen das in den Industrieländern erlaubte Maß um ein Hundertfaches. „E-Waste" und Elektronikschrott sicherer und umweltfreundlicher zu entsorgen, ist eines der Ziele des Electronics Networks von Wal-Mart. Dabei geht es nicht nur um Recycling von Materialien, sondern auch um das Vermeiden von umweltgefährdenden Stoffen vom Design an. Ein weiteres Ziel besteht darin, die Energieeffizienz der Elektronik insgesamt zu erhöhen. Die Arbeit des Elektronik-Netzwerks brachte auf diesem Gebiet zur Erhöhung der Energieeffizienz bessere Ergebnisse als beim Vermeiden von gefährlichen Stoffen. Ein Grund dafür liegt darin, dass Energieeinsparungen besser und schneller messbar sind als Recycelergebnisse oder das Vermeiden von Gefahrstoffen. Auf Grund der Komplexität und der langen Elektronikzulieferkette ist die Zertifizierung aller Produktkomponenten schwierig und kostenintensiv. Außerdem fehlt Walmart für qualifizierte Bewertungen einzelner Bestandteile und Komponenten bzw. Bauteile komplexer Elektronikgeräte logischerweise die Kompetenz. Wenn die Firma aber keine Garantie dafür übernehmen kann, dass die als besonders umwelt- und klimafreundlich ausgezeichneten Produkte auch halten, was sie versprechen, dürfen sie nicht so vermarktet werden. Beispielsweise bemühte sich Walmart darum, die erste Handelskette der USA zu sein, die der RoHS-Verordnung der EU für PC-Lieferungen entsprach (RoHS = Restriction on Hazardous Substances). Die Handelskette garantierte der japanischen Firma Toshiba bei Einhaltung der RoHs-Verordnung der EU einen 12-wöchigen statt sonst üblichen vierwöchigen Liefervertrag, traute sich dennoch nicht zu, den Umweltvorteil explizit zu vermarkten.[127] Die Probleme von Walmart beim Recycling von Elektronik liegen mit darin begründet, dass dem Verbraucher durch das Zurückbringen der Alt-Geräte bisher kein Nutzen entsteht, sondern eher Aufwand und sogar Kosten, etwa durch den Transport zum Händler. Um die Probleme besser in den Griff zu bekommen, beschloss der Konzern, mit dem Green Electronic Council (GEC) zu kooperieren, einer Nonprofit-Organisation. Diese arbeitet mit Elektronikfirmen und deren Zulieferern zusammen, um die Umwelt- und Sozialleistungen bei der Produktion zu verbessern. Im Original heißt es zu den Zielen der Zusammenarbeit mit der GEC-Organisation: „With the GEC, Walmart designed an Internet-based scorecard on which suppliers indicate how environmentally sustainable their products are. This scorecard includes measures of energy efficiency, durability, and end-of-life solutions".[128] Künftig soll die Zusammenarbeit dadurch erweitert werden, dass Walmart helfen wird, neuere Versionen verbesserter Elektronikgeräte zu vermarkten und den Kunden dadurch zu früherem Ersatz energiesparender Geräte zu bewegen.

In dieser neuartigen Netzwerkarbeit sieht der Handelsgigant den Schlüssel zu nachhaltigem Erfolg, der sowohl wirtschaftlich als auch sozial- und umweltverträglich wirkt. Auf Grund der großen Marktmacht bedeutet ein solcher Kurswechsel natürlich mehr als eine einmalige „Haurruck-Aktion"; diese Strategie initiierte zahlreiche weitere Veränderungen bei den Lieferanten. Als Grundsatz gilt dabei weiterhin: „More than anything else, Walmart's network approach must remain profitable if it is to be sustainable in the long run and if it is to be achieve CEO Lee Scots environmental goals."[129]

Die Einbeziehung der Lieferketten in klima- und umweltbezogene Neuorientierungen gewinnen in den letzten Jahren in immer mehr Großunternehmen entscheidende Bedeutung. Die Stanford Graduate School of Business organisiert dazu beispielsweise regelmäßig „Global Supply Chain Management Foren".[130] Die sozialen und ökologischen Verantwortlichkeiten spielen hierbei eine wach-

---

127 vgl. SSI Review, S. 58
128 ebenda
129 vgl. SSI Review Spring 2008, S. 57
130 vgl. gsb.stanford.edu/scforum/

sende Rolle. SER–Konferenzen, stehen für „Socially and Environmentally Responsible Supply Chains" und dienen als Quelle für innovative Lösungen.[131]

Auch in Deutschland wird das Supply-Chain-Management (SCM) als überbetriebliche Geschäftsoptimierung vor allem seit etwa zehn Jahren dazu genutzt, die Logistikkette insgesamt zu verbessern. „Das Konzept SCM bezeichnet ein System von Zulieferern von Waren und Dienstleistungen mehrerer Stufen, die eine kontinuierliche Zusammenarbeit vereinbart haben. Die Kunden innerhalb der Kette legen sich auf einen (Single Sourcing) oder zwei Lieferanten (Dual Sourcing) fest. Diese klare Struktur erleichtert die Analyse der Abläufe über die Grenzen der Einzelunternehmen hinaus. Ziel ist eine Optimierung der inner- und überbetrieblichen Geschäftsprozesse."[132]

Die daraus erwarteten Verbesserungen betreffen vor allem

- die Produkt- und Prozessqualität

- die Lieferqualität hinsichtlich Zuverlässigkeit und Zeit

- Verringerungen der negativen Umweltauswirkungen

- Durchsetzung von Kostenvorteilen sowie

- der Organisation.

Das „Green-Supply-Chain-Management" konzentriert sich besonders auf die ökologischen und sozialen Verbesserungen sowie in jüngster Zeit auf Minimierungen der Carbon Footprints, also vor allem der CO_2-Belastungen aller Aktivitäten und Produkte. Letzteres entwickelt sich zunehmend zu einem Innovationsmotor und Instrument der vergleichenden Analyse, dem künftig weit mehr Aufmerksamkeit zukommen wird.

Praxistipps:

Rigoros ein eigenes Leadership-Programm in Energieeinsparung und Environmental Design aufbauen!

Über die gesamte Lieferkette „Green Standards" und Rating-Programme für Umwelt- und Klimaschutz durchsetzen!

Konsequent alle Kostenvorteile des Going Green ausschöpfen!

---

131 vgl. gsb.stanford.edu/ser/
132 vgl. Nachhaltigkeitsmanagement in Unternehmen. Konzepte und Instrumente zur nachhaltigen Unternehmensentwicklung, Berlin 2002, S. 107

Integration von grünen Wirtschaftsprinzipien in allen Gestaltungs- und Prozessabläufen durchsetzen!

Bestwerte von führenden Herstellern und Händlern zum Maßstab des eigenen Handelns wählen!

Überall Verständnis dafür wecken, dass die grüne Zukunft heute beginnt!

Keinen Bereich aus dem neuen Zwang zum Umweltdenken auslassen, beginnend vom Gebäudemanagement bis zur Dienstreiseordnung!

Von der Garagenfirma zum grünen Giganten

In Palo Alto liegt die berühmteste Garage der Welt, zurückgesetzt neben einem unscheinbaren Holzhaus in der Addison Avenue Nr. 367. Lediglich eine Messingtafel mit der Landmark Nummer 976 vom 19. Mai 1989 weist darauf hin, dass man hier vor dem Geburtsplatz des weltgrößten Technologiezentrums steht. Die Garage wirkt eher klein. Auf der Tafel heißt es: „Birthplace of Silicon Valley" und im Originaltext weiter:

„This Garage is the Birthplace of the world's first Hightech Region ‚Silicon Valley'. The idea for such a region originated with Dr. Frederick Terman, a Stanford University Professor who encouraged his students to start-up their own electronics company in the Area instead of joining established firms in the east. The first two students to follow his advice were William R. Hewlett & David Packard, who in 1938 began developing their first product, an audio oscillator in this garage."

Man steht etwas hilflos vor dem geschlossenen Tor und der weit zurückgesetzten, anscheinend rekonstruierten Garage. Wer ein Firmenmuseum oder eine Hightech-Informationssäule erwartet, wird enttäuscht. Das Haus wirkt vermietet. Die Bewohner oder Firmenbetreiber wünschen von eventuellen Besuchern nicht gestört zu werden. Auf einer schlichten Tafel am Haus steht die Firmenbezeichnung „Palo Altan Green" und erklärend „Another Palo Altan for Renewable Energy". Was das mit der berühmten Firma Hewlett Packard (HP) zu tun hat, erschließt sich nicht sofort. Die angegebene Webseite www.cpau.com gehört zur Stadt Palo Alto, mit rund 62.000 Einwohnern eher eine mittelgroße City im heutigen Silicon Valley. Die Straßen wurden großzügig angelegt, ein eigentliches Zentrum im europäischen Sinne gibt es kaum. Die Einzelgrundstücke sind mit typisch amerikanischen flachen Einfamilienhäusern bebaut und intensiv begrünt, was in Sommerzeiten auf sehr hohen Wasserverbrauch schließen lässt. Der aufmerksame Besucher findet in der Nähe der Garage mit dem Hinweis auf das neue Palo Alto und erneuerbare Energien nur ein Haus mit einer Solaranlage, obwohl die Sonne hier im Dauerabonnement scheint und Kalifornien zunehmend unter Wassermangel und Trockenheit bis zur Dürre leidet.

Diese Garagengründung wird immer wieder als Musterbeispiel für den Pioniergeist angeführt und gern auch auf andere Firmen übertragen, angefangen von Apple bis zu heutigen Gründern. Das Startkapital der beiden Studenten und jetzigen weltgrößten Computercompany wird noch heute mit exakt 538 Dollar angegeben. Als erste Kunden kauften die Walt-Disney-Studios für den Trickfilm „Fantasia" acht Tonfrequenzgeneratoren, wie Wikipedia verrät. Rund siebzig Jahre später[133] betrug der Umsatz im Jahr 2007 nach Forbes fast 92 Mrd. US-Dollar (laut Angaben von Wikipedia sogar über 104 Mrd. US-Dollar). Dieser kometenhafte Aufstieg hing natürlich auch mit der enormen Nachfrage nach neuem elektronischem Kriegsgerät zusammen. W. K. Müller-Scholz betont richtig, was bei manchen Autoren vergessen wird: „Der Zweite Weltkrieg erwies sich für das Silicon Valley als Vater aller Dinge: nicht nur für Hewlett-Packard. Weil San Francisco der zentrale Kriegshafen für die Pazifikflotte war – im Zweiten Weltkrieg ebenso wie in den nachfolgenden Korea- und Vietnamkriegen – blieben viele Soldaten nach dem Ende der großen Schlachten an der kalifornischen Westküste hängen, besonders Techniker und Ingenieure …"[134]

Weltweit bekannt wurde Hewlett-Packard durch den ersten wissenschaftlichen Taschenrechner, den HP 35, der im Jahr 1972 auf den Markt kam, sowie den 1980 auf den Markt gebrachten 1. Personalcomputer. Mit dem 1984 für Privatkunden entwickelten ersten Tintenstrahldrucker besetzte HP jenen Markt, aus dem die meisten heute das Unternehmen kennen – modernste Drucktechnologien für Privat- und Firmenkunden. Durch den 2002 erfolgten Kauf von Compaq vergrößerte sich der Einfluss im Computerbereich noch mehr, wobei besonders der Druckerbereich heute erfolgsbestimmend, wenn auch umstritten ist, weil das eigentliche Geschäft über laufend nachzukaufende Tinte und Toner läuft. HP hat hierzu Technologien entwickelt, die in der EU wettbewerbsrechtlich umstritten sind, weil sie den Wechsel zu anderen Herstellern verhindern sollen. Die Technologien sind aus datenschutz- und wettbewerbsrechtlichen Gründen umstritten und teilweise in der EU ab 2007 als Wettbewerbsverhinderung untersagt. Weniger öffentlich ist der Bereich Softwaretechnik. Mit OpenView wurde eine Software entwickelt, die unter anderem zur Überwachung von kommerziell genutzten Computern eingesetzt wird, aber auch der Erstellung von Datensicherungen dient. Hervorzuheben sind die jährlichen Investitionen in Forschung und Ent-

---

133 Oft wird als eigentliches Gründungsjahr von HP 1939 angegeben.
134 vgl. Müller-Scholz, W. K., Inside Silicon Valley, Ideen zu Geld machen, Wiesbaden, Gabler Verlag 2000, S. 85

wicklung, für die allein 3,5 Mrd. US-Dollar ausgegeben werden. Sie richten sich heute nicht mehr auf technologische Fortschritte, sondern schließen in wachsendem Maße ökologische neue Fragestellungen und Herausforderungen ein. Nach Angaben von Forbes zählt die Gründungsfirma des Silicon-Valley-Aufschwungs heute zu den „10 green giants" der Welt. Das überrascht viele Analysten, denn jahrzehntelang sah es keineswegs so aus, dass der langjährige Industrieführer des Silicon Valley eine Vorreiterrolle in Ökosensibilität übernehmen würde.

„The fact is, as more of modern life goes digital, the environmental impact of those computers and gadgets has gone from negligible to considerable. Hewlett-Packard has done the most to mitigate that. HP owns massive e-waste recycling plants, where enormous shredders and granulators reduce four million pounds of computer detritus each month to bite-sized chunks – the first step in reclaiming not just steel and plastic but also toxic chemicals like mercury and even some precious metals. HP will take back any brand of equipment; its own machines are 100 percent recyclable. It has promised to cut energy consumption by 20 percent by 2010. HP also audits its top suppliers for eco-friendliness, and its omnibus Global Citizenship Report sets the standard for detailed environmental accountability."[135]

Die Gesamtstrategie von HP verfolgt damit über die bekannten wirtschaftlichen Wachstumsziele hinaus neue grüne Ziele, die sich drei großen Bereichen zuordnen lassen.[136]

1. Energieeinsparungen beim Gebrauch von Computern und Computertechnik aller Art

2. Rücknahme und Recyclingtechnologien für gebrauchte Computertechnik

3. Ökoauditierung und Kontrolle sowie Reduzierung des CO_2-Ausstoßes zur Reduktion von Treibhausgasen

Im ersten Bereich, der Erhöhung der Energieeffizienz, ist HP nicht die erste Firma, aber doch inzwischen auch gegenüber IBM und Dell tonangebend. Immer deutlicher zeichnet sich ab, dass die Computertechnologie insgesamt hohen Anteil am CO_2-Anstieg der Erdatmosphäre hat. Nach Schätzungen erreichen sie bereits die Werte der Luftfahrt insgesamt, also rund 3 % weltweit. Eine genaue Übersicht der weltweiten Branchenanteile gibt es allerdings noch nicht. Daher haben sich die großen Computerfirmen dieser Thematik besonders angenom-

---

135 vgl. Ryan, Oliver, http:/money.cnn.com/galleries/2007/fortune/0703/;
    Aufruf vom 23. März 2008

136 vgl. Source: OpinionWire by Butler Group www.butlergroup.com;
    Aufruf vom 12. April 2008

men. Einen zentralen Schwerpunkt stellt der hohe Energieverbrauch der Daten-
und Serverzentren dar. Die Firmen AMD, HP, IBM, Intel, Microsoft und Sun
haben gemeinsam ein „Green Grid Consortium" gebildet, um die Energiekosten
drastisch zu senken. Wie sie sich verändert haben und voraussichtlich noch erhöhen werden, zeigt Abbildung 6.[137]

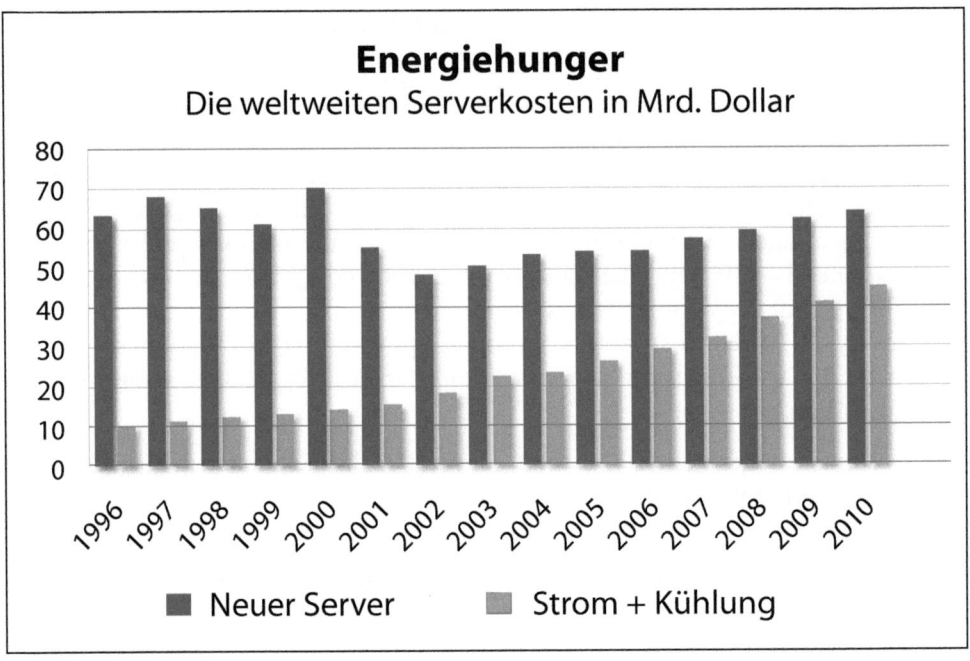

Quelle: IDC
Abbildung 6: *Weltweite Serverkosten*

Eine solche gemeinsame Initiative von im Grunde genommen konkurrierenden
Firmen des Silicon Valley ist typisch für die Vorgehensweise, weil man sich von
gemeinsamen Entwicklungen oft mehr verspricht als von getrenntem und ge-
heimen Vorgehen. Die neuen globalen Herausforderungen des Klimaschutzes
haben diesen Gemeinschaftsgeist gefördert, denn die Atmosphäre ist nicht teil-
oder privatisierbar. Hewlett-Packard verfolgt beispielsweise den Weg, die Kühlsysteme der Computer entschieden zu verbessern. Das dazu entwickelte System
wird „Dynamic Smart Cooling" genannt. Es verbindet Temperatursensoren mit
den Lüftern so, dass die kühle Luft zeitweilig direkt auf jene Serverteile gerich-

---

137   vgl. http://www.economist.com/business/displaystory.cfm?story_id=8781435;
      Aufruf vom 3. April 2008

tet wird, die abgekühlt werden müssen. Hierzu sind noch entsprechende Standards zu entwickeln und Sicherheitsgarantien sowie intelligente Vernetzungen zur Verständigung zum Kühlbedarf einzubauen, aber die prinzipielle Richtung stimmt. Ergebnisseitig werden durch solche dynamischen intelligenten Kühlsysteme 25 bis 40 % Energieeinsparungen erwartet.[138]

Die Chiphersteller gehen daran, die Leistung pro Watt zu erhöhen und bauen praktisch Energiesparmodule in die Leistungskonfiguration ein. Die neuen „Multi-Core Chips" gehen von Dual zu Quadro-Core Chips und erhöhen dadurch die Leistung pro Watt um den Faktor 4,5. Zugleich wird nach Lösungen dafür gesucht, den Transfer von Wechsel- zu Gleichstrom zu minimieren oder ganz und gar auszuschalten, um unnötigen Energieverbrauch zu vermeiden. Jeder kennt das aus dem privaten Bereich, wenn er einmal das Warmlaufen der mit jedem Laptop verbundenen Minitransformatoren aufmerksam beobachtet. Der Stromverbrauch vieler Datenverarbeitungszentren hat sich in den letzten fünf Jahren verdoppelt und nicht umsonst stellen viele Computermessen ihre neuen Geräte unter dem Motto „Green IT" aus. Immer mehr Firmen beklagen, dass schon 10 % der Technologiekosten von den Stromkosten bestimmt werden, mit wachsender Tendenz. Das notwendige Going Green im Sinne weiterer Absenkens des Stromverbrauchs wird ferner dadurch notwendig, dass die wachsende Zahl von „Second Life"-Residenten im Computernetz zwar keinen realen Körper hat, aber sehr wohl ökologische Fußstapfen bei jedem Einloggen in die virtuelle Welt hinterlassen. Die eigenen Computeranimationen benötigen nun mal ganz erhebliche Mengen an Strom.[139] Erst in letzter Zeit wurde deutlich, dass auch jede Suchanfrage im Computer mit Energieverbräuchen verknüpft ist, wie noch ausführlicher im Abschnitt über Google gezeigt wird.

Hewlett-Packard lenkt seine Anstrengungen zur Verringerung der Energieverbräuche über die Erhöhung der Energieeffizienz hinaus auf die Verbesserung der Energieeffektiviät. Dazu geht es zunächst um den Einsatz energieeffizienterer, also sparsamer Geräte aller Art. Dieser Schritt ist einfach und wird im Allgemeinen als erster gegangen. Im zweiten geht es um die gesamte Organisation der Abläufe und die dadurch möglichen Einsparungen. Wenn energieintensive Technik nur 10 % statt 70 % in Betrieb ist, verliert die Firma zwangsläufig viel Geld. An dritter Stelle steht die Effektivität, beispielweise von Dienstreisen. Wenn es nach HP-Meinung gelänge, das Verhalten der Menschen zu verändern, könnten auf diesem Wege die wirksamsten Einsparungen erzielt werden. So wurden durch HP beispielsweise 13 weltweite HVCS (Halo Virtual Collaboration Studios) eingerichtet. HVCS sind hocheffektive virtuelle Meetingfacilities,

---

[138] vgl. ebenda
[139] vgl. The Economist, 1. März 2007

die ohne Zeitverzögerung mit hohem Echtheitseffekt Telefonkonferenzen ermöglichen. Dadurch allein wurden die Reisekosten um 8 % und die CO_2- Belastungen der Atmosphäre um 32 Tonnen gesenkt.

Zu HPs schon erwähnten besonderen Ökoleistungen gehören die Wiederverwendung von Produkten bzw. Bauteilen und das Recyceln. Diese Strategie wird bereits seit 1987 verfolgt und zielt auf alle Produkte und deren gesamte Lebensdauer. Durch Standardbauteile für alle HP- Produkte hat sich die Lebensdauer erhöht und die Effektivität der Produktion ebenfalls. In mehr als 40 Staaten wurden darüber hinaus Recyclingzentren aufgebaut und steht das Wiedergewinnen von wertvollen Rohstoffen der Computer oder Drucker im Mittelpunkt.

Schließlich bemüht sich HP, wie im Grunde genommen viele andere Firmen auch, das Supply-Chain-Management ökologisch zu verbessern. Seit 2002 gibt es eine stärker auf soziale und ökologische Konsequenzen orientierte Verantwortlichkeit für die gesamte Lieferkette. Das schließt auch ethische Aspekte sowie die Gesundheitsfürsorge für die Mitarbeiter ein, insgesamt orientiert an den eigenen HP-Standards. Zusätzlich gab der Konzern im November 2007 bekannt, dass er verstärkt mit dem World Wildlife Fund der USA zusammenarbeitet, um die globale Erderwärmung durch Treibhausgase aus den eigenen Gebäuden eindämmen zu helfen. Die konkreten Ziele wurden fixiert und zugleich Vereinbarungen zum Einsatz der jeweils bestgeeigneten Technologien zur Senkung des Energieverbrauchs in den eigenen bzw. geleasten Facilities getroffen.

Auch wenn HP damit nach Auffassung von Greenpeace unter den Computerfirmen mit ökologischem Engagement nicht an erster Stelle steht, ist bemerkenswert, dass die Gründungsfirma des Silicon Valley sich in den letzten Jahren immer mehr um diese Thematik bemüht und neue Anstrengungen unterstützt.[140] Diese Führungsrolle gegenüber anderen Silicon-Valley-Firmen soll ausgebaut werden. Selbst wenn man unterstellt, dass ein Teil der Aktivitäten vor allem aus Marketinggründen erfolgt, bleiben neue Initiativen im Going Green mit Vorbildfunktion.

Praxistipps:

Immer wieder vom Start in der Garage lernen, dass unter allen Umständen aus kleinsten Anfängen Großes entstehen kann!

Garagendenken für flexibles und schnelles Reagieren immer wieder neu wecken und energisch durchsetzen helfen!

---

140 vgl. http://www.greenpeace.org/international/campaigns/toxics/electronics/how-the-companies-line-up-6; Aufruf vom 15. Mai 2008

> Schnelle Verfahren und schnelle Strukturen zum Verändern der Geschäftsgrundlagen aus Nachhaltigkeitssicht aufbauen!
>
> Weniger darüber grübeln, wo bei komplexen neuen Fragen wie der Reduktion des CO_2-Ausstoßes anzupacken ist, als an einem Punkt einfach anzufangen, wie dem Energieverbrauch!

Ein reifer Apfel wird grün

Apples Geschichte zählt wie viele andere zu den Tellerwäscherstorys der USA – aus dem Nichts heraus entstand mit am Anfang nicht viel mehr als einer Idee ein Imperium. Wie in allen Fällen steckte dahinter ein genialer Kopf, der sich niemals von seiner Idee und von seinem Glauben an den Erfolg abbringen ließ.

Die Geburt Apples ist die Geschichte von Stephan Wozniak und Steve Jobs – zwei Firmengründern, wie sie unterschiedlicher nicht sein könnten: der eine vom Typ stiller Bastler, der andere der große verkaufstalentierte Visionär. Der damals dritte Mitbegründer Ron Wayne verließ Apple, bevor die Entwicklung der Firma richtig interessant wurde und kann daher hier vernachlässigt werden. Die 32-jährige Geschichte von Apple war immer geprägt von Berg- und Talfahrten, von genialen Ideen und von fatalen Irrtümern.

Der Name Apple entstand seinerzeit mehr aus einer Drohung heraus, die Steve Jobs ausgesprochen hatte, weil niemandem ein passender Name für ihre Computerfirma eingefallen war.[141] Dabei ist es dann geblieben.

Die Anfänge von Apple gestalteten sich, wie bei den meisten Garagenfirmen, sehr mühsam. Der Apple I war ein Computer für Bastler. Er kostete damals sensationelle 666 Dollar und wurde hauptsächlich auf dem Versandwege angeboten und natürlich auf den Elektronikmessen in Kalifornien. Erst der Apple II, dessen Entwicklung aus dem Apple I heraus finanziert wurde, brachte der kleinen Firma den Durchbruch. Er gilt noch heute als der erste erfolgreiche Personal-Computer. Mehr als zwei Millionen Exemplare wurden bis 1985 verkauft.[142] Schon damals trieb Steve Jobs seine zahlreichen Mitarbeiter unermüdlich an und Apple wurde sehr schnell zum strahlenden Stern im jungen Silicon Valley.

Der richtig große Geniestreich jedoch gelang ihnen mit der Umsetzung einer Idee, die sie bei Rank Xerox entdeckten: einer grafischen Bedienungsoberfläche, der so genannten GUI, dem „graphical user interface". Neben den grafischen

---

141 vgl. Kahney, Leander, Inside Steve's brain, Kindle edition 2008
142 vgl. Gartz, Joachim, Die Apple Story, Smart Books 2005

Bedienungselementen war die „Maus" als „Zeigeinstrument" die wirklich herausragende Innovation. Abgeleitet vom Aussehen eines Schreibtisches wurden
diese beiden Elemente das herausragende Bedienungselement für Computer, was
bis in die heutige Zeit das Grundprinzip jedes PCs geblieben ist. Steve Jobs war
mehr als nur fasziniert von dieser damals vollkommen neuen Form der Bedienung eines Computers. Fanatisch trieb er die Entwicklung eines eigenen neuen
Computers mit einer solchen Bedienungsoberfläche und mit einer „Maus" voran.
Der erste verkaufsfähige Computer, die LISA, benannt nach Steves damaliger
großen enttäuschenden Liebe, kam 1983 auf den Markt und wurde ein riesiger
Flopp. „Zu teuer" lautete das einhellige Urteil und es schien damals das Ende
von Apple einzuläuten. Als sich der Misserfolg nach wenigen Monaten abzeich-
nete, ließ Steve Jobs sofort eine abgespeckte Version der LISA entwickeln, um
einen marktgerechten Preis realisieren zu können und das war die eigentliche
Geburtsstunde des Macintosh. Der Apple Macintosh ging in die Geschichte der
Computer ein als der erste wirklich leicht zu bedienende Computer, der Computer für jedermann. Hätte Rank Xerox seine Benutzeroberfläche PARC nicht als
reines Forschungsprojekt betrachtet, die Geschichte wäre sicherlich anders verlaufen. So aber sicherte sich Steve Jobs die Rechte an dieser Form der Bedie-
nungsoberfläche und Apple wurde zum Wunderkind des Silicon Valley. Fast alle
Entwicklungen, die in die heutigen Bedienungsoberflächen der Betriebssysteme
einfließen, basieren auf den Patenten und Entwicklungen des frühen Apple-
Systems. Ein wesentlicher Bestandteil des Erfolges von Apple basierte auf den
rigiden Human Interface Guidelines, die Steve Jobs für alle Softwareentwickler
ausgab, die Software für den Macintosh schreiben wollten. So stellte er über
Jahrzehnte hinaus sicher, dass jeder sich an die Grundlagen und Richtlinien des
Apple-Betriebssystems hielt. Von diesen Richtlinien profitierten vor allem die
Anwender, die so sicher sein konnten, dass jedes Apple-Programm sich auf die
gleiche Art und Weise bedienen ließ. [143]

Apple war trotz seines Erfolges auch immer bekannt als ein Unternehmen, das
nicht sehr zaghaft mit Mitarbeitern und Konkurrenten umging. Von seinen Visionen getrieben, forderte Steve Jobs von seinen Mitarbeitern Höchstleistungen
und mit seinen Konkurrenten ging er ebenfalls nicht gerade zimperlich um.

Mitte der achtziger Jahre führte dies zu harten internen Machtkämpfen im Hause
Apple. Der Verlierer hieß Steve Jobs, der daraufhin 1985 Apple verließ. Die
Nachfolger von Steve Jobs konnten jedoch nicht verhindern, dass Apple Mitte
der neunziger Jahre in seine größte Krise stürzte.

---

143 vgl. Jobs, Steve, Think different, Twenty First century Books 2001

Apples Konzept hatte längst Konkurrenz bekommen und Microsofts Windows 3.11 wurde zusammen mit dem PC zum größten Konkurrenten. Apples System war ein geschlossenes, während Microsoft unter Bill Gates sich clever alle Türen offen hielt und somit ihr eigenes grafisches Betriebssystem auf allen Rechnern, die einer bestimmten Grundkonfiguration entsprachen, lauffähig war. Aus dieser Offenheit bei der Wahl der Hardware erwuchs ein gnadenloser Konkurrenz-kampf der Hardwarefirmen und damit fiel der Preis des PCs im Vergleich zum Apple ins Bodenlose. Apple hatte die wichtigste Entwicklung verschlafen, näm-lich sich für den Massenmarkt zu öffnen.

So hatte Apple die schwierige Aufgabe vor sich, einen neuen Weg zu finden, der ihm den Glanz zurückbrachte, den der Macintosh früher ausgestrahlt hatte. Steve Jobs ging seine eigenen Wege und gründete die Firma NeXT, in der er seinen Traum von einem Computer mit revolutionärer grafischer Oberfläche realisieren wollte. Er wollte die damals bereits antiquiert anmutende Apple-Bedienungs-oberfläche und vor allem auch Windows 3.11 um Längen schlagen und widmete sich der Entwicklung einer auf Unix basierenden völlig neuen Form der Bedie-nungsoberfläche. Gleichzeitig ließ er einen Rechner entwickeln, der durchaus das Zeug hatte, als Meilenstein in die Geschichte einzugehen. Der Markterfolg blieb jedoch aus, denn die Vorherrschaft der windowsbasierten Rechner war auch mit dieser technischen Innovation nicht mehr zu brechen. Apple selbst blieb erfolglos und bis Mitte der neunziger Jahre sah es so aus, als würde der einstige Stern des Computermarktes für immer erlöschen. 1995 kaufte Apple mit einem überraschenden Deal die Firma NeXT und Steve Jobs kehrte 1997 als CEO zum Unternehmen Apple zurück. Das Auf und Ab dieser begnadeten Ideenschmiede begann sich zu wandeln und Apple konzentrierte sich auf seine Kernkompetenzen, innovative einfach zu bedienende Lifestyle-Computer zu bauen.[144]

Im Jahr 2001 folgte die Präsentation des iPod, eines MP3-Players für den Mas-senmarkt. Edles Styling, einfachste Bedienung und eine eigene Software, um den MP3-Spieler mit Musik zu füttern, begründeten den Erfolg, der Apple zu einer zweiten Geburtsstunde verhalf.[145]

Bei allen Erfolgen hielt Apple von ökologischem Engagement in all den Jahren nicht besonders viel. Die gesamte Entwicklung Apples zeigt eines der großen Probleme auf, mit denen sehr viele IT-Unternehmen in den letzten Jahrzehnten zu kämpfen hatten. Das Überleben und sich Konzentrieren auf innovative Pro-dukte ließ kaum Spielraum für ökologische Experimente. So zwang der Markt

144 vgl. www.Brockhaus.de
145 vgl. Die iPod Story Discovery chanel 2007

Apple in all den Jahren dazu, so preiswert wie möglich zu produzieren, was gerade bei den enorm hochgesteckten Qualitätszielen von Apple nicht einfach ist. Apple-Produkte werden seit langem überwiegend in Asien gefertigt. In der Nähe von Hongkong hat die taiwanesische Foxconn AG die gesamte Auftragsfertigung für Apple übernommen. Im Jahr 2006 wurde gerade dieses Unternehmen wegen seiner unmenschlichen Arbeitsbedingungen angeprangert. Damit wurde Apple erstmals öffentlich gezwungen, Stellung zu beziehen, und, um größerem Imageverlust vorzubeugen, entsprechend zu handeln. Apple räumte Defizite ein und versprach Besserung, was jedoch Greenpeace nicht davon abhielt, Apple auf ihrer internen Rankingskala auf den letzten Platz bei umweltbewussten Unternehmen zu setzen. Jedoch stellte sich mittlerweile heraus, dass Greenpeace eigentlich nicht Apple anklagt, sondern vielmehr allgemein die Computerindustrie, die in ihrem gesamten Fertigungsprozess sehr stark mit umweltschädlichen Materialien und Arbeitsweisen konfrontiert ist.[146] Angesichts der stetig weiter fallenden Hardwarepreise ist es heute durchaus eine Kunst, noch hohe Gewinne einzufahren und erst recht seine Fertigung auf nicht umweltschädliche Bauteile umzustellen, denn die daraus resultierenden höheren Preise müssten zuerst einmal die Endverbraucher bezahlen. Eine solche Vorgehensweise würde natürlich nur dann funktionieren, wenn alle Hersteller sich dazu verpflichten würden. Der Vormarsch eines Einzelnen würde diesen angesichts des Preiskampfes schnell vom Markt verdrängen. Trotz dieser Bedenken hat Apple den Schritt in die richtige Richtung gewagt. Da Apple nie zu den Billiganbietern gehörte, sondern sich heute eindeutig an Lifestyle und Exklusivität orientiert, ist das Going Green von Apple auch marketingstrategisch der richtige Weg.

Auf der Apple Webseite findet heute jeder, der danach sucht, eine genaue Beschreibung des ökologischen Bewusstseins, das Apple sich auf seine Fahne geschrieben hat. Die überwiegende Verwendung von schädlichen Stoffen wie Asbest, Blei, Cadmium, chlorierten und bromierten Stoffen ist eines der größten Probleme der gesamten Computerindustrie. Apple ist sich dieser Tatsache durchaus bewusst und hat den Einsatz dieser Materialien mittlerweile stark eingedämmt oder sogar vollständig aus seiner Produktion verbannt. Ein Schritt, der zwar sehr viel Geld verschlungen hat, jedoch nachhaltig zu einem großen Imagegewinn beitragen wird.[147] So wird Apple nun schrittweise zum grünen Apfel und die Aussagen über die Strategie sind eindeutig.

Seit 2006 stellt Apple keine CRT (Röhrenmonitore) mehr her und verzichtete bereits vor Inkrafttreten der europäischen Batterierichtlinien auf den Einsatz von Blei. Bromhaltige Flammschutzmittel, bislang überall üblich bei der Produktion,

---

[146] vgl. www.greenpeace.org 2005
[147] vgl. http://www.apple.com/de/environment 2006-2008

sollen bis Ende 2008 vollständig der Vergangenheit angehören. Dies wird vor allem erzielt durch die gesteigerte Verwendung von Aluminium bei den Gehäusen, die einen zusätzlichen Flammschutz überflüssig machen. Auch auf den Einsatz anderer Stoffe, wie polybromierter Biphenyle (PBB) und polybromierter Diphenylether (PBDE), hat Apple bereits lange vor der Rechtsgültigkeit entsprechender Verordnungen verzichtet.[148]

Bei solchen Maßnahmen tritt ein weiteres Problem zutage, mit dem sich viele Computerhersteller heute konfrontiert sehen. Da der Einsatz vieler giftiger Stoffe bereits seit Jahren auch nicht mehr wirtschaftlich war, wurde auf sie verzichtet, jedoch ohne dies an die große Glocke zu hängen. Damit wurde natürlich eine große Marketingchance vertan, mit der man sich schon Jahre zuvor einen „grünen Anstrich" hätte geben können. Stoffe wie Dekabromdiphenylether (DeBDE) sind immer noch erlaubt, kommen aber in den Apple Produkten längst nicht mehr zum Einsatz. Auch auf den Einsatz von Beryllium will Apple mittelfristig verzichten. Bislang ist er noch unerlässlich, um die Zuverlässigkeit interner Komponenten zu sichern, doch Apple wird auch an diesem Versprechen gemessen werden. Der PVC-Anteil aller Kunststoffteile wurde drastisch reduziert und findet sich, wenn überhaupt, nur noch in Teilen mit einem Gewicht über 25 Gramm wieder und leider immer noch in den Kabelummantelungen. Doch auch hier bemüht sich Apple um Einflussnahme, um PVC ganz aus der Produktion zu verbannen, was bislang jedoch einfach an den Industriestandards scheitert.[149]

Dass moderne LCD-Bildschirme Arsen beinhalten, dürfte kaum bekannt sein, doch ist Arsen bislang ein wichtiger Bestandteil, um Glasdefekten vorzubeugen. Apple brachte bereits 2007 die ersten Monitore auf den Markt, die vollständig auf den Einsatz von Arsen verzichten, und verspricht bis Ende 2008 die Verwendung komplett einzustellen.

Das öffentliche Bekenntnis zur Reduzierung all dieser Stoffe macht erst die Gratwanderung moderner Computerfirmen deutlich. Den meisten Konsumenten war bislang überhaupt nicht bekannt, welche wirklich giftigen Stoffe die kleinen elektronischen Helfer beinhalten. Erst die allgemeine Klimadiskussion gestattet es jetzt, ohne Imageverlust darüber zu reden. So wird die Ankündigung des Verzichts auf gewisse Stoffe zunehmend zum Marketingargument und verspricht den Konsumenten, ein reines Gewissen haben zu können, wenn sie die entsprechenden Produkte kaufen. Moderne LCD-Monitore haben die alten Röhrengeräte längst verdrängt, jedoch war dies ein äußerst weiter und steiniger Weg. Lange Zeit waren LCD-Monitore einfach zu teuer und die technischen Anstrengungen

---

148   vgl. http://www.apple.com/de/environment; Aufruf vom 24. Juni 2008
149   ebenda

für mehr Attraktivität enorm. So wurde bei den neuen Monitoren immer auf die Strahlungsarmut hingewiesen, aber nie darauf, dass sie auch Materialien wie Arsen oder Quecksilber enthalten. Quecksilber wird vor allem für die Hintergrundbeleuchtung von LCD-Monitoren verwendet und die Forschungen, um dieses durch andere umweltschonende Materialien zu ersetzen, laufen noch. Auch hier verspricht Apple, die Verwendung „in absehbarer Zeit" ganz einzustellen. Ein relativ nichtssagendes Versprechen, das aber angesichts der aufwändigen Fertigungsmethoden von LCD-Monitoren nicht allein auf Apples Schultern lastet. Ein kleiner, aber nicht unwichtiger Schritt ist in dieser Hinsicht sicherlich, dass Quecksilber bei den iPod- Produkten bereits nicht mehr zum Einsatz kommt. Ersetzt werden soll Quecksilber durch einen kompletten Wechsel hin zur LED-Hintergrundbeleuchtung, die heute in immer mehr Produkten als das umweltverträglichste Leuchtmittel der Zukunft betrachtet wird.

Die Abhängigkeit der Unternehmen wie Apple von Zulieferern stellt, was die Verwendung umweltverträglicher Stoffe anbelangt, eine große Hürde dar. Denn nur wenn alle Abnehmer sich darüber einig sind, nur noch „grüne" Produkte abzunehmen, kann auch der Zulieferer seine Produktion kostenneutral umstellen und entsprechende Entwicklungen vorantreiben. Solange jedoch vielen Abnehmern, vor allem den Billiganbietern, die Inhaltsstoffe gleichgültig sind, kann es keine massive Reduzierung der Schadstoffe geben. Hier ist einmal mehr der Gesetzgeber gefragt, denn erst wenn entsprechende Verordnungen vorliegen, gibt es keine Ausflüchte mehr. Von dieser Seite aus betrachtet, machen die unzähligen Verordnungen absolut Sinn und unterstützen im Endeffekt auch die IT-Unternehmen, die das Going Green ernst nehmen wollen und tatkräftig unterstützen.

Ebenfalls ein Schritt in die richtige Richtung ist die Aufstellung von entsprechenden Verhaltensrichtlinien – ein Metier, in dem sich Apple bestens auskennt. Alle Bereiche des Unternehmens waren von Anfang an streng reglementiert und es gab nicht nur für die Softwareentwicklung, sondern auch für das Verhalten der Mitarbeiter und Zulieferer strenge Regeln. So gibt es eine klare Verhaltensrichtlinie für Zulieferer, der sich all jene unterwerfen müssen, die mit Apple zusammenarbeiten wollen. Wichtigster Aspekt hierbei ist nicht nur eine umweltverträgliche Fertigung, sondern auch humane Arbeitsrichtlinien in den Zulieferbetrieben. Die Arbeitsbedingungen waren für Apple, angesichts der Fertigung in Asien, immer schon ein Thema und seit der eingangs erwähnten Bloßstellung der taiwanesischen Fertigungsfabrik wurden diese Richtlinien noch weiter verschärft. Dass dies auch aus eigenen wirtschaftlichen Aspekten heraus erfolgt, vermag man keinem Hersteller vorzuwerfen. Denn nichts wäre schädlicher für das Image eines Unternehmens wie Apple, als wenn im gleichen Atemzug Menschenrechtsverletzungen wie Kinderarbeit oder Ausbeutung genannt würden.

Nicht nur der Verzicht auf toxische Chemikalien oder massive Energiever-schwendung bedeutet einen großen Beitrag zur Umweltverträglichkeit, sondern auch die Einhaltung der Menschenrechte fördert das Image der Branche.

Mit der Vorstellung des Apple MacBook Air Anfang 2008 beweist Apple die Ernsthaftigkeit seiner „grünen" Bemühungen. Dieses vollkommen neue Note-book kann sich nicht nur rühmen, das flachste Notebook der Welt zu sein, son-dern auch konsequent die Verwendung giftiger Materialien reduziert zu haben. Es gilt aus technischer und auch aus ökologischer Sicht als echte Innovation und stellt den erfolgversprechenden Anfang dar, sich ganz dem Thema „ökologisch vertretbar" zu verschreiben.[150]

Die meisten Hersteller der Computerindustrie widmen sich bereits einem weite-ren wichtigen Bereich. Denn neben den verwendeten Bauteilen stellte bislang die aufwändige, kostenintensive und meist schadstoffbelastete Verpackung der Geräte ein ebenso großes Manko dar. Stellten die früheren Verpackungen aller Apples kostspielige Spiegel des luxuriösen Inhalts dar, so hat auch Apple hier konsequent den Weg in Richtung Zweckmäßigkeit beschritten. Apples Verpa-ckungen sind heute trotzdem noch schön, edel und vielversprechend, jedoch ist der Anteil an schädlichen Substanzen auf Null gesunken. Voll recycelbar scheint Apple damit der Spagat gelungen zu sein, dem Konsumenten sein teures Lifesty-le-Produkt auch entsprechend zu verpacken und doch gleichzeitig auf alles Un-nötige zu verzichten. Die Konsumenten selbst, also jene, die auf der einen Seite eine wunderschöne Verpackung für ihr teures Produkt erwarten, auf der anderen Seite aber über ökologische Fehltritte eben jener Hersteller schimpfen, bestim-men den Grad des Verzichts mit.

Ein wichtiger weiterer Aspekt der grünen Verträglichkeit bei allen Computern ist mittlerweile die Recyclefähigkeit. Angesicht der Unmengen an Computerschrott gehört dies ebenfalls zu den wichtigen Bestandteilen der Ökobilanz und Beiträ-gen des Klimaschutzes. Nach eigenen Aussagen startete Apple bereits 1994 ein eigenes Recycling-Programm. Dieses greift mittlerweile in 93 % aller Länder, in denen Apple-Produkte verkauft werden. Wurden 2006 schätzungsweise 9,5 % recycelte Werkstoffe eingesetzt, so soll dieser Anteil in diesem Jahr (2008) bereits bei 20 % liegen. Dies entspräche der doppelten Menge im Vergleich zu Herstellern wie Dell oder HP. Eigene Rücknahmeprogramme helfen Apple bei diesem ehrgeizigen Vorhaben. So kann heute jeder iPod-Nutzer seinen alten oder defekten iPod in Apples Verkaufsstellen zurückgeben. Dafür erhält der Kunde beim Kauf eines neuen iPod sogar noch einen Rabatt von 10 %.[151]

---

[150] vgl. http://www.apple.com/de/environment; Aufruf vom 24. Juni 2008
[151] vgl. http://www.apple.com/de/environment/recycling; Aufruf vom 24. Juni 2008

Angesichts all dieser Aktivitäten mag es doch recht befremdlich wirken, wenn Umweltschutzorganisationen oder Presse ständig einzelne Computerhersteller an den Pranger stellen, denn die Probleme, die hinter dem geforderten ökologischen Bewusstsein stecken, sind um ein Vielfaches komplizierter zu entflechten als auf den ersten Blick angenommen.

Praxistipps:

Gerade erfolgreiche Markenhersteller dürfen sich nicht für mangelndes Umweltengagement entschuldigen, sondern müssen Vorbild werden!

Mit Risikovorschau sollten neue Regulierungsvorschriften vorbeugend erkannt und angenommen werden. Es gibt für niemanden Entschuldigungen für Inaktivität!

Das Klima öffentlicher Meinung kann bei Vernachlässigungen des Umweltschutzes erheblich umschlagen und existenzbedrohend wirken!

Immer stärker aus Sicht der Anwender (= Kunden) die Frage einbeziehen, wie sich Umweltinvestitionen für den Nutzer lohnen!

Die alten Geschäftsmodelle anpassen und neue umweltfreundlichere Lösungen durchgängig von der Geburt bis zur Wiedernutzung gestalten!

Googles neue Green Strategy

Garagen scheinen eine geradezu magische Anziehungskraft auf amerikanische Firmengründer auszuüben, denn auch die Google-Story beginnt in einer Garage. Und zwar in der von Susan Wojcicki, die sich nach dem Kauf ihres 600.000-Dollar-Hauses entschloss, ihre Garage für 1.700 Dollar im Monat an die beiden Studenten Larry Page und Sergey Brin im Jahr 1998 zu vermieten. Ein Schritt, den sie wohl bis heute nie bereut hat, denn schon kurze Zeit später arbeitet sowohl Susan, als auch ihr Mann für die rasant wachsende Google Company. Im Frühjahr 2007 heiratete Susans Schwester Anne Sergey Brin.[152]

Zunächst stand bei den Firmengründern der Wunsch nach einem persönlichen, einfach zu nutzenden Recherchesystem, für das völlig unübersichtliche Internet im Vordergrund. Er trieb die beiden voran. Dass daraus innerhalb weniger Monate eine Suchmaschine wurde, die alles am Markt befindliche übertrumpfte, lag vor allem daran, dass die Google-Seite vollkommen werbefrei war. Gerade für Studenten, die allen materialistischen Zwängen von jeher kämpferisch gegen-

---

[152] vgl. http://www.validome.org/blog/news/Item-173 aus 2007

über standen, war das ein wichtiges Argument. Ein weiteres Argument für Google war von Anfang an die Suchgeschwindigkeit. Yahoo und Lycos, ebenso wie Altavista und AOL, boten nicht nur viel schlechtere Suchergebnisse, sondern benötigten viel zu lange, um diese darzustellen. Um den Erfolg und damit auch den später so gigantisch anmutenden Firmenwert zu verstehen, muss man erfassen, wie eine Suchmaschine und eine Webseite funktionieren.

Alle frühen Suchmaschinenbetreiber wie die oben genannten arbeiteten in den Anfängen mit „handgepflegten" Datenbanken, in denen die Webseiten gespeichert wurden. Um eine Webseite in eine Suchmaschine aufnehmen zu können, arbeitete ein Programm auf einem Rechner alle möglichen IP-Adressen des damaligen Internets ab. Die IP-Adresse, vergleichbar mit einer Telefonnummer, wurde automatisch angewählt und wenn eine Antwort in Form einer Internetseite kam, wurde diese Seite analysiert. Das Programm las den Programmcode und den gesamten Text, der auf der Seite enthalten war und zerlegte diesen Text in einzelne Worte, die dann mit einem großen Wörterbuch abgeglichen wurden. Ein spezieller, von Anfang an definierter Programmcodeteil mit dem Titel „metatags" diente als Richtlinie, um eine Webseite in den Suchmaschinenindex zu übernehmen. Die Betreiber der Webseite schrieben in diese „Metatags" alle Stichworte hinein, die sie mit dem Inhalt ihrer Seite verbanden. Diese Metatags wurden von den Suchmaschinenprogrammen mit dem Textinhalt verglichen, den man auf der Seite fand und die übereinstimmenden Begriffe wurden dann in die Datenbank der Suchmaschinen übernommen. Diese einfache, wie anfangs auch sehr effiziente Definition stieß jedoch sehr schnell an ihre Grenzen. Denn wenn auf die Eingabe eines Suchbegriffs 100.000 Antworten gefunden werden, dann lautet die Frage eines Webseitenbetreibers sehr schnell: Wie komme ich auf die erste Seite? Die Formel war einfach: Je mehr Metatags auch im Seiteninhalt vorkamen, desto höher rutschte die Seite in der Auflistung der Suchmaschinen. War dann auch noch der Domainname aussagekräftig, stand einer „first-page"-Platzierung nichts mehr im Wege.[153]

Doch gerade über diese Vorgehensweise der Suchmaschinen ärgerten sich immer mehr Internetnutzer, denn die ersten Seiten waren zunehmend gespickt mit vollkommen irrelevanten Inhalten, meist willkürlich mit vielen Tricks lanciert von überwiegend sexorientierten Webseitenanbietern.

Der Wunsch nach einem einfachen Recherchesystem, das auch noch schnell wirklich relevante Treffer liefert, wurde für unsere beiden Studenten zur fixen Idee. Schnell zeigte sich, dass die wirklich wichtigen Dinge wieder einmal ganz einfach waren. Man musste nur unterscheiden zwischen wichtigen und unwich-

---

153 vgl. Alby, Tom; Karzauninkat, Stefan, Suchmaschinenoptimierung. Professionelles Website-Marketing für besseres Ranking, Hanser 2007

tigen Seiten. Genau auf diesem Prinzip basierte das patentierte Page-Ranking-Prinzip, das eine Bewertung der gefundenen Webseiten vornahm. Um dieses System vollautomatisch einzubinden, ging man davon aus, dass eine Seite nur dann zu den wichtigen und nützlichen gehört, wenn besonders viele andere Seiten auf diese eine Seite in Form von Links (Verweisen) hinweisen. Mit dieser einfachen Lösung wurde die Suche auf einen Schlag um ein Vielfaches effizienter, weil alle wahllos platzierten Metatags ihre Bedeutung verloren, so lange die Seite nicht auch über entsprechende Verlinkungen zu dem jeweiligen Thema angesteuert wurde.[154]

Gerade in Zeiten, in denen ein Internetzugang vornehmlich über Modems abgewickelt wurde, war Zeit wirklich Geld. Wie gesagt, es dauerte nur wenige Monate und aus der kleinen Google-Idee wurde ein weltweiter Geheimtipp. Der Rest der Google-Story ist bereits Geschichte und Google selbst hat es nicht nur bis in die Geschichtsbücher geschafft, sondern das Wort googeln wurde 2004 offiziell in den Duden aufgenommen, als feststehender Begriff für die Suche im Internet mittels der Google-Suchmaschine.

Der Erfolg von Google basiert natürlich auf viel mehr Faktoren als nur dem Page-Ranking-Verfahren.[155] Dieses ist zum einen laufend weiterentwickelt worden und zum anderen gibt es darüber hinaus natürlich noch eine Vielzahl an anderen Faktoren, die zum Erfolg der Suchergebnisse und der wachsenden Firma Google beitrugen. Jedoch sind die Werbefreiheit der Webseite von Google und die Qualität der Suchergebnisse nach wie vor das Hauptaushängeschild.

Gerade in den Zeiten der großen Dot-com-Blase wurde Google sehr schnell der unangefochtene Marktführer. Geld verdient Google natürlich auch. Anfangs wurde „nur" die Google-Suchtechnologie an andere Suchmaschinenbetreiber lizenziert, heute jedoch basiert das Google-Imperium auf einer Vielzahl von Einnahmequellen. Im Jahr 2004 meldete Google einen Umsatz von 3,2 Mrd. Dollar und stellte dem 2,5 Mrd. Dollar Kosten gegenüber. Allein diese Summe zeigt, dass der Aufwand, den der Konzern mittlerweile betreiben muss, enorm ist. Nicht nur die 16.608 Mitarbeiter (Stand 2/2008) rechtfertigen solche immensen Ausgaben. Im Vordergrund steht der notwendige gigantische technische Aufwand.[156]

Genau diese Problematik ist es auch, die alle IT-Unternehmen heute vorantreibt. Um das zu verstehen, muss man die Technik und die daraus erwachsenen Probleme näher beleuchten. Google hat in seiner Suchmaschine heute mehr als 8

---

154 ebenda
155 vgl. Unternehmensdaten www.google.com 2008
156 ebenda

Mrd. Internetseiten gespeichert. Jede dieser Internetseiten benötigt in der Google-Datenbank ca. 10 Kilobyte, was nach allgemeingültiger Definition einer Datenmenge von 10.000 Zeichen entspricht. Jede Webseite wird komplett indiziert. Das bedeutet, dass die Suchbegriffe jeder Webseite physikalisch mindestens doppelt vorhanden sind. Um dieser gigantischen Flut an Daten Herr zu werden, verwendet Google heute circa 36 Rechenzentren weltweit, insgesamt ausgestattet mit ungefähr 60.000 Rechnern und einer Gesamtspeicherkapazität von ca. 50 Petabyte. Ein Petabyte entspricht 100.000 Gigabyte![157]

Dazu kommen noch unzählige PCs in den Niederlassungen, so dass man davon ausgehen kann, dass Google mittlerweile das größte verbundene Rechenzentrum der Welt betreibt. Wenn man bedenkt, dass jeder dieser verwendeten Rechner Strom verbraucht, wird klar, dass es sich hierbei nur um die Spitze des Eisberges handelt. Denn diese gigantischen Rechenzentren haben noch ein ganz anderes Problem. Jeder Rechner verbraucht Strom, viele Rechner auf engem Raum verbrauchen bei Google schätzungsweise pro Quadratmeter 1.600 W Strom und sie erzeugen natürlich eine immense Menge an Abwärme. Das bedeutet, dass sie gekühlt werden müssen. Der Stromverbrauch ist also ganz eindeutig auch der größte Kostenträger in der Erfolgsbilanz von Google. So wundert es nicht, dass für Google das Thema Umwelt und Ökologie auch aus wirtschaftlicher Sicht immer interessanter wird.

Im September 2007 berichtete die Tageszeitung „Die Welt" bereits ausführlich darüber, dass der CO_2-Ausstoß des Datennetzes bereits heute den des gesamten weltweiten Flugverkehrs übersteigt. Das Internet mit all seinen Facetten, Informationen und Spielen als Klimakiller? Zweifellos, denn wer es heute liebt, sich ökologisch und umweltbewusst zu verhalten, abends aber im Internet spielt, um z. B. im „Second Life" seiner zweiten Identität zu frönen, müsste direkt als Umweltsünder angeprangert werden. So haben clevere Rechercheure herausgefunden, dass jede virtuelle Identität im „Second Life" jährlich 1,17 Tonnen CO_2 produziert. Selbst wenn von den derzeit rund 11 Mio. Mitgliedern nur 50 % aktiv spielen, ergibt sich ein gewaltiger zusätzlicher Betrag. Der daraus erwachsende Zugzwang für alle Hersteller der IT-Branche führt nun endlich dazu, dass man sich weltweit ernsthaft Gedanken macht über den Energiehunger und die Materialien, die in den IT-Systemen heute verwendet werden.

Bevor die Unternehmen öffentlich an den Pranger gestellt werden, greifen sie immer häufiger selbst ein und präsentieren, nicht ohne Stolz, ihre vorrangigen Ziele, nämlich die Reduzierung des Stromverbrauches und die Achtsamkeit in Bezug auf die Verschwendung unserer globalen Ressourcen. Im Jahr 2005 ent-

---

[157] vgl. http://www.heise.de/tr/Geheimniskraemerei-bei-Google--/artikel/46973; Aufruf vom 28. August 2008

sprach der Gesamtstromverbrauch des Internets noch der Produktionsleistung von 20 Eintausend-Megawatt-Großkraftwerken, behauptet zumindest das Freiburger Öko-Institut. Für Google ein Problem, dem man sich bereitswillig stellt. Offen gehen sie gegen die Klimaerwärmung vor und sie zeigen auch auf, wie das geht. Forschungsetats von annähernd 100 Mio. Dollar markierten nur den Anfang. Sie forschen und investieren in saubere Energie. Ein cleverer Schachzug, denn der enorme Stromverbrauch lässt sich nur mit neuer, energiesparender Hardware realisieren und diese können sie nicht aktiv beeinflussen. Wie alle anderen sind sie in diesem Bereich abhängig von den Chipherstellern und den Produzenten von Computern. Anfangs spezialisierten sie sich auf die Nutzung von Sonnenenergie und Erdwärme, doch mittlerweile werden die Ziele immer ehrgeiziger. Was natürlich auch darin begründet ist, dass Google sehr schnell erkannt hat: Damit können wir Geld verdienen. „Wir wollen Strom billiger erzeugen als Kohlestrom." sagte Google-Gründer Larry Page in einem Interview. Wenn Google das gelingt, dann werden diese Investitionen nicht mehr von der Überzeugung getragen, sondern von rein wirtschaftlichen Faktoren.

Ein erster Schritt in diese Richtung vollzog sich bereits im Jahr 2006. Denn die Antwort auf die Frage nach Energieeinsparung ist auch gleichzeitig die Antwort auf die Frage „Wie senken wir unsere Kosten?" So wurde aus den Überlegungen zur Stromeinsparung recht schnell ein ehrgeiziges Projekt, das man in aller Ruhe am Firmenstammsitz austesten wollte. Für ein Unternehmen wie Google geht es vor allem darum, Geld möglichst sinnvoll zu investieren. Deswegen wurden zahlreiche Pläne auf ihre Machbarkeit hin geprüft, um dann den Startschuss für ein gewaltiges Solarprojekt zu geben.

Bereits heute produziert Google auf seinem Campus im kalifornischen Moutainview 1,6 Megawatt Strom aus Solarenergie. Der gesamte Campus, jedes Dach und selbst die Parkplätze sind übersät mit Solarzellen. So wird nicht nur kostengünstig Strom produziert, sondern auch das Aufheizen der Autos wird durch die solarüberdachten Parkplätze verhindert.[158]

Dieses Solarprojekt ist jedoch erst der Anfang. Sobald gesicherte Informationen über Kosten und Nutzen vorliegen, werden die Standorte der anderen Google-Dependancen wohl rasch folgen. Gerade die Rechenzentren sind prädestiniert für alternative Energiequellen – mit ein Grund, warum Google neben der Solarenergie auch die Erdwärme erforschen lässt. Denn der ideale Fall wäre erreicht, wenn es gelingen würde, die Abwärme der Computer aufzufangen und wieder nutzbar zu machen. Jeder Nutzer, der mal längere Zeit mit seinem Laptop auf den Knien verbracht hat, weiß, wie viel Wärme selbst so ein kleiner Rechner

---

158 vgl. http://www.google.de/intl/de/corporate/green/energy/index.html 2008

erzeugen kann. 1.600 Watt Energieverbrauch auf einem Quadratmeter reichen schon aus, um einem Wohnzimmer zu angenehmer Wärme zu verhelfen. Zurzeit müssen diese Rechenzentren noch aufwändig gekühlt werden und die allein dafür verwendete Energiemenge ist fraglos gigantisch. Gelänge es, diese Wärme aufzufangen und wieder als Energie ins Netz zu leiten, so wäre die Kostenbilanz um zweistellige Prozentpunkte entlastbar.

Doch das Unternehmen mit dem großen Sympathiebonus geht noch weiter und zeigt allen, dass es im Kleinen anfängt.

Alle Firmen-PKWs basieren auf den Toyota Prius Modellen, die von Haus aus mit einem Hybridsystem ausgestattet sind. In den USA sind Hybrid-Fahrzeuge der große Renner, hier in Europa als Exot verschrien, ist der Prius auf dem richtigen Weg. Sein Antrieb besteht aus einem normalen Benzinmotor und aus einem zusätzlichen Elektromotor. Dieser wird vom Benzinmotor über einen Generator gespeist und lädt die verbundenen Akkus. Gleichzeitig wird bei jeder Bremsung durch Motor oder Bremssystem die dabei „entweichende" Energie aufgefangen und dazu verwendet, die Akkus des Elektromotors zu füllen. Der Prius kann nicht nur im reinen Akkubetrieb gefahren werden, sondern auch im gemischten Betrieb. Der Elektromotor wird durch eine geschickte Motorsteuerung dazu verwendet, Drehzahlspitzen abzufangen und damit die Verbrauchskurve niedrig zu halten.

Die Flotte von Google geht sogar noch weiter, indem die meisten der PKW Plug-in-fähig gemacht wurden, was bedeutet, dass die Akkus austauschbar und wiederaufladbar gestaltet wurden und sich nicht nur auf die Rückgewinnung von Brems- und Motorkraft konzentrieren. Damit ist dann auch der Einsatz als reines Elektrofahrzeug möglich, was gerade in Kalifornien von großer Bedeutung ist. Einer der wichtigsten Effekte dieser Maßnahme ist die Tatsache, dass solche Autos mit steigendem Alter immer billiger werden, einfach weil die Energie immer sauberer wird. Mit einem 66 % geringeren CO_2-Ausstoß pro PKW ist das sicher der richtige Ansatz. Google geht also konsequent den richtigen Weg. Auf jeden Fall läuft Google nicht Gefahr, auf seinen Aktionärsversammlungen wegen Energieverschwendung angeprangert zu werden. In den Zielsetzungen des Giganten sind sogar noch ehrgeizigere Projekte zu finden, die weit über das normale Maß an ökologischem Denken einer IT-Company hinausgehen.[159]

Der weltweite Betrieb ihrer gigantischen Rechenzentren bringt neben dem immensen Verschleiß an Computerhardware auch große logistische Probleme mit sich. Ein Rechenzentrum mit mehreren tausend PCs zu pflegen und zu warten, ohne dass es zu Systemausfällen kommt, wird allgemein schon ein wenig als

---

[159] vgl. http://www.google.org 2008

Zauberei betrachtet. Google hat dies bereits von Anfang an richtig eingeschätzt und hat seine Computer weitaus intelligenter gestaltet, als allgemein üblich. So fallen in einem normalen Google-Rechenzentrum pro Tag zwischen drei und fünf PCs aus, die repariert oder ersetzt werden müssen. Darüber hinaus ist die Anforderung nach immer mehr Leistung täglich neu zu überdenken, was angesichts der Datenflut und des Wachstums des Internets nicht weiter verwundert. Das Internet verdoppelt sich von der Menge an Informationen alle vier Monate. Daraus resultiert ein enormer zusätzlicher Bedarf an Rechnern und an Mitarbeitern. Googles Computer sind heute so perfekt gesteuert, dass ein Ausfall vollautomatisch erkannt, analysiert und behoben wird. Dies alles ist möglich durch Googles eigene Software, die jeden Rechner steuert, überwacht und gegebenenfalls durch einen neuen austauscht. Da alle Daten immer vielfach gesichert gespeichert werden, kann ein defekter Computer einfach ausgetauscht werden, indem ein neuer, bislang ungenutzter PC sich automatisch einschaltet und via intelligenter Softwaretechnik gesteuert, die Aufgaben des alten, defekten Rechners übernimmt. Der defekte Rechner wird abgeschaltet, dem Servicepersonal wird eine entsprechende Meldung geschickt und anhand der Informationen wird dieser dann repariert oder direkt gegen einen neuen ausgetauscht. Durch dieses hocheffiziente System wird nicht nur Ausfalloptimierung betrieben, sondern es spart extrem viel Energie durch die geringere Anzahl Mitarbeiter und die rechtzeitige Abschaltung defekter Systeme. Mehrere Millionen Dollar werden auf diese Art und Weise jedes Jahr allein in den Rechenzentren eingespart.

Der nächste Coup Googles befindet sich bereits in der Pipeline und er stellt das ehrgeizigste Projekt dar, mit dem der Softwareriese aufwarten kann. Die Vehicle-to-grid-Technologie, mit der PKWs ihre Energie nicht nur weitestgehend selbst erzeugen, sondern überschüssige Energie auch noch ins Netz zurückgeben können. Gerade Kalifornien ist bekannt für seine schlechte und oft nicht ausreichende Stromversorgung. Die Idee, temporär überschüssige Energie aus den Hybridfahrzeugen zurück ins Netz zu geben, quasi zu entleihen, macht vor allem unter diesem Gesichtspunkt Sinn. Noch sind die Details dieser Technologie nicht öffentlich, doch auch an dieser Stelle kann man sicherlich sagen: Google befindet sich auf dem richtigen Weg.

Praxistipps:

Die Umweltkonsequenzen aller Aktivitäten, auch des „Googelns im Internet", sind vor allem als Angelegenheit der Gesamtverantwortung eines Unternehmens für eine nachhaltige Zukunftssicherung zu betrachten!

Googles Bemühen um grüne Energieversorgung beweist, dass jedes Unternehmen außerhalb seines angestammten Geschäftsfeldes viel zum Green-Business-Shift beitragen kann!

> Natürliche Ressourcen müssen von allen hundertmal besser als heute ausgenutzt werden!
>
> Aus Googles ständiger Erweiterung der Produktpalette lässt sich vor allem eines ableiten: Mehr denn je sind Service- und Handhabungsqualität in der Gesamtheit statt bloße Produktverantwortung bis zum Verkaufserfolg gefragt!
>
> Erträge sollten auch in den Erhalt und den Ausbau des natürlichen Kapitals gesteckt werden, weil dies unerwartete Wettbewerbsvorteile bringt!

Ciscos grüner Traum

Wer heute vom Internet spricht, dem Silicon Valley oder auch über die grüne IT, kommt an der Firma Cisco nur schwer vorbei.

Cisco wurde 1984 von dem Stanford-University-Wissenschaftler-Ehepaar Leonard Bosack und Sandy Lerner mit dem Ziel gegründet, die Vernetzung von Computern zu vereinfachen. Ausnahmsweise nicht in einer Garage sondern in ihrem Wohnzimmer erfanden die beiden die Technologie, mit der Cisco zum bedeutendsten und größten Anbieter von Netzwerktechnik weltweit heranwuchs. 1987 entschloss sich das Paar, angesichts der wachsenden Konkurrenz, Risikokapital für die Erweiterung der Firma aufzunehmen. Doch über 70 Risikokapitalgeber erklärten sie schlichtweg für verrückt und verkannten die sich bietende Möglichkeit vollkommen. Erst Don Valentine, Gründer und Gesellschafter von Sequoia Systems, erkannte, wie viel sich künftig mit Netzwerk-Technologien verdienen lassen würde und schoss den beiden Kapital in Höhe von 2,5 Mio. Dollar vor. Er hatte schon bei Apple und Oracle den richtigen Riecher und auch in diesem Fall war sein Gespür richtig. Er stellte dem Unternehmen kaufmännisch orientierte Manager an die Seite und sorgte für eine klare Strukturierung des Unternehmens. Der boomende Markt von Personal Computern ließ auch die Nachfrage nach Vernetzungen rasant steigen und so konnte Cisco seinen Umsatz zwischen 1987 und 1989 von 1,5 Mio. Dollar auf 27,5 Mio. Dollar steigern.[160]

1993 entschied sich Cisco, seine Leistungen auszuweiten und sich nicht mehr nur auf das Geschäft mit Routern zu konzentrieren. Sogenannte End-to-End-Lösungen, also Komplettvernetzungen, sollten Cisco eine marktführende Position bei der Vernetzung des aufkommenden Internets sichern. Der Internet-Boom

---

160 vgl. Cisco Unternehmensprofil, www.cisco.com 2008

Mitte der neunziger Jahre verhalf der Firma Cisco zu einer Börsenwertsteigerung von 1.366 % und machte sie kurzzeitig zur wertvollsten Firma der Welt.[161]

Zu den wichtigsten Leistungen in ihrer Gründerzeit gehörte die maßgebliche Beteiligung an der Durchsetzung eines Standards für die Datenübertragung im Internet. Hierbei geht es im Wesentlichen darum, dass sichergestellt werden muss, dass alle Daten, die man ins oder über das Internet versendet, auch genauso beim Empfänger ankommen. Dies wird seit jeher dadurch erreicht, dass die zu versendenden Informationen, vereinfacht ausgedrückt, in Datenpakete aufgeteilt werden. Jedes dieser Datenpakete erhält zusätzliche Informationen über den Absender, den Empfänger, die Datengröße, sowie eine Prüfsumme, die sich aus den binären Codes der versendeten Zeichen errechnet. Zusammen mit dem Datenpaket wird dieser Datenkopf versendet und die Prüfsumme wird dann nach dem Empfang der Daten erneut berechnet. Stimmen die beiden Werte überein, war der Transfer erfolgreich. Diese Transportkontrolle ist jedoch nur ein kleiner Teil des Internetprotokolls, abgekürzt auch IP genannt. Wesentlicher Bestandteil ist die Versendung vom Absender zum Empfänger. Um einen Empfänger im Internet direkt zu erreichen, benötigt man eine eindeutige Zuordnung eines jeden Computers. Dies geschieht in Form von IP-Nummern und einer so genannten SUB-Net-Nummer. Diese Form der Nummerierung und Einteilung führte dazu, dass jeder Computer im weltweiten Netzwerk direkt ansprechbar ist. Eine Firma mit 100 Rechnern erhält einen Nummernkreis innerhalb eines SUB-Net-Nummernkreises und kann diese Rechner über die ganze Welt verteilen. Will man den Rechner direkt ansprechen und verbinden, so genügen IP- und SUB-Net-Nummer, um eine eindeutige Verbindung herzustellen.[162] Das ganze System gleicht dem Telefonsystem, wo wir mit Vorwahlen und Rufnummern arbeiten.

Die Festlegung dieser Standards wird weitestgehend den Bemühungen der Firma Cisco zugeschrieben. Wichtigste Aufgabe des Unternehmens war jedoch seit der Firmengründung die Entwicklung und der Bau von intelligenten Vernetzungen zum Internet. So werden die meisten Breitbandanbindungen, so genannte Backbones, heute von Cisco-Routern gesteuert. Router arbeiten als eine Art Vermittlungsstelle beim Versand von Daten über ein Netzwerk. Bei den großen Telekommunikationsfirmen wie z. B. der Deutschen Telekom bezeichnet der Backbone die Stellen, wo eine große Anzahl Datenleitungen zusammenläuft und weiterverteilt wird.[163] Dabei agieren Router wie eine Weiche. Daten, die über das Netz gesendet werden, werden von den Routern geprüft, ob sie weitergeleitet werden oder Zugang zu den Datenleitungen erhalten, die hinter dem Router lie-

---

161   vgl. boerseonline.de 2004
162   vgl. http://www.ieee.org/portal/site 1999
163   vgl. www.wikipedia.com search Router 2004

gen. Auch in einem Firmennetzwerk sind Router mittlerweile unverzichtbare Hilfsmittel, die den Datenverkehr steuern; eine Aufgabe, über die sich Anwender heute keinerlei Gedanken mehr machen, denn es funktioniert einfach und ist vollkommen wartungsfrei. Einmal in Betrieb genommen und auf die jeweilige IP-Nummer eingestellt, verrichten diese kleinen Helfer vollkommen unbemerkt ihre Dienste. Ohne die Router von Cisco wären die heute machbaren Geschwindigkeiten im globalen Netzwerk jedoch nicht vorstellbar, denn in den unscheinbaren Kästen versteckt sich neben einer robusten Hardware auch noch eine gehörige Portion Intelligenz, das Internetwork-Operating-System (IOS).

Diese ursprünglich von Bill Yeager bereits 1980 erfundene Software wurde bei der Gründung von Cisco lizenziert und bis zum heutigen Tage weiterentwickelt, wie man in der Erfolgsgeschichte von Cisco nachlesen kann.[164] Diese Software für Router und Switches ermöglicht die Kommunikation von Netzwerken unabhängig von den verwendeten Netzwerkprotokollen. Bis zu dem Zeitpunkt, als Switches (engl. Schalter oder Weiche) für Firmen bezahlbar wurden, vernetzte man Computer in der Regel in einer Reihenschaltung untereinander, was natürlich zu extremen Geschwindigkeitsverlusten führte, da die Strecke, die ein Datenpaket zurücklegen musste, schon mal sehr lang sein konnte. Außerdem musste jeder Rechner im Netzwerk prüfen, ob die Daten für ihn bestimmt sind und diese dann weiterleiten oder abfangen. Heute findet sich bei Netzwerken meist eine Sternverteilung. An einen zentralen Rechner (Server) wird ein Switch/Router angehängt und von diesem aus geht jeweils eine Leitung zu den einzelnen Rechnern im Netzwerk. Wohin die Daten fließen, entscheidet das IOS im Switch, womit eine absolut zielgerichtete Versendung erfolgen kann. Für die Geschwindigkeit und vor allem auch die Datensicherheit ist das ein unschätzbarer Vorteil. Es reduziert die Möglichkeit des Abfangens von Daten um ein Vielfaches.

Cisco spielte also seit den Anfängen des Internets eine überragende Vorreiterrolle. Diese Vormachtstellung baute das Unternehmen stetig aus und so ist Cisco auch heute noch die unangefochtene Nummer eins, wenn es um das Thema Netzwerk und Internet geht.

Im Jahr 1985 baute Cisco als erstes Unternehmen die zuvor beschriebenen Datenpaketfilter in ihre Router ein. Diese stellen die Basis für alle heute verwendeten Firewalls dar, denn eine Firewall macht ja nichts anderes als zu prüfen, ob die Daten auch wirklich für den oder die Rechner bestimmt sind, die hinter dem Router angeschlossen sind.

---

[164] vgl. www.cisco.de 2008; Aufruf vom 23. Juni 2008

Als Chef der weltweit 61.000 Mitarbeiter dieses stillen Riesen fingiert seit 1995 John T. Chambers. 2007 war das umsatzstärkste Jahr für Cisco. Das Unternehmen erwirtschaftete einen Umsatz von 34,9 Mrd. Dollar und konnte dabei einen Gewinn von 7,8 Mrd. Dollar ausweisen.[165] Das Massenprodukt Router/Switch sorgte bereits Anfang der neunziger Jahre dafür, dass sich der Aufwand für die Installation eines Netzwerkes erheblich verringerte. Umwelttechnologisch betrachtet, spielen bei Netzwerken vor allem die PVC-ummantelten Kabel eine entscheidende Rolle. Da alle Netzwerke und deren Komponenten durch Normen geregelt sind, um eine reibungslose Kommunikation untereinander zu gewährleisten, wurden im Laufe der Jahre immer mehr Funktionen und Geräte über ein und dasselbe Kabel miteinander verbunden, was im Bereich der Forschung wesentlich auf die Vorreiterrolle von Cisco zurückzuführen ist. Bereits in den Neunzigern wurden Netzwerkkabel für Computer und Telefon gleichermaßen genutzt, womit sich der Verkabelungsaufwand erstmals drastisch reduzieren ließ. Die Normierung von Protokollen und Spezifikationen unterliegt seit 1963 dem IEEE (Institute of Electrical and Electronics Engineers), dem mit 380.000 Mitgliedern weltweit größten Berufsverband von Ingenieuren.[166] Die IEEE verabschiedete 1997 auch die erste Version der IEEE 802.11 und definierte damit die Grundlage für das damals neu aufkommende WLAN (Wireless Local Network). Cisco war an den Entwicklungen und Definitionen seit seiner Gründung maßgeblich beteiligt. Mit der Bündelung von Informationsträgern wie Computer und Telefon in einem Kabel wuchsen auch die Anforderungen an Router und Switches, wodurch sich für Cisco vollkommen neue Anwendungsgebiete erschlossen. Cisco war der erste Anbieter, der eine vollständige Strategie zur Integration von Daten, Sprache und Video in derselben Netzinfrastruktur entwickelte und damit den Weg für Multimedia-Anwendungen wie Video Conferencing und Unified Messaging ebnete. Mit neuen Systemen wie Content Delivery Networking, einer Netzwerkarchitektur zur schnelleren Inhaltsübertragung, Cisco SAFE, der Strategie für sicheres E-Business, der IP+ Optical-Strategie für die Integration von IP und optischen Netzen sowie den Wireless-Produkten für die drahtlose Vernetzung von Unternehmen liegt der Netzwerkspezialist am Puls der Zeit. Technologische und strategische Allianzen mit Partner-Unternehmen sorgen für ein perfektes Zusammenspiel der Produkte und eine ausgezeichnete Qualität.[167] Mit all diesen Produkten wurde der Markt geöffnet für die problemlose Verbindung von multimedialen Diensten, wie E-Mail, Videokonferenzen, Telefonübermittlung, Bildübermittlung und die Verbindung mit Filmdaten.

---

165 vgl. Unternehmensdaten der Cisco Deutschland
166 vgl. www.ieee.org 2000; Aufruf vom 23. Juni 2008
167 vgl. Cisco Corp. Company profile, www.cisco.com; Aufruf vom 23. Juni 2008

All diese Entwicklungen sind wichtige Eckpfeiler zum Energiesparen und Klimaschutz. Denn ohne diese Techniken wäre das heutige globale Netzwerk nicht möglich. Allein durch die zum Massenprodukt gewordenen WLAN-Router haben sich ganz neue Möglichkeiten und Freiheiten für den Endanwender ergeben, die ihm in zunehmendem Maße helfen, Geräte, Rohstoffe und damit Energie zu sparen. Ein intelligentes Heimnetzwerk für Telefon, Computer, Musik, Rundfunk, Film und Fernsehen aufzubauen ist heute längst kein Hexenwerk mehr und hält immer mehr Einzug in die privaten Haushalte. Hat sich der Privatmann bislang gescheut, umständlich und kostspielig Kabel zu verlegen, so eröffnen sich seit der Einführung des WLAN vollkommen neue Möglichkeiten. Dies spart nicht nur Kosten für Kabel und Geräte, sondern sorgt dank der immer einfacher werdenden Technik auch dafür, dass der Elektro-Gerätewald in den Haushalten zunehmend kleiner wird. Waren früher für die Abdeckung aller multimedialen Leistungen noch Telefon, Anrufbeantworter, Radio, Fernseher, Computer, Videorekorder oder DVD-Spieler, CD-Spieler, Satelliten-Empfänger plus Verstärker notwendig und dies teilweise sogar doppelt und dreifach, so lässt sich dies dank der WLAN-Technik heute auf den zentralen Einsatz eines internetfähigen Computers mit Satellitenkarte, einem Telefon, einem Fernseher und Verstärker reduzieren. Der Computer holt jeden gewünschten Radiosender der Welt ins Wohnzimmer, die integrierte Satellitenkarte sorgt für den reibungslosen Empfang des Fernsehens und zeichnet jede gewünschte Sendung auf. Darüber hinaus ist er auch noch Speicherplatz für die heimische Musiksammlung, die er bequem, ebenso wie Bild und Telefon, über das WLAN in jedes Zimmer der Wohnung weiterleiten kann. Das Telefon verbindet mittlerweile meist kostenlos, ebenfalls über das Internet, den fernsten Winkel der Erde mit dem heimischen Wohnzimmer und in Abwesenheit speichert der Computer eingehende Anrufe – einfach schnell und kostenlos – keine zusätzlichen Geräte, keine Bänder, CDs, DVDs oder Kassetten mehr. Das spart Strom und verringert den CO_2-Ausstoß, denn allein der früher notwendige Kabelsalat mit seiner gesamten Wärmeabstrahlung spielte in Summe eine nicht unerhebliche Rolle in unserem Energiehaushalt.[168]

Diese schöne neue multimediale Welt verbindet uns heute wie selbstverständlich mit allen Medien weltweit. Doch auch das ist bereits wieder nur der Anfang vom nächsten Schritt in der globalen Vernetzung, die noch ganz andere Sparpotentiale zu bieten hat. Die Konsequenzen von Klimawandel, Umweltschutz und Energiesparen halten Einzug in die Privathaushalte. Zunächst noch bei Neubauten, doch ganz sicher auch zunehmend in Wohnungen wird die Vernetzung aller Stromverbraucher über das Internet eine zunehmende Rolle spielen. Wichtigster Faktor bleibt dabei die Beheizung eines Hauses. Intelligente Systeme waren bislang

---

[168] vgl. podcasts cisco Expo April 2008

darauf ausgelegt, zu vorgegebenen Zeiten die Temperatur abzusenken oder zu erhöhen. Doch das soll schon bald der Vergangenheit angehören. Sobald alle Stromabnehmer intelligent vernetzt sind, was bedeutet, dass sie auch miteinander kommunizieren können, wird es möglich sein, aus dieser bislang starren Temperaturregelung auszubrechen. Um das zu realisieren, sind ebenfalls Router notwendig, die in der Lage sind, auch mit einer Heizung oder einem Fernseher zu kommunizieren.

Die schöne neue Zukunft, einmal ausgerichtet auf die Beheizung, kann dann folgendermaßen aussehen: Über den Stromkreislauf und einen zentral positionierten Router kommunizieren alle stromverbrauchenden Geräte mit dem heimischen PC. In diesem werden die Kernzeiten für Temperaturabsenkung und Erhöhung vorgegeben. Kommt die Familie nun früher nach Hause als in diesem Schema festgelegt, kann sie über das Handy den Befehl geben, die Temperatur vorzeitig zu erhöhen. Dies ist bereits technisch machbar. Doch das intelligente Haus der Zukunft geht noch weiter. Wird normalerweise die Temperatur abends um 23 Uhr abgesenkt, weil die Familie dann bereits schläft, so wird das System dann selbst erkennen können, ob beispielsweise der Fernseher noch läuft und es somit verfrüht wäre, die Familienmitglieder schon frieren zu lassen, nur weil sie sich noch einen Film ansehen. Ebenso können die Zimmertemperaturen individuell geregelt werden, durch eine einfache Abtastung mit Körperwärme-Sensoren. So kann individuell für jedes Zimmer eine geeignete Temperatur gewählt werden. Sonnenstandabhängige elektrische Rollladen, gekoppelt mit dem Gewohnheitsprofil der Hausbewohner, automatische Zeitsteuerung für die Waschmaschine, so dass man die Wäsche dann fertig aus dem Gerät nehmen kann, wenn man nach Hause kommt, den Backofen via Handy aktivieren oder über das Handy die Aufzeichnung einer Fernsehsendung initiieren, die Möglichkeiten zum Energiesparen in diesem Bereich sind groß und die technischen Möglichkeiten bei weitem noch nicht ausgereizt. Aber auch hier funktionieren diese Innovationen nur, wenn die gesamte Vernetzung preiswert und mit wenig Aufwand zu realisieren ist. Aufwändige, verkabelte Heimnetzwerke werden bereits angeboten, finden aber auf Grund der hohen Kosten nur selten den Weg zum Anwender.

Cisco selbst schreibt zum Thema „Haus der Zukunft": „Dass bald schon Häuser und ihre technischen Gerätschaften vollständig vernetzt und über eine einzige Fernbedienung gesteuert werden können, ist längst keine Zukunftsmusik mehr. Neben Strom, Gas und Wasser wird binnen kurzem auch das Internet zur Grundversorgung privater Haushalte gehören. Beruflicher Alltag, Familienorganisation und Haushaltsführung werden dadurch erheblich erleichtert. Die zentrale Regelung von Heizung und Beleuchtung, Videoüberwachung und Bildtelefon, Online-Banking, Multimedia im Wohnzimmer, Behördengänge über das Internet und Download von Musikdateien sind die ersten Schritte einer globalen Vernetzung, deren Vision der Impuls für die Cisco-Gründung war. Die Lebensqualität, das Freizeitverhalten und die Art zu lernen und zu arbeiten werden sich mit der Internet-Revolution stetig verbessern. Cisco-Systems wird die führende Rolle bei der Umsetzung aller Möglichkeiten spielen, die sich in der Internet- Economy ergeben und damit seine Erfolgsgeschichte weiter schreiben." Man hat also auch hier die Möglichkeiten und die Notwendigkeiten frühzeitig erkannt.[169]

Auf Unternehmensseite geht es primär um Vernetzung von Computern und um das, wenn auch nicht neue, so doch jetzt erst an Bedeutung gewinnende Video-Conferencing. Cisco bekennt sich auf seiner Unternehmensplattform ausdrücklich zur grünen IT und sieht gerade im Bereich des Video-Conferencings Ansatzpunkte für massive Energieeinsparungen. So gab die Media-Saturn GmbH auf der diesjährigen Cisco Expo in Berlin bekannt, dass sie mittlerweile durch den Einsatz von 16 TelePresence-Systemen[170] die Reisekosten um 30 bis 40 % absenken konnte. Allein die Flüge nach Russland konnten durch diese Form der Kommunikation um über 50 % gesenkt werden. Eine Refinanzierung der angeschafften Systeme prognostiziert das Unternehmen bereits nach 1,5 Jahren. Auch das Thema Zentralisierung erhält durch die heutige moderne Form des Video-Konferenzsystems eine vollkommen neue Bedeutung. So hat die UniCredit mit weltweit 170.000 Mitarbeitern auf der Cisco Expo erklärt, sie werde durch den derzeitigen Aufbau einer vollständig vernetzten IT-Architektur pro Jahr rund fünf Millionen Kilowatt-Stunden IT-bezogener Energie einsparen, was einer Einsparung von 89 % entsprechen wird.[171]

Dank dem Internet und vor allem dank der flächendeckend vorhandenen Breitbandanbindung können Video-Konferenzteilnehmer lebensgroß und gestochen scharf über entsprechende Monitore oder Leinwände in Echtzeit eingeblendet werden. Körpersprache und Gestik, die wichtigsten Elemente bei Konferenzen, werden hautnah übermittelt und jederzeit können Daten und Fakten, beispielsweise aus einem Computer, in das Konferenzbild eingeblendet werden. Dabei ist die Sprach- und Bildqualität so hoch, dass sie die Teilnehmer nach kurzer Zeit vergessen lassen, dass es sich „nur" um eine virtuelle Konferenz handelt. Möglich werden solche zeit- und damit energiesparenden Lösungen durch die intelligente Nutzung des Internets als Basis für den Austausch von Daten. Konnten in seiner Anfangszeit nur reine Textinformationen übermittelt werden, so wird heute jede Art von Informationen in Echtzeit, also ohne Zeitverzögerung, rund um den Globus verschickt.

---

169 vgl. http://www.cisco.com/web/DE/uinfo/erfolg_home.html; Aufruf vom 30. April 2008
170 die moderne Form des Video-Conferencings
171 vgl. Cisco podcast zur Expo 2008

Basierend auf all diesen neuen Technologien und vor allem der Akzeptanz durch die Unternehmen und Anwender wird das Internet zunehmend zum Vorreiter bei der Lösung der vorhandenen Energie- und Klimaprobleme, einfach durch die Tatsache, dass Leistungen gebündelt und „echter" Verkehr von A nach B durch den virtuellen Verkehr ersetzt werden kann.

Praxistipps:

Innovative Technologieapplikationen müssen in viel umfassenderem Maße den kommenden Umwelt- und Klimaschutzanforderungen entsprechen!

Die technologischen Umsetzungen von Vernetzungslösungen entsprechen in besonderem Maße den biologisch-natürlichen Modellen und sollten konsequenter zum Umwelt- und Klimaschutz genutzt werden!

Immer mehr Firmen suchen aus Kosten- wie Umweltsicht konsequentere Nutzungsmöglichkeiten des Vernetzungspotentials der modernen IT und weiten beipielsweie Home-office-Arbeiten aus!

Weitere Veränderungen der Basistechnologien zur Kreierung von Energieeffizienz und Wohlstand sind in allen Unternehmen und Haushalten durch Ausbau der Netzwerkarbeit erforderlich!

Aus Grünem mehr machen: Die IMEAS-Erfolgsformel

Welche Verallgemeinerungen lassen sich aus dem Going Green der Unternehmen des Silicon Valley und den vorgenannten Fallbeispielen ziehen? Zunächst einmal wird deutlich, dass sich die Hinwendung zu wesentlich anderem Umgang mit dem Naturkapital viel schneller vollzieht als von den meisten erwartet wurde. Gerade die USA hinkten den internationalen Vereinbarungen zu mehr Klimaschutz jahrelang hinterher und blockierten staatliche Neuregelungen, wo sie konnten. Das dreht sich in einem Tempo um, das international noch manches Land und viele Unternehmen sehr überraschen wird. Der politische Rückenwind kommt durch Barack Obamas gebetsmühlenartig wiederholtes Mantra: „Yes, we can". So wie diese erste Vorwahlentscheidung für einen farbigen Präsidentschaftskandidaten einstimmig schon jetzt von allen Medien als „historisch" eingeordnet wird, vollzieht sich von vielen noch nicht richtig wahrgenommen ein historischer Wechsel in der Nutzung des Naturkapitals und im Bewusstsein der Amerikaner pro Umwelt- und Klimaschutz.

Die Erfolgsformel dafür lautet sehr einfach:

	Ideas	zum Going Green oder anderen Innovationen
+	**Money**	Venture Capital oder andere Finanzierungsformen
+	**Experience**	Erfahrung, Ausbildung
+	**Activity**	Macherqualität, Tatkraft, Unternehmertum
=	**Sustainable Success**	Nachhaltiger Erfolg

Das Akronym der ersten fünf Buchstaben dieser zu verbindenden Kernerfordernisse ergibt **IMEAS**, eine Erfolgsformel, nach der viele Neugründungen zum Durchbruch kamen und viele weitere folgen werden. Ohne tragfähige Ideen findet man keine Geldgeber, die ihrerseits wiederum auf die Erfahrung im Markt und im Technikbereich setzen, auf das Können und die aktive Macherqualität sowie den Mut der Gründer zu nachhaltigem Erfolg. Die Fallbeispiele aus den vorangegangenen Abschnitten beweisen das ganz eindeutig und beruhen alle auf der simpel scheinenden Verbindung von tragfähigen Ideen, Startkapital, Know-How, Unternehmereinsatz mit unbedingtem Erfolgswillen, auch gegen noch so viel Widerstand.

Tabelle 8 zeigt weitere Beispiele.

Tabelle 8: *IMEAS-Beispiele*

Idee	Money	Experience	Acting Entrepreneur	Success
Grafische Anwendungs-Software	VC	Carnegie Mellon University	Charles Geschke und John Warnock	Adobe Systems
Medikamenten-Lieferungs-Technologien	VC	University von Montevideo, University of Rochester	Alejandro Zaffaroni	ALZA
Integrierte Schaltungen (Erfinder)	2,5Mio. $ VC	Massachusetts Institute of Technology	Robert N. Noyce	AMD; Intel (Mitbegründer)
Personal-Computer/ Home-Computer	VC	Elektronik-Fachkenntnisse	Steve Jobs und Steve Wozniak	Apple Computers

Idee	Money	Experience	Acting Entrepreneur	Success
Atari Spiel	500 $	Utah- und Stanford University	Nolan Bushnell	Atari Spiele und Computer
Mikrocontroller (Chips)	23.000 $	unbek.	George Perlegos	Atmel
Internet-Router	VC	Stanford University	Sandy Lerner und Leonard Bosack	Cisco
Transistoren	VC	Elektronikingeneur	William Shockley	Fairchild Semiconductor
Triode (Audion)	250 $	Yale University	Lee De Forest und Cyril Elwell	Federal Telegraph Company, Palo Alto
Publikation juristischer Dokumente im Internet	VC	Standford University	Martin Roscheisen u. a.	Findlaw (1. Firmengründung Roscheisens)
Bildbearbeitung für Laien	VC	California State University	L. George Klaus	Frame Technology
Audiooszillator	538 $	Stanford University	William Redington Hewlett und David Packard	Hewlett & Packard
Festplatten/ Datenspeicherung		University of Minnesota	Reynold Johnson	IBM/General Products Division (GPD)
Mooresches Gesetz (Verdopplung der Anz. elektron. Bauteile einer integrierten Schaltung alle 24 Monate)	2,5 Mio. $ VC	University of Berkeley und California Institute of Technology	Gordon E. Moore	Intel (Halbleiter-Industrie) (Mitbegründer)
Integrierte Steuersysteme		Carnegie Mellon University	Nathan Zommer	Ixys
Rollfilm	40.000 $	Abendkurse an Handelsschule	George Eastman	Kodak

Idee	Money	Experience	Acting Entrepreneur	Success
Vakuumröhre		Stanford University	Charles Litton	Litton Engineering Laboratories
Sonnenkollektor auf Druckbasis	48 Mio. $	Standford University	Martin Roscheisen	Nanosolar
Internet-Browser (Browser Mosaic)	VC	Illinois University	Marc Andreessen	Netscape Communication Corporation u.a.
Elektronischer Handel	unbek.	Columbia University	Harry Saal	Network General
IC Technology (Prozessoren für Spielekonsolen)	unbek.	Wissenschftlr. und Elektroingenieure von Fairchild	David Allisin, David James, Lionel Kattner und Mark Weisenberg	Philipps Semiconductors (Signetics)
Animationen und Filme	unbek.	unbek.	Steve Jobs	Pixar-Studios; dann Walt Disney Studios
Skalierbare Chiptechnologien	VC	Stanford University	Michael Farmwald und Mark Horowitz	Rambus Inc.
Complex, State-of-the-art projects (Bau der neuen Computerfirmen)	unbek.	Bauunternehmer	Onslow Rudolph	Rudolph & Stetten
PC „UNIX OS"	unbek.	Stanford University	Andreas von Bechtolsheim	Sun Microsystems
Klystron-Röhre/Radar	unbek.	Stanford University	Russel und Sigurd Varian	Varian Associates (Mitbegründer)
Mikrowellen-Elektronik (Klystron)	unbek.	Physikprofessur an der Stanford University	William Webster Hansen	Varian Associates (Mitbegründer)

Idee	Money	Experience	Acting Entrepreneur	Success
Elektronenröhre (Helitron)	unbek.	Stanford University (electrical engineering professor)	Dean A. Watkins	Watkins-Johnson-Company
Digitale Schal-tungen	unbek.	Stanford University	Bill Jarvis, Peter Lacy und Duane Dun-woodie	Wiltron Company
Videoportal	VC	Indiana University, Illinois University, Stanford University	Chad Hurley, Steve Chen und Jawed Karim	You Tube

Quelle: John McLaughlin, The Making of Silicon Valley. A One Hundred Year Renaissance, Published by Santa Clara Valley Historical Association, First Edition, Palo Alto 1995; John McLaughlin, Leigh Weimers, Ward Winslow, Silicon Valley: 110 Year Renaissance. Published by Santa Clara Valley Historical Association, Second Edition, Palo Alto 2008

Elton B. Sherwin nennt in seinem Ratgeber „The Silicon Valley Way" (Discover the Secrets of America's Fastest Growing Companies, Prima Publishing, Rocklin 1997) zwar sieben Erfolgsfragen, aber im Grunde lassen sie sich auf die obigen Kernfragen der IMEAS-Formel zurückführen.

Die sieben Kernfragen jedes Businessplanes umfassen nach Sherwin:

- Was ist das Produkt?
- Wer sind die Kunden?
- Wer wird es verkaufen?
- Wie viele Leute werden es verkaufen?
- Wie viel wird es kosten, es zu entwerfen und zu bauen?
- Wie hoch wird der Verkaufspreis sein?
- Wann verlässt das Geschäft die Verlustzone?

W. K. Müller-Scholz stellt dazu in „Inside Silicon Valley" fest, dass sich jeder Neugründer unbedingt bemühen muss, seine Geschäftsidee so einfach wie möglich in einem Satz zu formulieren: „Wer mehr Platz braucht, dessen Konzept ist zu kompliziert. Er wird es nicht nur schwer haben, mit der Geschäftsidee Investoren oder Partner zu gewinnen. Ein unklares Konzept hat auch später auf dem Markt keine Chance."[172]

Für den Business-Plan gilt folgender Aufbau als erfolgversprechend:

- Deckblatt (Projektname, Autor, Anschrift, Telefon, E-Mail-Adresse, Datum)

- Inhalt

- Executive Summary

- Mission/Business Modell

- Finanzplan

- Produkt/Service

- Markt/Kunde

- Marketing

- Wettbewerber

- Management-Team

- Partner

- Fahrplan

- Anhang, z. B. Fotos

- Executive Summary (wie einleitend)

Insgesamt sollten 30 Seiten nicht überschritten werden. Der Zwang, sich kurz zu fassen, gilt vielfach als erfolgsentscheidend.

Andererseits zeigt die Praxis, dass gerade das oft schwerfällt. Man kann das am Beispiel des sich gerade weltweit unter dem Eindruck der hohen Erdölpreise herausbildenden Markts für Biokunststoffe nachvollziehen.

Der Markt für Biokunststoffe ist enorm und es gibt eine Vielfalt von neuen Anwendungsbereichen von Verpackungsmaterialien bis hin zu Werkstoffen mit neuen und verbesserten Anwendereigenschaften. Mittel- bis langfristig bestehen in der Herstellung und Verarbeitung chemischer Produkte aus nachwachsenden

---

[172] ebenda, S. 67

Rohstoffen hervorragende Chancen, die traditionell starke Landwirtschaft der USA im Verbund mit der chemischen Industrie nachhaltig zu entwickeln. Im Vergleich zu den für 2010 von der Experten-Arbeitsgruppe „Renewable Raw Materials" bei der EU-Kommission geschätzten Verwendungspotentialen werden derzeit in der EU bei Polymeren erst 5 % genutzt.[173] Nachwachsende Rohstoffe bieten ein erhebliches Innovationspotential, jetzt und für die Post-Erdöl-Ära. Es ist mittelfristig davon auszugehen, dass sich die Preise von Bio- und Massenkunststoffen annähern, zumal bereits darüber spekuliert wird, dass sich der Erdölpreis schon in wenigen Monaten auf 150 bis 175 US-Dollar pro Barrel (159 Liter) und darüber hinaus mittelfristig bis 250 US-Dollar erhöhen wird. Damit verbunden ist der Ausbau der Produktionskapazitäten, während sich die herkömmlichen Kunststoffe aufgrund des steigenden Ölpreises weiterhin verteuern werden. Gegenüber dem Jahr 2002 war bereits bis 2005 ein Preisanstieg von 40 % zu verzeichnen.[174]

Experten von European Bioplastics sind der Meinung, dass Biokunststoffe bis 2010 einen Marktanteil von ca. 2 % (ca. 1 Mio. t) und bis 2020 10 % (ca. 4 Mio. t) erreichen könnten.[175] Die „RRM Working Group Industry", die für das „European Climate Change Programme" politische Rahmenbedingungen erarbeiten soll, kam zu ähnlichen Ergebnissen.

Sowohl in Endverbraucherkreisen als auch bei Kunststoffverarbeitern bestehen große Informationsdefizite. Einschätzungen gehen davon aus, dass Unternehmen auf einem Informationsstand von vor fünf bis zehn Jahren stehen und damit auch skeptisch gegenüber technischem Leistungsprofil und Verarbeitbarkeit von Biokunststoffen sind. Diese Informationslücke das Neue betreffend ist oft ein entscheidendes Innovationshemmnis und wird am Beispiel der Biokunststoffe besonders krass deutlich. Positiv ist, dass Biokunststoffe sich mit fast allen gängigen Maschinen mit einigen Modifikationen verarbeiten lassen. Negative Erfahrungen der letzten Jahre lassen sich durch zunehmende Verbesserungen ausräumen.

Bei Biokunststoffen besteht vor allem ein Manko an Marketingmaßnahmen und oft genug gibt es Fehlinformationen. Oftmals sind die Startups weder personell noch wirtschaftlich ausreichend ausgestattet, um einen entsprechenden Nachfragesog auszulösen. Generell liegen bisher kaum Marktuntersuchungen zur Verbraucherakzeptanz von Biokunststoffen vor. Wann ist unter diesen Bedingungen der generelle Shift von erdölbasierten Kunststoffen zu solchen aus nachwachsenden Rohstoffen zu erwarten?

---

173 vgl. Memorandum Nachwachsende Rohstoffe, 10250/04, Brüssel, den 17. Juni 2004

174 vgl. http://www.european-bioplastics.org/index.php?id=4; Aufruf vom 27. Juni 2008

175 vgl. Käb 2005

Auf diese Frage hätten vor allem die Venture-Capitalists des Silicon Valley und weltweit eine überzeugende Antwort.

Die Zukunft ist clean-green – da sind sich chemische Industrie, Politik und Wissenschaft einig. Die Biotechnologie sehen alle führenden Chemie-Unternehmen der Welt als Schlüsseltechnologie für das 21. Jahrhundert. Hauptgrund dafür sind die steigenden Erdölpreise. Erdöl ist nicht nur der wichtigste Energieträger, sondern auch der am häufigsten verwendete Chemierohstoff. Aus dieser Abhängigkeit wollen sich die Unternehmen befreien. Sie setzen auf nachwachsende Rohstoffe, also Pflanzen, als Kohlenstoffquelle.

Bis 2030 soll bereits ein Viertel der organischen Grundmaterialien aus nachwachsenden Rohstoffen hergestellt werden – so das ehrgeizige Ziel der amerikanischen Chemieindustrie. In Deutschland stammen bislang nur 10 % aus regenerativen Quellen.[176]

Die Entwicklung von Biokunststoffen oder „Bioplastics" ist in vollem Gang. Teilweise werden schon großtechnische Mengen in der Verpackungsindustrie oder Spritzgussteile aus Biokunststoffen für die Automobilindustrie verwendet.

Die Entwicklung von Bioraffinerien wird „der Schlüssel für den Zugang zu einer integrierten Produktion von Nahrungsmitteln, Futtermitteln, Chemikalien, Werkstoffen, Gebrauchsgütern und Brennstoffen auf Basis biologischer Rohstoffe der Zukunft sein". [177]

Biokunststoffe lassen sich mit allen üblichen Verfahren der Kunststofftechnik zu einer unüberschaubaren Vielzahl von Produkten verarbeiten. Die Prozessparameter der Verarbeitungsmaschine sind dabei den Spezifikationen des jeweiligen Polymers anzupassen. Dies gelingt in der Regel ohne größeren Aufwand. Auch Maschinen- und Anlagenhersteller befassen sich heute mit der Verarbeitung von Biokunststoffen auf ihren Anlagen. Sie suchen nach Optimierungsmöglichkeiten. Mehrere Hersteller von Anlagen haben sich deshalb im Verband European Bioplastics organisiert. Mit Förderung der EU-Kommission wurde die Entwicklung einer European Platform for Sustainable Chemistry (SusChem) vorangetrieben, die die europäischen Chemie- und Bioindustrieverbände CEFIC[178] und EuropaBio (European Association for Bioindustries, www.europabio.org) initiierten. Die GDCh (Gesellschaft Deutscher Chemiker, www.gdch.de) hat in ihrer Strategic Research Agenda (SRA) die Etablierung von industriellen Bioprozessen festgelegt. Bioraffinerien werden u. a. als neue Raffinerien zur effizienten

---

[176] vgl. http://www.scinexx.de/index.php?cmd=focus_detail&f_id=337&rang=1

[177] vgl. National Research Council, USA, 2000, 19

[178] vgl. European Chemical Industry Council, www.cefic.be; Aufruf vom 4. Mai 2008

Nutzung von Biomasse thematisiert.[179] In einer Vision dieser Plattform wird davon ausgegangen, dass der Anteil nachwachsender Rohstoffe bis zu 30 % an der Rohstoffbasis der chemischen Industrie bis zum Jahr 2025 betragen könnte.[180]

Eine Vorreiterrolle auf internationaler Ebene nehmen die USA und Kanada ein, die im Themenfeld „Biobased Products and Biorefineries" klar strukturierte Ziele und Förderrichtlinien aufgestellt haben. Die USA erstreben unter Mitwirkung der dortigen chemischen Industrie bis zum Jahr 2030 einen Marktanteil von 45 %. In anderen Ländern wird die stoffliche Verwertung häufig innerhalb übergeordneter Kategorien wie „Renewable Energy" oder „Green House Gas Emission Reduction" (GHG) geführt (nach Biorefinery 2006). In den USA erwartet der National Research Council (NRC), dass bis 2020 etwa 25 % der derzeitig auf fossilen Rohstoffen basierenden organischen Grundstoffe (Basiswert 1994) und 10 % der Öle und Kraftstoffe auf eine biologische Rohstoffbasis umgestellt und vorrangig mittels Bioraffinerie-technologien produziert werden könnten.[181] Angenommen wird, dass damit zukünftig der nationale Eigenbedarf der USA an organischen Grundstoffen zu 90 % und an organischen Ölen und Kraftstoffen zu 50 % gedeckt werden kann.[182] Die Ziele sind ambitioniert, da sich Bioraffinerien noch in einem frühen Forschungs- und Entwicklungsstadium befinden. Das industriegeführte „Biomass Technical Advisory Committee" (BTAC) hat Umsetzungsziele für die Bereiche Bioenergie, Biokraftstoffe und Bioprodukte in einem Stufenplan bis zum Jahr 2030 konkretisiert.

Insgesamt zeigt sich, dass Kunststoffe aus nachwachsenden Rohstoffen ein großes Innovationspotential bieten, aber für ihre Realisierung den Neuaufbau von F/E-Kapazitäten, Investitionen in neue und modifizierte Anlagen sowie erhebliche Markteinführungsaufwendungen mit begleitenden neuen Normen, Medienkampagnen und gesetzlichen Rahmenbedingungen verlangen.

Verhältnismäßig „schnelle" Erfolge verspricht die Substitution einzelner petrochemisch-basierter Grundstoffe mit bereits existierenden Anwendungen, d. h. Märkten durch chemisch/anwendungstechnisch „ähnliche" Substanzen auf Basis nachwachsender Rohstoffe (z. B. sonnenblumenölbasiertes Polyol für die Herstellung von Polyurethan-Schäumen). Dennoch muss parallel dazu die gesamte Umstellung der petrochemisch orientierten organischen Chemie auf stammbaumfähige Substanzen aus nachwachsenden Rohstoffen *bereits jetzt* vorange-

---

[179] vgl. Biorefinery 2006b, S. 8; www.suschem.org
[180] vgl. Biorefinery 2006
[181] ebenda
[182] vgl. NRC et al. 2000, nach Biorefinery 2006b

trieben werden. Der wichtigste Faktor dafür, wie intensiv sich die chemische Industrie mit nachwachsenden Rohstoffen für die Herstellung chemischer Grundstoffe beschäftigen wird, ist derzeit und mittel- wie langfristig die Ölpreisentwicklung.

Allein dieser kurze Ausflug in das Innovationsfeld der Biokunststoffe zeigt, dass es viele große neue Möglichkeiten gibt, grüne Innovationen mit Erfolg am Markt durchzusetzen. Allerdings darf diese Entwicklung niemals zu Lasten der Ernährungsbasis der Menschen gehen, sondern muss die vielen innovativen weiteren Möglichkeiten der Natur nutzen. Erste Hungerrevolten und Aufstände zeigen, wie empfindlich das globale Gleichgewicht zerstört werden kann, wenn Mais oder andere Nahrungsmittel aufgekauft werden, um daraus Biosprit zu produzieren. Die Chance des Going Green muss allseitig genutzt und von Unternehmensgründern weltweit wahrgenommen werden.

Praxistipps:

Erfolgreiche Unternehmensgründer nutzen weltweit die IMEAS Formel, wobei vor allem der praktischen Takraft, also der praktischen Aktivität pro Umwelt mehr Bedeutung zukommt!

Es zahlt sich immer aus, den Aktivitätsquotienten pro Umwelt- und Klimaschutz praktisch zu bewerten und zu vergleichen. Dazu reichen auch einfache Methoden und Instrumente, wie die Energieeinsparung pro Arbeitsplatz oder Abteilung!

Um die Initiativen für mehr Greentech zu erhöhen, zahlen sich auch schon kleine Anschubfinanzierungen aus!

Erfolgreiche Unternehmensgründer trainieren das Überzeugen von Kapitalgebern anhand klarer, einfacher Modelle statt umfassender Charts und Präsentationen!

Jeder ist gut beraten, in seinem Geschäftsfeld das Aufkommen von Startups und ihre Erfolgsgeschichte aufmerksam zu verfolgen!

4. Unternehmertum nach Silicon Valley Muster

Für Greentech-Innovationen von Kindheit an

Die „Tech Challenge" ist eines der herausragenden jährlichen Bildungsevents in den USA. Wie in Deutschland bei „Jugend forscht", arbeiten junge Leute in kleinen Teams, um mit neuen Technologien reale Probleme unserer Zeit mit Spaß zu lösen. Die Tech vermittelt allen Jugendlichen im Silicon Valley das Gefühl, die Chance zu haben, große Erfindungen hervorzubringen. Das Ziel der Veranstaltung, zum Knobeln und Tüfteln zu motivieren und zu inspirieren, ist in dieser Region mit diesem Event erreicht worden. Allerdings werden im Gegensatz zu unseren Praktiken nicht nur die besten Lösungen mit einem Preis bedacht, sondern auch die spektakulärsten Flops. Auch aus Fehlern kann man lernen und damit rechtzeitig eine entsprechende Gründerkultur aufbauen. Die Tech Challenge ist für alle 5- bis 12-Klässler offen. Im Frühjahr 2008 widmete sich die Tech Challenge dem Thema sauberes Trinkwasser. Da einer von fünf Menschen keinen permanenten Zugang zu Trinkwasser hat, bestand die Aufgabe darin, ein Gerät zu entwerfen, das von einem Fluss betrieben wird, um entsprechend Wasser für die Wassertanks eines Dorfes zur Verfügung zu stellen. Dabei wurden sowohl Preise für die beste Gesamtlösung, für die Wirkungsweise aber auch für die Ideen, die die meisten Ressourcen sparen, verliehen.

Im Jahr 2008 haben ca. 11.000 Jugendliche rund um Silicon Valley an diesem kreativen Wettbewerb teilgenommen, um die innovativsten Lösungen für reale Probleme zu finden. In den letzten 20 Jahren standen dabei überwiegend globale ingenieurtechnische Fragestellungen im Mittelpunkt, wobei oft die Weltraumerkundungen die Jugendlichen faszinierten.

Die jetzige Umorientierung auf ökologische Probleme spricht für sich. Der Wettbewerb findet über einige Monate statt, wobei das Team vom Brainstorming über die Ideenentwicklung bis hin zur Umsetzung und zum Testen des Verfahrens oder der entwickelten Lösungen alle Höhen und Tiefen eines Entwicklerprozesses durchläuft.[183]

Unterstützt werden die Teams dabei durch das Tech Museum of Innovation sowie von einer Reihe Sponsoren und erfolgreichen Unternehmen wie z. B. Intel, Yahoo, SAP, Symantec, IBM und AMD.

---

183 vgl. http://techchallenge.thetech.org/about.cfm; Aufruf vom 12. Mai 2008

Das Tech Museum of Innovation in San Jose, der Hauptstadt des Silicon Valley, inspiriert Innovatoren durch interaktive Ausstellungen, Themengalerien und mit seinem Hackworth IMAX® Dome Theater und vielen einmaligen Museumsprogrammen. In Ausstellungen beschäftigen sich Wissenschaftler aktuell mit neusten Trends und Entwicklungen der Wissenschaft. Im Ausstellungsbereich „Life Tech" können die Besucher Erfahrungen sammeln, wie Maschinen unser Leben erhalten und sie können Technologien erkunden, die unsere natürlichen Fähigkeiten erweitern. Die Debatte über die ethische Bewertung des Einsatzes neuster biotechnologischer Innovationen kommt dabei nicht zu kurz. Auch Ausstellungen zur Genetik oder „Transparente Körper" bieten Schülern und Studenten neue spannende Bildungs- und vor allem Mitmachanreize. Mittels neuster audiovisueller Verfahren werden anschaulich, nachvollziehbar und spannend aktuelle wissenschaftliche Kenntnisse vermittelt. Der „Visible Human" wurde als erster vollständig virtueller menschlicher Körper aus 1878 Einzelbildern erzeugt. Mittels Touch-Screens können unterschiedliche Ansichten projiziert und Animationen erzeugt werden. Selbst im „Second Life" zeigt The Tech Präsenz und fordert zur Aktivität auf.

Ähnliche Erlebnisse bietet auch das MIT Museum in Harvard, das gleichfalls Interaktivität und Kreativität fördert und zum Mit- und Nachmachen motiviert. Große Forschungseinrichtungen bemühen sich intensiv, ihre Forschungserfolge an die junge Generation weiterzugeben und schon in sehr jungen Jahren den besten Nachwuchs zu fördern.

Mathematik spielt dabei eine gewichtige Rolle, als oft nicht direkt sichtbare Kraft.[184]

In unserem Digitalzeitalter haben viele Dinge einen numerischen Ausdruck erhalten. Ob Musik, Filme, Fotos – alles setzt sich aus Zahlen zusammen. Selbst Buchstaben werden durch Zahlen repräsentiert. Erst durch die Mathematik, wurden viele Errungenschaften des heutigen Lebens, besonders der Technik, möglich. Ob Computer, Fernseher, MP3-Geräte, biomedizinische Apparate, Navigationsgeräte, Fahrkartenautomaten – alle sind nur durch Mathematik möglich. Auch die Internetsuchmaschinen, wie Google, basieren auf mathematischen Algorithmen.

Aber auch komplexe Waren- und Finanzströme wären ohne die Mathematik nicht machbar. Denkt man vor allem an die sich immer stärker entwickelnden Einflüsse der Computerisierung auf den Alltag, repräsentiert in den Strömen des

---

184 vgl. Lossau, Norbert, Alles ist Zahl, in: Die Welt, 25. März 2008. (Leitartikel)

Ubiquitous[185] und Pervasive Computings[186] sowie den Tendenzen der elektronischen Aufrüstung unserer Umwelt im Sinne der „Ambient intelligence"[187], dann wird klar, dass das Leben zukünftig ohne Mathematik nicht mehr beherrschbar sein wird. Besonders Sicherheitsmodelle, die mit Funkchips ausgerüstete Personen und Waren unterstützen, benötigen gut programmierte Prozesse und Anweisungen. Gleichzeitig stehen der großen und wachsenden Bedeutung der Mathematik für Wohlstand und Fortschritt viele Menschen mit Verständnislosigkeit und Ignoranz gegenüber. Dazu tragen im Wesentlichen aber auch die Pädagogen bei, die es oftmals nicht schaffen, den Schülern anschauliche Beispiele des Alltags für die Grundlagen komplexer Zahlen oder von Funktionen zu erläutern. Wer im Musikunterricht nur Tonleitern übt, ohne jemals eine Symphonie oder einen Song zu hören, würde sehr schnell das Studium z. B. eines Instrumentes wieder aufgeben. Während sich allerdings viele der Musik erfreuen, gibt es sicherlich nur wenige, die schöne Mathematik genießen könnten.

Um in Deutschland wieder ein größeres Bewusstsein für Mathematik und vor allem mehr Begeisterung hervorzurufen, wurde das Jahr 2008 zum „Jahr der Mathematik" erklärt. In zahlreichen Veranstaltungen bemühen sich die Organisatoren, die „trockene" Mathematik den Menschen näherzubringen und dabei in wachsendem Maße auch Umweltthemen einzubeziehen. Ohne mathematisch begabte Köpfe ist der Wettbewerb der Zukunft, ob beim Kampf gegen gefährliche Krankheitserreger, die Erschließung neuer Technologien zum Klimaschutz oder die Entwicklung neuer Energietechnologien nicht möglich.

Von vielen Gesellschaften, so wie der Deutschen Gesellschaft für Umwelterziehung (DGU), der Stiftung für Umwelterziehung in Europa (F.E.E), wird die Umwelterziehung bereits in der Kindheit gefördert. Ziel ist die pädagogisch und wissenschaftlich fundierte Auseinandersetzung mit der natürlichen, der sozialen und der bebauten Umwelt.

In Amerika und Australien gibt es ganz selbstverständlich spontane Strandaufräum- oder Baumpflanzaktionen, über die man sich im Internet erkundigt. Hat man Zeit, geht man hin. Folgen nur fünf Leute einem Aufruf, wird mehr gemacht, kommen 100, hat jeder weniger zu tun. Alles erfolgt aber spontan und unverkrampft. Solche Aktionen sind bisher in Deutschland vollkommen unbekannt. Außer bei der nationenweiten Beseitigung von Laub vor der eigenen Tür im Herbst! In Deutschland überwiegt bürokratisches Ausfüllen von Verpflichtungserklärungen, besonders langfristig. Aber wer will sich schon für alle Sonntage im Jahr verpflichten. Zu spontanen Aktionen würden sich mehr Menschen

---

185 Allgegenwärtige rechnergestützten Informationsverarbeitung im Alltag von Menschen
186 Durchdringung von Gegenständen und Infrastrukturen mit Mikroelektronik
187 Intelligentes Umfeld – mit Computern und Mikroelektronik aufgerüstet

entscheiden. Bei Greenpeace ist ein Praktikum unter einem Jahr gar nicht möglich. In den USA und Australien sind Umweltorganisationen für jede Hilfe, auch
wenn sie nur drei Monate möglich ist, dankbar.[188]

Natürlich wurde das Potential des interaktiven frühen Weckens von Interesse
auch von deutschen Firmen und staatlichen Bildungseinrichtungen erkannt. Besonders private Unternehmen engagieren sich bei der Bildungsförderung. Ein
besonders erfolgreiches Beispiel stellt hierfür der „IdeenPark. Zukunft Technik
entdecken" dar. Diese Initiative wurde im Jahr 2004 vom Technologiekonzern
„ThyssenKrupp" initiiert, der dafür 10 Mio. Euro in den Ideenpark investierte.
An der Umsetzung wirkten allein im Jahr 2008 mehr als 120 Partner aus Wissenschaft, Wirtschaft, Politik, Medien und Sport mit. Daimler, Bosch, Voith, Microsoft Deutschland oder die Carl Zeiss AG, um nur einige zu nennen. Trotzdem:
Kein einziges Firmenlogo taucht auf dem Messegelände auf – auch das des Ver-
anstalters fehlt. „Wir wollen keine Werbung für die Unternehmen machen, sondern für die Berufe, auf die wir in den kommenden Jahren so dringend angewiesen sind", erklärt ein Sprecher. „Kein großer Konzern kommt ohne gut
ausgebildeten Nachwuchs aus – aber wenn sich nicht mehr Jugendliche für na-
turwissenschaftliche oder mathematische Berufe entscheiden, ist der heutige
Standard kaum zu halten."[189]

250.000 Besucher nutzten das innovative Bildungsangebot bereits. Über 3.000
Männer und Frauen waren mit der Organisation des Großevents beschäftigt.

Generell besteht die Motivation der Initiatoren, besonders der Wirtschaft, darin,
junge Menschen für Innovationen und die Zukunft der Technik zu begeistern,
um damit nachhaltige Anstöße für die Ausbildung und Berufswahl und damit für
die Sicherung des qualifizierten Nachwuchses zu geben.

Tausende von Kindern und Erwachsenen strömten in die Hallen des Stuttgarter
Messegeländes. Kindergarten-Gruppen reisten komplett an, Schulkinder kamen
mit Eltern, Omas, Opas im Tross. Der Eintritt war frei und manche Halle so voll,
dass strenge Ordner das Publikum zeitweise vor dem Eingang in Schach halten
mussten. Viele bedauerten, im normalen Schulalltag solch spannendes Nerven-
futter nicht einmal im Ansatz zu erhalten.

Im Jahr 2008 schuf ThyssenKrupp mit dem Ideen-Park auf dem Gelände der
Messe in Stuttgart eine einzigartige Technik-Erlebniswelt für Kinder, junge Erwachsene und Familien. In sieben Lebenswelten unseres Planeten suchten Initia-

---

188 vgl. Talk mit der MTV-Moderatorin, Nina Eichinger, Die Tietjen und Dibaba, NDR3,
     30. Mai 2008
189 vgl. http://www.derwesten.de/nachrichten/waz/2008/5/21/news-48427478/detail.html;
     Aufruf vom 28. April 2008

toren, Partner und Besucher nach Antworten auf die Herausforderungen der Welt von morgen. Die Themen reichten vom Inneren der Erde, der eisigen Welt der Pole, glühenden Wüsten, pulsierenden Städten, den Tiefen der Ozeane bis in die unendlichen Weiten des Weltalls.

Mit Kreativität und natürlicher Neugier konnten selbstständig Entdeckungen und Erfindungen gemacht werden. Dazu luden spannende Workshops, Experimente, Shows und Exponate ein. Das Ziel war, einen ganz neuen Blickwinkel auf Technik und Umwelt zu eröffnen und zu beweisen, wie viel Spaß das machen kann. Besonderes Erleben garantierten rund 500 Ingenieure, Forscher, Tüftler und Studenten, die den Besuchern Rede und Antwort standen und dazu einluden, selbst zum Konstrukteur zu werden.

Einen weiteren Schwerpunkt stellte SchlauLoPolis als das Bildungsparadies für neugierige Kinder und Jugendliche dar. Im Zentrum standen kreative Lernangebote von Partnern aus ganz Deutschland. Bereits Vorschulkinder hatten die Möglichkeit, unter Anleitung engagierter Pädagogen mit spielerischen Experimenten zu forschen. Jugendliche lernten, wie man Roboter programmiert, Schüler-Labore, Workshops und Wettbewerbe vermittelten Spaß an Technik. In einem eigenen Stadtteil von SchlauLoPolis wurde Orientierung und Beratung für die technische Berufsausbildung angeboten. Des Weiteren konnten Eltern mit ihren Kindern zur Familien-Uni gehen und auch bei Entertainment-Veranstaltungen, wie „1, 2 oder 3" oder dem ARD-Quiz „Kopfball" knifflige Aufgaben lösen. Täglich präsentierte Thomas Gottschalk mit Prominenten Gästen in der Show „Days of Innovation" live Experimente zum Staunen.

Erstmals wurde des Weiteren in Deutschland im Jahr 2008 der Studentische Ideenwettbewerb „Generation-D. Ideen für Deutschland. Gemeinsam anpacken" von der Bayrischen Elite-Akademie (München), der Allianz SE, der Süddeutschen Zeitung und der Stiftung Marktwirtschaft ins Leben gerufen. Auch Klima und Umwelt gehören zu den 3 Hauptschwerpunkten. Ziel ist, Projekte gegen die Zerstörung unserer natürlichen Lebensgrundlagen vorzuschlagen, lokale Veränderungen einzuleiten, um die Grundlagen der Erde für unser Wirtschaften besser und verantwortungsvoller zu nutzen, Wirtschaftswachstum in großen und kleinen Unternehmen zu fördern, um neue Arbeitsplätze zu schaffen, aber gleichzeitig Ressourcen zu schonen. Zentrales Anliegen besteht im Nachdenken darüber, wie die großen Klimaziele von Kyoto und Bali von jedem Einzelnen umgesetzt werden können. Gegenwärtig ist die erste gesamtdeutsche Generation an deutschen Hochschulen präsent. Der Wettbewerb will Aufbruch vermitteln, Ideen zu Themen wie Nachhaltigkeit fördern, um für Deutschland ein lebenswertes Zukunftspaket zu schnüren.[190]

---

190 vgl. http://www.gemeinsam-anpacken.de/profil/index.php; Aufruf vom 4. April 2008

Das beweist, dass sich auch in Deutschland einiges tut auf dem Gebiet der frühen Ausbildung von mehr Innovationsgeist für nachhaltige Zukunftsfähigkeit. Dass dennoch an vielen Schulen Umwelt- und Klimaschutz noch kein Thema sind, zeigt, wie viel noch zu tun bleibt.[191] Einzelne Unternehmen setzen sich für Klimaunterricht an Schulen ein, Tendenz steigend.

Die Erstellung neuer Lehrpläne in der Bundesrepublik Deutschland 2005 bot Gelegenheit, die Behandlung von Umweltproblemen in sie aufzunehmen. Hatte anfangs kaum genügend Material zur Verfügung gestanden, so sind inzwischen zahlreiche Veröffentlichungen erschienen. In höheren Klassen werden mittlerweile größere Einheiten als Projekte interdisziplinär durchgeführt. Zur Behandlung von Umweltthemen im Unterricht ist festzustellen:

1. Es sollten nicht nur Ursachen und Folgen gesellschaftlichen Handelns, sondern auch Schutzmaßnahmen und vor allem die sich ergebenden Konflikte behandelt werden.

2. Die Lehrpläne sollten die interdisziplinäre Behandlung vorschreiben.

3. Experimente und Feldarbeit sind mehr als bisher vorzusehen.

4. Die Eignung einzelner Themen für die verschiedenen Altersstufen muss näher untersucht werden.

5. Der Erdkundeunterricht wird zu häufig von Nichtgeographen erteilt.[192] Hier sei die Frage erlaubt, wie es um die Qualifikation der anderen Lehrkräfte hinsichtlich Umwelt- und Klimaschutz bestellt ist.

Die „Arbeitsgemeinschaft Natur- und Umweltbildung ANU"[193] hat die Vielfalt dieses Bildungsbereiches in einer Publikation zusammengefasst.

Auch ohne formalen Unterricht wird in den USA, besonders in Kalifornien und im Silicon Valley, viel für die Umweltaufklärung der Kinder und der gesamten Bevölkerung getan. Bücher wie „Green, Greener, Greenest – A Practical Guide to Making Eco-Smart Choices a Part of Your Life" von Lori Bongiorno,[194] einer früheren Journalistin von BusinessWeek, werden als Bestseller 20 % preisgüns-

---

191 vgl. www.ghs-flein.hn.bw.schule.de/umweltfr.htm; Aufruf vom 8. April 2008

192 Dies gilt speziell für die Betrachtung geowissenschaftlicher Umweltprobleme, vgl. auch Hagel, Jürgen: Geowissenschaftliche Umwelt- und Zukunftsprobleme im heutigen Schulunterricht, Berlin, Heidelberg, Springer 2005

193 vgl. ANU (Hrsg.): Natürlich. Nachhaltig. Mit Umweltbildung auf dem Weg in die Zukunft. ANU-Verwaltungsgeschäftsstelle, c/o Internationalpark Unteres Odertal, Criewen, Park 3, Schloss, D-16303 Schwedt

194 vgl. Bongiorno, Lori, Green, Greener, Greenest, New York, Perigee Trade 2008.

tiger angeboten, um noch mehr Leser zu erreichen. Gleiches gilt für Peter Barns Citizen's Guide „Climate Solutions. What Works, What Doesn't, and Why"[195] Ohne solche Bücher oder die zahlreichen sonstigen Flyer, Anzeigen in Zeitschriften oder praktischen Tipps zu mehr Umwelthandeln überbewerten zu wollen, unterstützen sie den Bewusstseinswandel und sind insofern hervorhebenswert, als sie noch vor Jahren in den USA kaum eine Rolle spielten.

Heute beginnt die Aktivität pro Umwelt in den Kindergärten und Schulen und schließt die Universitäten ein. Das Hauptziel besteht darin, die nach wie vor große Lücke zwischen Daten-, Informations- und Wissensfülle auf der einen Seite mit weit mehr umweltorientiertem Handeln zu verbinden. Vielfach wird von einer Wissens-Handlungs-Lücke[196] gesprochen, die sich von den frühesten Ausbildungsjahren bis in die Berufstätigkeit erhält. Den Unternehmen schadet die große Differenz zwischen Informationsreichtum und praktisch verwertbarem und anwendbarem Wissen enorm. Je früher die jungen Leute selbst erkennen, wie wichtig handlungsorientiertes Wissen und Lernen sind, umso besser. In Unternehmen spielt das eine erfolgsbestimmende Rolle.[197] Deshalb wird größter Wert auf die Ausbildung von Lernkompetenzen gelegt. Sie werden in der Theorie nach vier Stufen gegliedert.[198] Jede höhere Lernebene schließt somit die Gesamtheit der unter ihr liegenden ein. Die Fähigkeit zur Selbstreflexion (Selbstevolution), also das Lernen auf Ebene 3, umschließt das bewusste Handeln auf den vorherigen Lernstufen. Der gesamte Prozess des evolutorischen Lernens umfasst:

1. Unbewusste Inkompetenz

2. Bewusste Inkompetenz

3. Bewusste Kompetenz

4. Unbewusste Kompetenz

Die wichtigste Stufe ist dabei das bewusste Erkennen bzw. Wahrnehmen der eigenen Inkompetenz (Schritt 2). Die individuelle Realisierung eigener Schwächen verlangt eine sowohl nach innen (psychisch) als auch nach außen (sozial)

---

[195] vgl. Chelsea Green Publishing Company, 2008

[196] vgl. Knowing-Dowing-Gap = Lücke zwischen Generierung von Wissen im System der Wissenschaft bis zum Transfer in das ökonomische System sowie der Umsetzung als wertschöpfungsgenerierende Applikation

[197] vgl. Davenport, T. H.; Prusak, L., Working Knowledge: How Organisations manage what they know, Boston, 1998 und Pfeffer, J.; Sutton, R. I., The Knowing-Doing Gap – How Smart Companies Turn Knowledge into Action, Boston/Mass., 1999

[198] vgl. Röpke

gerichtete Sensitivität und ist Grundvoraussetzung für das Akzeptieren von Herausforderungen und das Ergreifen von Chancen. Bleibt unternehmerisches Lernen dabei aus, d. h. erfolgt keine Veränderung und kein Kompetenzerwerb, so kann auch die Ebene der Selbstevolution nicht erreicht werden. Erst die Lernebene 3 ermöglicht eine ganzheitliche Kompetenzentfaltung und ist somit der Schlüssel zur Autopoiese[199] schöpferischen Unternehmertums. Die Anwendung dieser These auf die Problematik der Lücke zwischen Wissen und Handeln erlaubt die Feststellung, dass aufgrund der Unmöglichkeit des Wissenstransfers an „Unausgebildete" eine Applikation neuen Wissens schneller und erfolgreicher durch den akademischen Unternehmer erfolgen kann, wie man am Beispiel der Google-Stanford-Erfolgsstudenten sehen kann. Der Wissenschaftler selbst muss die Prozesse des evolutorischen, unternehmerischen Lernens, der Entwicklung von Fähigkeitsbewusstsein durchlaufen und seine wissenschaftliche Neukombination selbst am Markt durchsetzen (oder zumindest beteiligt sein).[200]

Praxistipps:

> Je früher mit dem Ausprägen von Ökokompetenz begonnen wird, um so erfolgreicher entwickeln sich Umweltbewusstsein und -kompetenz
>
> Lernen muss Spass machen! Das neue grüne Lernen bietet dafür viele Chancen, wenn möglichst einfach angefangen wird: Wie kann z. B. jeder Wasser sparen?
>
> Lernerfolge sollten anerkannt und prämiert werden. Schon die Kleinsten sind stolz auf Urkunden und was man Schwarz auf Weiß besitzt lässt sich getrost nach Hause tragen!
>
> Auch aus Fehlern lässt sich lernen, daher sollte eine Kultur dafür entwickelt werden!
>
> Das Erkennen eigener Inkompetenz hilft besonders Führungskräften!

Akademikereliten mit Entrepreneur-Talent

Eliteausbildung gehört zu jenen Schlagworten, die international die Diskussionen unterschiedlich erhitzen. Während in den USA über Eliteausbildung bereits

---

[199] vgl. Autopoiesis bzw. Autopoiese (altgriech. ατός, „selbst", und ποιέω, „schaffen") = Prozess der Selbsterschaffung und -erhaltung eines Systems, charakteristisches Organisationsmerkmal von Lebewesen bzw. lebenden Systemen, Begriff geprägt vom chilenischen Neurobiologen Humberto Maturana

[200] vgl. Röpke, J., Lernen in der unternehmerischen Wissensgesellschaft: Von der Inputlogik zur Selbstevolution, in: Klemmer, P. et al. (Hrsg.), Liberale Grundrisse einer zukunftsfähigen Gesellschaft, Baden-Baden, 1998, S. 140

vom Kindergartenalter an diskutiert wird und Kinder bereits ab 3 Jahren auch schon Chinesisch lernen können, wird in Deutschland noch immer verstärkt über die Risiken einer Eliteausbildung philosophiert. Erste zarte Ansätze wie die Förderung von Eliteuniversitäten zeigen, dass sich etwas tut, um international mithalten zu können. Wer im verschärften Innovationswettbewerb tonangebend mitwirken will, braucht Bestausgebildete. Der Wissenschaftsrat übte Anfang Juli 2008 dagegen „schonungslose Kritik" an den Hochschulen, speziell der Lehre.[201] Die miserable Lage sei alles andere als elitär. „Hochschullehrer aller Hochschularten sind als Lehrende weitgehend Autodidakten, sie lehren auf Erfahrungsbasis und ohne geregeltes professionelles Feedback."[202] Das Verbesserungspotential reicht von der Qualifikation der Hochschullehrer über die Raumausstattung bis zu den Unterrichtsmitteln und Bibliotheken und der Betreuungsquote pro Professor. Lehre betrachten die Professoren meist als lästige Pflicht und wenig prestige- bzw. anerkennensreich. Von Elitelehre kann keine Rede sein. In den Schulen trifft man auf wenige Begabten-Förderklassen. Oftmals kennen die Universitäten ihre besten Studierenden nicht.[203]

Der Begriff der Elite (lat. „eligere" = auswählen) bezeichnet Vorreiter auf den unterschiedlichsten Gebieten. Dabei lässt sich die „Elite" weit diversifizieren, in Macht- und Führungseliten, Bildungs- und Leistungseliten, Kreativitätseliten, Werteeliten, Statuseliten, Verantwortungseliten etc. Mit dem Elitebegriff definieren sich nicht Überheblichkeit, Arroganz oder Selbstüberschätzung, sondern wirkliche Vorreiter und Vorbildrollen – die 3 V (Vorbild, Verpflichtung, Verantwortung). Gegenwärtig klaffen allerdings Anspruch und Wirklichkeit weit auseinander, insbesondere im Management. Einer erwarteten Vorbildwirkung steht häufig die Realität privater Vorteilnahme entgegen.

Weltweit geht man von 2 % Hochbegabten aus, weitere 8 % sind durch die Schule stark unterfordert. Aus mangelnder Förderung entwickeln sich ca. 15 % zu Schulversagern, was einer enormen Potentialverschwendung gleichkommt. Elite- und Begabtenförderung muss sowohl die einen als auch die anderen in den Prozess mit einbeziehen.

Hierzu wurde mit dem Berliner Schulgesetz im Februar 2004 ein Novum erlassen, dass Schülerinnen und Schüler mit besonderen Begabungen und hohen kog-

---

201 vgl. Schonungslose Kritik an der Lage der Hochschulen, Frankfurter Allgemeine Zeitung, 7. Juli, 2008, S. 4

202 vgl. Friedmann, Jan; Kaiser, Simone;Verbeet, Markus, Forschung und Leere, in: Der Spiegel 28/2008, S. 52

203 vgl. Frey, Dieter, Elite. Chancen und Gefahren. Nov. 2007, Department Psychologie, Ludwig-Maximilians-Universität München, Akademischer Leiter der Bayrischen Eliteakademie

nitiven Fähigkeiten genauso wie solche mit erheblichen Lernschwierigkeiten einen Rechtsanspruch auf besondere Förderung (§4 Abs. 3, Satz 1 SchulG.)[204] haben. Hierzu gehört auch das Angebot von speziellen Förderangeboten für Hochbegabte in mathematisch-naturwissenschaftlichen Netzwerkschulen. Bis zum Schuljahr 2005/2006 wurden vergleichbare Förderkonzepte ausschließlich im fremdsprachlichen und bilingualen Bereich umgesetzt.

Generell ist es wichtig in der Bildung Möglichkeiten für eine flexible Selektion über alle Altersstufen hinweg sowie Ganztagsschulen anzubieten. Dabei sollte jeder Schüler das Recht auf individuelle Förderung haben, so wie es z. B. im K12-Programm[205] angeboten wird. Hier werden Kinder in ganz besonderer Weise auch bei mathematischen und wissenschaftlichen oder anderen Begabungen unterstützt. Beispielhaft ist ein 6-jähriger Amerikaner, der seine eigene Stiftung gründete, um Menschen in Not zu unterstützen. Er hat zahlreiche Hilfsprojekte, die er organisiert. Sowohl Bush als auch Clinton gratulierten ihm zu seinem Engagement.[206] Auf Grund des flexiblen virtuellen und blended-learning Konzeptes kann er bereits in jüngsten Jahren lernen, sich selbst zu organisieren, entsprechend seinem Rhythmus und seinen Fähigkeiten Wissen zu erwerben und sich gleichzeitig um die globalen Probleme der Welt zu kümmern. Hier bieten natürlich neue Medien besondere Mechanismen, um regelmäßig Leistungen zu überprüfen, zu wiederholen oder zu überspringen. In „normalen" Schulen ist so etwas gegenwärtig kaum möglich, sieht man von bestimmten elektronischen Lernprogrammen ab, die zunehmend den Unterricht bereichern. Betrachtet man die zunehmenden Herausforderungen hinsichtlich Mobilität und Flexibilität, dann ist es verwunderlich, dass bis heute keine „Fernschulen" in den Zukunftskonzepten für Bildung zur Diskussion stehen. Es wird Zeit, dass in Deutschland die Schulpflicht fällt und einer Bildungspflicht weicht, so wie sie in vielen anderen Ländern bereits üblich ist. In den USA gibt es fast zwei Millionen Kinder und Jugendliche, die ohne Schule lernen.[207] Damit ist weder die Verarmung im sozialen Beziehungsgefüge begründet noch ist daraus eine mangelnde Interaktion mit Gleichaltrigen zu schlussfolgern. Vielmehr öffnen fehlender Lernzwang sowie räumliche und zeitliche Begrenzungen neue Wege zu mehr Motivation, Kreativität und Eigenverantwortung.

---

[204]   vgl. Senatsverwaltung für Bildung, Jugend und Sport. Der Senator. In einem Schreiben an alle allgemeinbildenden Schulen Berlins, Bearb. Frau Kröner, http://www.berlin.de/imperia/md/content/sen-bildung/; Aufruf vom 12. März 2008

[205]   vgl. www.k12.com

[206]   vgl. http://www.k12.com/promotions/family_spotlight__the_bonner_family; Aufruf vom 22. April 2008

[207]   vgl. http://www.d-perspektive.de/loesungen/bildung/schulpflicht-ueberwinden-teil-2.html; Aufruf vom 4. Mai 2008

Besondere Herausforderungen bestehen gegenwärtig sowohl in Deutschland als auch international in klassischen Bildungssystemen hinsichtlich transparenter, nachvollziehbarer, standardisierter und doch individueller Bewertungen. Oftmals bleiben die Fähigkeiten von Kindern unerkannt, da keine allgemeinen Testsysteme zur „Talentbewertung" neben den üblichen Leistungsbewertungen und den wieder an Bedeutung gewinnenden Sozialeinschätzungen via Kopfnoten in Schulen vorliegen.

Bei den Inhalten wird eine deutlichere Abwendung von den Fakten, hin zu mehr Wissen, Werten und Handlungskompetenz notwendig. Ungeachtet mancher Schwächen, gibt es in Deutschland bereits eine Reihe von Beispielen für Eliteförderungen wie z. B. die neu eingerichteten Kategorien der Elite-Universitäten, die Eliteförderung durch die DFG in Form von Forschergruppen, Sonderforschungsbereichen und Schwerpunktprogrammen. Auch in den Forschungszentren findet Eliteförderung besonders durch die Gestaltung von Stipendien und Auszeichnungen statt. In vielen Firmen werden Eliten als High Potentials gefördert, obwohl oftmals die wirklich Kreativen nicht die notwendige Anerkennung erhalten.

Im Jahr 2004 wurde vom Institute of Higher Education der Shanghai Jiao Tong University eine Rangliste aller Universitäten der Welt aufgestellt. Zu den ersten zehn gehörten nur amerikanische Hochschulen. Ausnahmen stellen die englischen Eliteuniversitäten Oxford und Cambridge dar. Unter den ersten 50 Unis findet man 35 amerikanische und nur eine Deutsche – die TU-München. Ende des 19. Jahrhunderts sah das noch ganz anders aus. Damals gehörten die deutschen Unis zu den Exporthighlights. Die deutsche Uni galt als Modell für die Reform der US-amerikanischen Universitäten, z. B. die Neugründung von Johns Hopkins in Baltimore. Sie basierte auf Humboldtschen Lehren und Theorien und zielte vor allem darauf ab, Lehre und Forschung zu vereinen. Nur gute Forscher sind fähig, auch neuste wissenschaftliche Erkenntnisse an die Studenten weiterzugeben. Auch für die Reformen von Harvard und die University of Chicago diente die deutsche Hochschule als Vorbild. Für die Besten amerikanischer Eliten zählte der akademische Aufenthalt an deutschen Unis zu einem unbedingten „Muss".

Beispielhafte Namen hierfür sind W.E.B. Dubois (Studium in Berlin), William James (Studium bei Wundt in Leipzig) und Talcott Parsons (Heidelberg). Für amerikanische Chemiker galt Deutsch lange Jahre als Pflichtsprache auf Grund der hervorragenden Stellung der chemischen Forschung und Umsetzung von Ergebnissen in die Praxis.

Karl Ulrich Mayer, Professor für Soziologie an der Yale University, Direktor des Center for Research on Social Inequalities and the Life Course (CiQLE) und Direktor am Max-Planck-Institut für Bildungsforschung in Berlin, sieht trotz Unterfinanzierung und Reformbedarf der deutschen Unis ihr Potential.[208]

In den USA gibt es gegenwärtig 4.182 Hochschulen, davon 544 Universitäten mit Promotionsstudiengängen. Als herausragende Forschungsuniversitäten gelten 120 amerikanische Hochschulen. Die meisten amerikanischen Studenten sind an Hochschulen eingeschrieben, die akademisch eher schlechter sind als das Mittel der deutschen Hochschulen.

Mayer sieht es als negativ, dass viele Professoren „weniger qualifiziert" sind, da sie nicht mehr Forschungsleistungen als ihre Dissertation erbracht haben. Auch wird die Lehre von „adjunct professors" und studentischen Tutoren geleistet. Viele Veranstaltungen an den großen Unis sind eher Massenveranstaltungen mit Prüfungen nach Schema F und wenig Kontakten zwischen Lehrkörper und Studenten.

Die Finanzausstattung der 20 bis 30 Spitzenuniversitäten in den USA ist enorm. Yale verfügt z. B. über ein Vermögen von 11 Mrd. Dollar. Damit ist es möglich, wie in den besten Fußballclubs, die besten Spitzenwissenschaftler zu rekrutieren. Diese haben wenige Lehrverpflichtungen und suchen sich die besten Studenten weltweit. Auch wenn sich in den ersten Semestern Yale-Studenten nicht großartig von Berliner Studenten unterscheiden, diese sogar fachlich besser und breiter ausgebildet sind, wird von den Yale-Studenten dauerhaft mehr Leistung gefordert und die Unterstützung durch die Professoren ist größer. Die deutschen Studenten haben hervorragende Chancen an den besten amerikanischen Universitäten zu studieren, sofern sie sich bewerben würden.[209]

Ein heftig diskutiertes Thema der Bildung in Deutschland sind die Studiengebühren. Während hier an den Universitäten protestiert wird, gehören in Amerika die Studiengebühren zum Allgemeinverständnis, auch wenn sie in den letzten Jahren enorm gestiegen sind, wie das folgende Beispiel zeigt.

Im internationalen Maßstab wird z. B. an der Graduate School of Business der Stanford University mit folgendem Kostenschema pro Jahr (Angaben in US-Dollar) zuzüglich Studienreisekosten von minimal 1.500 bis 4.000 US-Dollar pro Auslandsaufenthalt kalkuliert.

---

[208] vgl. Mayer, Karl Ulrich, Schatten auf der Elite. Amerikas Spitzenunis haben Schwächen, die Deutschland nicht kopieren sollte, in: Der Tagesspiegel, 12. November 2004
[209] vgl. ebenda

Tabelle 9:   *Stanford MBA Program 2008*

Beispielrechnung für das Budget des ersten Sudienjahres in US-Dollar
(9 Monate = Akademisches Jahr)
September 2008 – June 2009

Kostenart	Single auf Campus lebend	Single außerhalb Campus lebend	Verheiratet auf Campus lebend	Verheiratet außerhalb Campus lebend
Schulgeld	48.921	48.921	48.921	48.921
Taschengeld + Nebenkosten	19.932	22.602	28.116	31.923
Week Zero Expense	634	708	861	967
Bücher & Material	1.869	1.869	1.869	1.869
Kursgebühren	1.845	1.845	1.845	1.845
Beförderung	864	1.818	2.679	3.624
Krankenversicherung	2.259	2.259	2.259	2.259
Gesamt	76.324	80.022	86.550	91.408

Quelle: Stanford Graduate School of Business, Stanford MBA Program,
Tuition & Expenses, 2008/2009, p.1

Ausgleichende Stipendien, die den Talentierten finanziellen Ausgleich gewähren und so dem Leistungsprinzip entsprechen, sind unerlässlich. Ein großzügiges und gut funktionierendes Stipendiensystem muss auch dann funktionieren, wenn z. B. ein College-Jahr, ob an einem privaten College oder einer Universität in den USA mittlerweile fast 40.000 US-Dollar im Jahr ausmacht. Wenn die Eliteausbildung nur noch ein Vorrecht der ökonomischen Elite darstellt, dann werden perspektivisch auch die Erfolge sinken.

Die Eliteausbildung wird aus psychologischer Sicht teilweise kritisch bewertet, da nicht immer nur der Spaß an Innovationen und die Freude am Entdecken die jungen Leute treibt. Der zunehmende Druck, an einer Spitzenuniversität aufgenommen zu werden, führt häufig zu starkem Stress und Misserfolgserlebnissen, die durch zusätzliche Trainer in der Freizeit für viel Geld kompensiert werden müssen. Wie bei den Repetitorien im deutschen Jurastudium bereiteten sich amerikanische Schüler auf die SAT-Tests und auf Bewerbungen vor, was bei der Auswahl zu sozial selektiven Verzerrungen führt. Auch spielen die Vorzugsbehandlungen von Ehemaligen wie z. B. den Kindern des Präsidenten Bush nicht immer eine positive Rolle. Generell sind solche Verfahren ein Skandal für Institutionen, die nach dem Leistungsprinzip arbeiten. Die Werte des Sponsoring, Lobbying, der Alumninetzwerke dürfen nicht in Widerspruch zu den Leistungsmaximen der Universitäten treten. Von den Yale undergraduates sind 14 % Kinder von Yale-Absolventen. Als fragwürdig kann auch die Rolle des College-Sports an vielen Hochschulen gesehen werden und die damit verbundene Abhängigkeit von den Alumni. Ein Football-Coach verdient oft das Vielfache eines Uni-Präsidenten. Gute Sportler werden bei der Rekrutierung bevorzugt und auch bei Prüfungen wird vor „universitären Hilfen" nicht zurückgeschreckt.

Verwunderlich erscheint, dass die Ausstattung der Professoren an Spitzenuniversitäten häufig geringer ist als an den meisten deutschen Universitäten. Dies meint aber nur die generelle Grundausstattung, die Sekretariat, Hilfskräfte oder Mitarbeiter betrifft. Nur mit entsprechenden Drittmitteln kann auf üppigere Ressourcen zurückgegriffen werden. Dies ähnelt aber weitestgehend auch den jüngst in Deutschland eingeführten Praktiken bei Juniorprofessoren, die in der Regel kein Sekretariat oder nur anteilig zur Verfügung gestellt bekommen sowie Hilfskräfte und Angestellte nur aus den zusätzlich und fremd geworbenen Mitteln rekrutieren können.

Die Finanzierungen durch die Industrie sind in den USA oft nicht mit deutschen Finanzierungshilfen vergleichbar. Beispielsweise erhielt Chris Sommerville von der Berkeley Universität nach persönlicher Auskunft im Frühjahr 2008 einen 500 Mio. US-Dollar schweren Forschungsauftrag von der Industrie für neue Bio-Kraftstoffe. Davon können deutsche Hochschullehrer oft nur träumen, weil schon drei Kommastellen weniger hier als ein exzellentes Ergebnis angesehen werden.

Das wirft natürlich die Frage auf, inwiefern sich auf Dauer in Europa und speziell Deutschland das ambivalente Verhältnis zwischen Exzellenz in Forschung, Lehre und industrieller Umsetzung halten kann. Es wird auf Dauer keine Spitzenergebnisse geben, ohne Spitzenbedingungen in Wissenschaft und Forschung, Aus- und Weiterbildung, insbesondere in jenen grünen Innovationsfeldern, aus denen neue Industrien entstehen. Im Kern geht es um die Entwicklung eines neuen Unternehmertyps – den akademisch ausgebildeten Entrepreneur.

Der wissenschaftliche Unternehmer (Scientific-Entrepreneur) wird selbst zum Durchsetzer seiner in der Wissenschaft erzeugten Neukombinationen im Wirtschaftssystem. Er besitzt die gleiche Evolutionsfähigkeit im Wissenschaftssystem wie der inventive und der innovative Wissenschaftler, ist aber zudem direkt anschlussfähig an das System Wirtschaft. Er besitzt die Fähigkeiten, in beiden Subsystemen zu operieren. Etzkowitz bezeichnet diesen Typus als

„entrepreneurial scientist" und spricht in diesem Zusammenhang von der „entrepreneurial university acting as a generator of spin-off firms."[210]

Die kausalen Faktoren für wissenschaftliches Unternehmertum sind die drei Komponenten

- Können (capabilities),

- Wollen (motivation) und

- Dürfen (rights to innovate)[211]

Letzterer Faktor hört sich etwas überraschend an, ist aber durch das deutsche Beamtentum durchaus sehr ernst zu nehmen. Vielfach sind unternehmerischen Aktivitäten von Hochschullehrern enge Grenzen gesetzt und verbietet das ländereigene Hochschulrecht wirtschaftliche Aktivitäten. Andererseits beklagen sich viele Studenten darüber, dass ihnen die vielbeschäftigten Hochschullehrer insbesondere durch ihre Nebentätigkeiten nicht genügend Zeit widmen.

In der Fachliteratur wird im Zusammenhang mit der Rolle herausragender Persönlichkeiten im Sinne von wissenschaftlichen und/oder unternehmerischen Persönlichkeiten auf die zunehmende Bedeutung von Gründungsteams gegenüber Einzelpersonen hingewiesen.[212] Eine Vielzahl von qualitativen Studien definieren, ohne sich auf eine gemeinsame Quelle zu beziehen, Gründungsteams anhand von drei Faktoren:[213]

Charakteristisch für Gründungsteams sind danach:

1. Zwei oder mehr natürliche Personen, die zusammen ein neues selbstständiges Unternehmen gründen.

---

210 vgl. 546 Viale, R.; Etzkowitz, H., Third academic revolution: Polyvalent knowledge; the DNA of the triple Helix, Theme Paper, 5th Triple Helix Conference, Turin, Milano, 2005, S. 10

211 vgl. Röpke, J., Transforming Knowledge into Action – The Knowing-doing Gap and the Entrepreneurial University, Bandung/Marburg, 2003, S. 2

212 vgl. Eigene Zusammenstellung, Daten entnommen aus Mellewigt, T.; Späth, J. F., Entrepreneurial teams – A survey of German and US empirical studies, in: Albach, H.; Pinkwart, A. (Hrsg.): Zeitschrift für Betriebswirtschaft, Ergänzungsheft 5/2002, Gründungs- und Überlebenschancen von Familienunternehmen, Wiesbaden, 2002, S. 110

213 vgl. u. a. Ensley, M.D.; Carland, J.W.; Carland, J.C., The Effect of Entrepreneurial Team Skill; Heterogeneity and functional Diversity on New Venture Performance, in: Journal of Business (Mellewigt, T.; Späth, J. F., Entrepreneurial teams – A survey of German and US empirical studies, in: Albach, H.; Pinkwart, A. (Hrsg.): Zeitschrift für Betriebswirtschaft, Ergänzungsheft 5/2002, Gründungs- und Überlebenschancen von Familienunternehmen, Wiesbaden, 2002, S. 118-119

2. Eine finanzielle Beteiligung jedes Partners an diesem Unternehmen (egal wie hoch).

3. Die Partner haben unmittelbar Verantwortung für das Unternehmen und für dessen Zielsetzung, Planung und Kontrolle.

Legt man diese Definition zu Grunde, so gehören Kapitalgeber, stille Teilhaber oder andere juristische Personen nicht zum Gründungsteam. Die angeführte Definition ist zwar nicht als Standard zu bezeichnen, ist aber die am häufigsten zu findende.[214]

Bezüglich des Auftretens von Teamgründungen durchgeführte empirische Untersuchungen versuchen überwiegend folgende zwei Fragestellungen zu beantworten:

■ Wie hoch ist der Anteil von Teamgründungen bezogen auf die Anzahl aller neu gegründeten Unternehmen?

■ Ist eine generelle Tendenz zu Teamgründungen zu beobachten?

Die Ergebnisse hinsichtlich der Proportion von Teamgründungen an der Gesamtzahl der Gründungen variieren stark. So sind in der Literatur Werte zwischen 8 % und 81 % angeben, was zu keiner vernünftigen Schlussfolgerung berechtigt. Aufgrund der immensen Personengebundenheit neuen Wissens bzw. neuer Technologien ist zur Schließung der allgemein beklagten Lücke zwischen Wissen und Handeln die unternehmerische Eigenaktivität des Wissenschaftlers zwingend erforderlich.

Das haben auch die in der Globalisierung besonders rasch wachsenden Volkswirtschaften wie China und Indien erkannt und fördern massiv die Ausgründung von universitär basierten Unternehmen. In China spielen die UREs (University Run Enterprises), also von den Hochschulen direkt gegründete und betriebene Unternehmen eine bedeutende Rolle. Über 5.000 wurden bereits im S&T Index Chinas[215] gelistet, was für die Wachstumsdynamik spricht.

---

214 So nennen bspw. Kirchoff/Klandt/Winand zusätzlich noch den Faktor Vollerwerbstätigkeit (vgl. Kirchoff, S.; Klandt, H.; Winand, U., Unternehmerische Partnerschaft: Ein Erfolgsfaktor, in: Böhling, D.; Nathusius, K., Unternehmerische Partnerschaften: Beiträge zu Unternehmensgründungen im Team, Stuttgart, 1994), während Ucbasaran et al. dem Faktor Leitungsbefugnis keine Bedeutung beimessen (vgl. Ucbasaran, D. et al.: The Dynamics of Entrepreneurial teams, in: Frontiers of Entrepreneurship research 2001, in: Proceedings of the Twenty-first Annual Entrepreneurship Research Conference, Babson Park, 2001)

215 vgl. S&T – Science & Technology

Betrachtet man das Universitätssystem in den Vereinigten Staaten, so fällt auf, dass die Positionierung der Hochschulen durch intensiven Wettbewerb untereinander erfolgt. Konkurriert wird vor allem um die besten Studenten und Professoren. Ein Großteil der Finanzierung der Hochschulen erfolgt durch so genannte Stiftungsfonds. Diese Fonds werden von professionellen Fondsmanagern betreut und sind nicht an bestimmte Anlagen gebunden. David Swensen, Chef des Stiftungsfonds der Universität Yale, erzielte mit seinem Fond in den letzten zehn Jahren eine durchschnittliche jährliche Rendite von 17 %. Der Durchschnitt aller universitären Stiftungsfonds lag 2005 bei 9,3 % und damit immer noch deutlich über der mittleren Entwicklung des Aktienmarktindexes S&P 500 (6,3 %).[216] „Die strukturelle Kopplung zwischen Wirtschaft und Wissenschaft wird bei uns durch Beamtenrecht, Bürokratie, Ethiker, Staatsanwalt, Risikoaversion, Technikfolgenabschätzer, Juristen, Berater und Zielvorgaben gesteuert – nur nicht durch die, die sie alleine leisten könnten. […] Universitäten verschenken Milliarden, weil sie ihr Wissen und die Träger ihrer Kompetenzen nicht in das Innovationssystem einbringen (dürfen, wollen, können). Und sie klagen und klagen. Und sie betteln bei ihren politischen Meistern um Almosen. Sie sitzen auf Säcken voller Geld, ohne es zu wissen oder zu nutzen. Sie verfügen über reichhaltige Ressourcen, aber weigern sich, sie neu zu kombinieren. Sie suchen ihr Heil in Ressourcenoptimierung und Controlling (d. h. Management, nicht Unternehmertum). Doing the wrong things right. Ergebnis: statische Effizienz, dynamische (Schumpetersche) Ineffizienz."[217] Besonders die naturwissenschaftlichen, forschungsintensiven Fachbereiche sind allerdings aus finanzieller Not heraus auf Drittmittel angewiesen. Parallel dazu existieren in Deutschland aber auch einige Private Hochschulen.[218]

Im Zuge der Lissabon-Strategie (3 % F.u.E.-Anteil am BIP bis 2010) hat die Bundesregierung die so genannte High-Tech-Strategie[219] ins Leben gerufen. Hier sollen bis 2009 zusätzliche 6 Mrd. Euro in Forschung und Entwicklung investiert werden. Zunächst ist das pure Inputlogik. Betrachtet man dann den effektiven Anteil, der in die Förderung von neuen, kleinen und mittleren Unternehmen fließen soll, 2006 waren das ca. 80 Mio., die zudem noch über komplizierte Antragsprogramme vergeben werden, so wird deutlich wie ernst die Poli-

---

216 vgl. Kuls, N., Wie amerikanische Universitäten Milliarden verdienen, URL: www.faz.net, 26. Oktober 2006; Aufruf vom 27. Oktober 2006

217 Röpke, J.; Xia, Y., Reisen in die Zukunft kapitalistischer Systeme; Grundzüge einer daoistischen Kinetik wirtschaftlicher Entwicklung, Marburg, 2007, S. 222

218 vgl. Interview mit Winnacker, E-L., Den Universitäten fehlt das Geld, Handelsblatt, 9. Oktober 2006, S. 2

219 Ziel, dass Deutschland zu einer der forschungs- und innovationsfreudigsten Nationen der Welt wird

tik es mit ihrer Förderung der Innovationskraft von Neugründungen und KMU meint.[220]

Praxistipps:

> Stellen Sie schon den Jüngsten anspruchsvolle Aufgaben und vergessen Sie die Diskusion um Überforderung!
>
> Investieren Sie als Unternehmen in die besten Köpfe!
>
> Mischen Sie sich aktiv und regelmäßig in die Diskussion um die Zukunft, insbesondere der Studienprogramme, der Hochschulen ein und haben sie keine Scheu vor großen Titeln!
>
> Vergleichen Sie die Debatte um Studiengebühren von 500 Euro pro Semester bei uns mit den Gebühren von rund 50.000 Dollar an Elitehochschulen der USA!
>
> Helfen Sie Hochbegabten mit Stipendien!

Sponsoren von den Graswurzeln bis zum Going Green von Stanford

Jane und Leland Stanford gründeten die nach ihnen benannte Universität im Jahr 1891, um etwas für das Wohl anderer Kinder zu tun, nachdem ihnen im Alter von 15 Jahren ihr einziger Sohn verstarb.

Nachdem die Familie zu großem Reichtum in den Jahren des „Goldrausches" sowie mit dem Aufbau der Transkontinentalen Eisenbahnverbindung gekommen war, sahen sie ihr Geld hier am besten nachhaltig zukunftsfähig angelegt. Sie stifteten den Boden, über 8.000 Acre[221], ihrer Palo Alto Ranch, die ursprünglich für die Pferdezucht und für das Trainieren genutzt wurde.

Interessant für uns ist, dass das inoffizielle Motto von Stanford lautet „Die Luft der Freiheit weht." und zwar in Deutsch und nicht Englisch „The wind of freedom blows". Das Zitat stammt von Ulrich von Hutten, einem bekannten Humanisten des 16. Jahrhunderts. Dieses Motto wurde sogar in das Universitätssigel übernommen.

---

[220] vgl. BMBF: Neue Impulse für Innovation und Wachstum, 6 Milliarden Euro-Programm für Forschung und Entwicklung, Bericht der Bundesregierung, Bonn/Berlin, 2006, S. 1, 10 ff. Vgl. Horn, K.: Bildung am Reißbrett, Frankfurter Allgemeine Zeitung, 10. März 2003, S. 11, Kapitel 6: Unternehmertum in der Universität – Modell und Vision 2050

[221] 1 a. (acre) = 4.046.87 m^2; 3 Acre sind etwas mehr als 1 Hektar (ein Quadrat von 100 m × 100 m)

Seit Gründungszeiten spielt das Sponsoring für die Stanford Universität eine maßgebliche Rolle. Dabei fördern sowohl Einzelpersonen, Organisationen oder Unternehmen in Form von Geld-, Sach- oder Dienstleistungen. Dabei ist das Wissenschaftssponsoring noch neueren Ursprungs. Die privatwirtschaftlichen Unternehmen oder auch Einzelpersonen unterstützen Forschungsprojekte, ohne diese an konkreten Ergebnissen zu orientieren, wie es bei der Drittmittelforschung der Fall ist. In Deutschland gilt als ein Vorreiter das Institut zur Zukunft der Arbeit.

Das Name-Sponsoring, wie es die Stanford-Uni vorgelebt hat, war und ist in Deutschland eher unüblich und noch sehr jung. Als bekanntes Beispiel dürfte die private International University Bremen, die seit 2007 Jacobs University Bremen heißt, gelten. Mit einer Rekordspende von 200 Mio. Euro stieg sie damit in die Fußstapfen von Harvard. Allerdings waren nicht alle Involvierten über die Namensänderung glücklich.

Die Erfolgskontrolle von Sponsoringmaßnahmen beschränkt sich in der Praxis zumeist auf die Erfassung der Medienresonanz. Man geht davon aus, dass es genügt, wenn die Zielgruppe den Sponsor als solchen wahrnimmt (Awareness). Die Realität ist jedoch weitaus komplexer: Sponsoren verfolgen verschiedenartige Ziele (z. B. Image des Sponsornehmers auf die eigene Marke übertragen, Reputation erlangen, die Marke mit den für das jeweilige Event charakteristischen Emotionen verknüpfen). Diese Ziele müssen bei der Erfolgskontrolle (d. h. dem Soll/Ist-Vergleich) berücksichtigt werden. Notwendige Bedingung ist demzufolge eine systematische Zielplanung: Unternehmen sollten konkrete Ziele vor Augen haben, die sie mit Sponsoring erreichen möchten. Ferner setzt die Erfolgskontrolle voraus, dass sich der Erfolg quantifizieren lässt. Hierzu wurden bereits mehrere Messinstrumente entwickelt (z. B. Sponsor-Meter der Europäischen Sponsoring-Börse, Sponsoring-Navigator der TU Dresden). Diesen Ansätzen zufolge gilt Sponsoring als erfolgreich, wenn bei der Zielgruppe eine Wirkung entsprechend der Unternehmensziele messbar ist; wenn das Unternehmen z. B. als bekannter, sympathischer, einzigartiger etc. bewertet wird. Dabei sollte der Erfolgsmessung ein Kontrollgruppenansatz zugrunde liegen: Die bei den Besuchern der gesponserten Veranstaltung gemessenen Werte werden mit denen einer Referenzgruppe verglichen, die das Sponsoring nicht erlebt hat. Mit Hilfe von statistischen Methoden lässt sich nun feststellen, welche Merkmale (z. B. Art des Auftrittes, Integration des Sponsoring, Auswahl des Sponsornehmers) darüber entscheiden, ob Sponsoring gelingt. Mit Hilfe dieses Ansatzes konnte der Lehrstuhl für Marketing der TU Dresden im Rahmen einer Untersuchung zahlreicher Sponsoringmaßnahmen die Erfolgsfaktoren des Sponsoring identifizieren.

Jedes Jahr erhält die medizinische Fakultät in Stanford (School of Medicine) beispielsweise mehr als 300 Mio. Dollar Zuschüsse zu Forschung, Lehre sowie Patientenbetreuung von Sponsoren. Daraus wurde das „Disease-Management"-Programm entwickelt. Das Stanford Patienten Bildungs-Forschungs-Zentrum entwickelte Programme für Menschen mit chronischen Erkrankungen, inklusive Arthritis und HIV/AIDS. Dieses Programm wurde von mehr als 500 Organisationen in 17 Ländern und 40 Staaten übernommen.

In Stanford erweitern mehr als 4.500 extern gesponserte Projekte mit einem Gesamtbudget von 1.058 Mrd. US-Dollar im Zeitraum von 2007 bis 2008 das Forschungsbudget, inklusive des Stanford Linear Accelerator Center (SLAC) für das U.S. Department of Energy. Das SLAC ist eine der international führenden Forschungseinrichtungen.

Der Linearbeschleuniger[222] ist 3 km lang und kann Elektronen bzw. Positronen bis auf 50 GeV beschleunigen. Er befindet sich ca. 10 m unter der Erde und kreuzt die Schnellstraße Interstate 280. Die damit verbundenen experimentellen Möglichkeiten der Hochenergiephysik[223] und Synchrotronstrahlung nutzen über 3000 Gast-Wissenschaftler von Universitäten, Laboren und der Industrie und bereichern damit die Arbeit des SLAC. Hochtrainierte und Preisträger, ob Physiker, Ingenieure oder Computerspezialisten und andere Experten schmücken die Chroniken der Stanford. Aus Forschungen am SLAC gingen drei Nobelpreise für Physik hervor:

Am SLAC wurde außerdem das Klystron mitentwickelt, ein Baustein zur Mikrowellen-Verstärkung. Die Konferenzräume des Instituts dienten in den 19achtziger Jahren als Treffpunkt für Pioniere der Homecomputer-Revolution. Hier wurde auch die erste Webseite der USA gehostet, das Interface der Datenbank SPIRES.

Der heutige Präsident von Stanford, John Hennessy, rief im Oktober 2006 ein universitätsweites Programm ins Leben, um nach Lösungen für die gegenwärtig größten globalen Herausforderungen zu suchen. Dabei geht es sowohl um die Bildung einer zukünftigen Führungselite als auch um die Stärkung der akademischen Exzellenz von Stanford. Um dieses Ziel zu verfolgen, startete die Universität „The Stanford Challenge", ein Fünfjahres-Fundraising-Programm über 4,3 Mrd.

---

[222] Linearbeschleuniger oder Linac (engl. Linear Accelerator) = Art von Teilchenbeschleuniger, elektrisch geladene Teilchen (z. B. Elektronen, Protonen, Positronen oder Ionen) können auf gerader Bahn beschleunigt werden

[223] Hochenergiephysik = Aufbau kleiner und kleinster Teilchen und Elementarteilchen und deren Reaktionen miteinander. Sie ist ein Sammelbegriff für die Teilchenphysik und die hochenergetische Schwerionenphysik

Dollar. Diese Beträge sind berechtigt, da die Komplexität sozialer und wissenschaftlicher Herausforderungen in den letzten Jahrzehnten enorm angestiegen ist. Universitäten sind dazu prädestiniert, und besonders Stanford auf Grund ihrer unternehmerischen Tradition und ihres innovativen Pioniergeistes.

Die Stanford-Herausforderungen bestehen aus drei Komponenten:

- 1,4 Mrd. Dollar für multidisziplinäre Initiativen, darunter drei transformative (umgestaltende) Initiativen um bahnbrechende Fortschritte auf den Gebieten der menschlichen Gesundheit, der Umweltverträglichkeit und dem internationalen Frieden und der Sicherheit

- 1,175 Mrd. Dollar für Initiativen zur Verbesserung der K-12-Bildung, K-12 ist ein führendes Programm zur Vermittlung individualisierten Einzelunterrichts für Lernende vom Kindergarten bis hin zur High-School quer durch alle Staaten durch Ausstellungen, Forschungen und spezielle Leistungen

- 1,725 Mrd. Dollar für die Verstärkung der Kernangebote der Stanford-Universität

Multidisziplinäre Projekte lassen sich sehr gut bereits über alle 7 Stanford-Schulen und zahlreiche Institute initiieren. Besonders geht es darum, die Forschungszusammenarbeit quer über den Campus und auch darüber hinaus auf spezielle Probleme zu fokussieren.

SUNet, das Stanford Universitätsnetzwerk, hilft hierbei. Es schließt mehr als 150.000 Computer ein. Ca. 6.000 sind jeden Tag aktiv. Mehr als 9,5 Terabyte an Informationen werden jeden Tag zwischen dem SUNet und dem Internet ausgetauscht. Stanford hat 40.000 E-Mail-Accounts.

Zu welchen Leistungen erfolgreiche Unternehmer bereit sind, zeigten vor kurzem die Stanfordabsolventen Jerry Yang und Akiko Yamazaki. Sie schenkten der Universität über 50 Mio. US-Dollar für den Bau des so genannte Y2E2 Building, umgangssprachlich gebraucht für Yang und Yamazaki Environment and Energy Building. In der dazu allen Besuchern überreichten Sonderpublikation „Sustainable Stanford" vom 4. März 2008 heißt es: „The building shows how Stanford is pioneering energy-efficient ways of operating a university campus". Der Co-Founder von Yahoo, Yang und seine Frau erwarten dafür keine Gegenleistung. Yang wurde in Taiwan geboren und wuchs in der Bay Area von San Fransisco auf. Er machte seinen Bachelor und Master in Electrical Engineering bis 1990. Während eines Doktoratsstudium im gleichen Fachgebiet wirkte er als Co-Founder von Yahoo 1994. Seit 2005 arbeitet er auch im Stanford Bord of Trustees für eine 5-Jahresperiode mit. Seine Frau Yamazaki wuchs in Costa Rica auf und machte ihren Bachelor-Abschluss gleichfalls 1990 in Stanford, allerdings in Industrial Engineering. Die beeindruckende Generosität sucht in

Deutschland Nachahmer. Denn außer Hasso Plattner, SAP Mitbegründer, der ein privat finanziertes Institut an der Potsdamer Universität fördert, gibt es kaum Beispiele aus der Hightech-Branche, von einzelnen Stiftungsprofessuren einmal abgesehen. Ergänzend zu den schon genannten 50 Mio. stifteten Yang und Yamazaki nochmals 5 Mio. US-Dollar für ein neues Lern- und Wissenszentrum der Stanford School of Medicine und kündigten weiter 20 Mio. an, deren Projektziele später bekannt gegeben werden.[224] Über die Jahre haben die beiden bereits andere Projekte initiiert und mitfinanziert, von Bildungsprogrammen bis zu Forschungszentren wie das Asia Pacific Research Center, das Stanford Japan Center und das Jasper Ridge Biological Preserve. Sie unterstützten Neugründungen von Professuren und cofinanzieren die laufende Kampagne zur Verbesserung der Undergraduate Education.

Im neuen Y2E2 Gebäude, zu dem auch weitere Sponsoren Geld gaben, soll vor allem die multidisziplinäre Forschung an schwierigen Umweltfragen voran getrieben werden, einem Schwerpunkt der Stanford Challenge.

Praxistipps:

> Deutschlands Tradition im Hochschulsponsoring muss intensiviert werden und verlangt nach neuen und originellen Ideen, woran mitzugestalten sich für die Zukunft und Verbesserung von Umwelt- und Gesundheitsschutz außerordentlich lohnt!

> Auch kleine Sponsorenbeträge können schon sehr hilfreich sein, denn an Schulen und Hochschulen fehlt es oft am Elementaren, wie an Druckertinte oder Büchern für die Bibliothek!

> Nutzen Sie das Sponsoring für die Wissenschaft zum Steuersparen!

> Prüfen Sie aktiv, wie Green Business Lehr- und Forschungsthemen an Hochschulen angesiedelt sind und umgesetzt werden! Helfen Sie über Sponsoring und Ihre Anforderungen mit!

Alumni- und Netzwerkwirken

Alumnivereine haben in den USA eine lange Tradition. Aber auch in Deutschland schießen solche Initiativen seit den neunziger Jahren aus dem Boden. Alumni kommt aus dem Lateinischen und bedeutet soviel wie Zögling (Alumnus). Heute sind damit die ehemaligen Mitglieder eine Hochschule gemeint, ob StudentInnen oder wissenschaftliches Personal. Ziele sind zum einen, den Kon-

---

[224] vgl. Sustainable Stanford, March 4, 2008, p. 8

takt der Alumni untereinander zu fördern, eine starke dauerhafte Vernetzung zu erzielen, zum anderen den Kontakt zur Wissenschaftseinrichtung aufrecht zu erhalten. Natürlich spielt hier auch die Bindung in finanzieller Hinsicht und bezüglich des Lobbying, besonders bei privaten Einrichtungen, eine nicht unerhebliche Rolle. Hochschulen sind stolz darauf, renommierte Persönlichkeiten als ihre Alumni aufweisen zu können. Dies trägt wesentlich zu einem guten Ruf der Einrichtung bei. Vielfach werden die Absolventen bei Universitätsrankings mit einbezogen, da sie helfen, neue StudentInnen und NachwuchswissenschaftlerInnen zu gewinnen, die Attraktivität des Studiums durch Mentoringpartner aber auch interessante Praktika in Industrie, Wirtschaft, Dienstleistung, generell in der Praxis zu steigern.

Hier steht vor allem die immaterielle Unterstützung im Vordergrund. Die praktische Umsetzung der Alumniaktivitäten sieht dabei sehr unter-schiedlich aus. Während sich Einrichtungen bereits mit einem regelmäßigen Newsletter „quälen", bieten andere ihren Mitgliedern regelmäßige Jahrgangstreffen, Fahrten und Diskussionclubs.

Die Technische Universität München verfügt gegenwärtig über eine Ehemaligen-Datenbank mit gegenwärtig 12.000 Eintragungen.[225] Die Verbindung von Alumni & Career Service ist gleichzeitig Aushängeschild für die Güte der Ausbildung.

In Stanford und an vielen anderen Universitäten kommt ein Großteil der Hochschulfinanzierung insgesamt aus Zuwendungen der Absolventen. Sie werden in Fonds angelegt, deren professionelle Performance oft beeindruckend ist und die selbst wieder für Startups und Unternehmensbeteiligungen genutzt werden. Durch das in Deutschland sehr starre Haushaltsrecht der Hochschulen sind schon kleine Abweichungen von Projektkosten fast völlig ausgeschlossen und Beteiligungen an Unternehmensgründungen unmöglich. Bereits das durch die Gesetzgebung vorgegebene Beteiligungsmodell der Hochschulen an Patenten und Erfindungen von Professoren und Wissenschaftlern, also Arbeitnehmern, unterliegt dem entsprechenden Arbeitnehmererfindungsgesetz. Wer einmal die damit verbundene bürokratische Prozedur erlebt hat, vermeidet tunlichst Beteiligungsmodelle mit Hochschulen als Organe des öffentlichen Rechts. Diese hemmende Auswirkung der Gesetzgebung auf Unternehmensgründungen aus den staatlichen Hochschulen heraus liegt auf der Hand, dennoch ändert sich nichts, sondern wird gern von der Notwendigkeit der Vernetzung von Theorie und Praxis und dem Kontaktbewahren zu Absolventen gesprochen.

---

225 vgl. http://inhalt.berufsstart.monster.de/2046_de_p1.asp; Aufruf vom 12. Mai 2008

Dass in Deutschland solche Aktivitäten noch relativ jung sind, zeigen immer wieder Hinweise auf mangelnde Netzwerkstrukturen und fehlende Gemeinsamkeiten, die Anregungen und Motivation bieten, eine Verbundenheit zwischen den Absolventen der gleichen Einrichtung zu erzielen. „Social Networking" setzt eben mehr als nur eine formale Struktur voraus. Sofern sich Ehemalige gleicher Studiengänge, z. B. Internationale Fachkommunikation und Internationales Informationsmangement (Uni Hildesheim) in Stammtischen organisieren und dabei Jobangebote austauschen und gemeinsam Projekte initiieren, sind Alumnibewegungen von einer größeren Erfolgschance getragen. Bis sich in Deutschland allerdings ein mit amerikanischen Unis vergleichbarer Stolz entwickelt, wird noch einige Zeit vergehen. Denn ein Alumniverein erfordert Engagement der Organisatoren, Gestaltung von Websites, Konzeption von Events und Beiträge für Newsletter in hoher Qualität.

Bei privaten Hochschulen ist dagegen kaum ein Unterschied zu amerikanischen Herangehensweisen festzustellen. Die Kultur des Sponsoring, der finanziellen Investitionen in Bildung und ein gewisses Elitedenken, verbindet auf andere Art und Weise. Hier sind selten Studenten zu finden, die „nur" Zeiten überbrücken wollen oder „nebenbei studieren". Die meisten jungen Leute sind stark karriereorientiert und das bleibt auch nach dem Studium so. Sie wissen den Wert von Netzwerken für den weiteren beruflichen Lebensweg sehr wohl zu schätzen.

Stanford-Alumni sind über die ganze Welt verteilt. Allein in Europa existieren 35 Stanford-Clubs.

Überall wird an amerikanischen Hochschulen besonderer Wert auf das Zusammenwirken, das frühzeitige Erlernen des „Networking" gelegt. Sehr viele Aktivitäten hängen mit diesem systematisch gepflegten Beziehungsnetzwerk zusammen. Deshalb wird der Erforschung sozialer Netzwerke auch große Aufmerksamkeit geschenkt.

Unter anderem erforschen Ethnologie, Sozialpsychologie, Kommunikationswissenschaft, Computerphysik und Spieltheorie soziale Netzwerke. Dabei spielen z. B. Multiplexität, Netzwerkdichte u. v. a. m. eine Rolle. Die dort entwickelten Verfahren lassen sich auch zur webometrischen (Kontrolle und Messung der Verlinkung von Internetseiten) Untersuchung des Internets einsetzen. Es zeigt sich, dass soziale Netzwerke von ihrer Struktur oft Kleine-Welt-Netzwerke bilden, in denen die maximale Distanz zwischen einzelnen Einheiten überraschend gering ist.

Popularität erlangte das Small-World-Experiment des US-amerikanischen Psychologen Stanley Milgram von 1967: 300 Versuchsteilnehmer aus dem mittleren Westen der USA sollten ein Päckchen an eine Zielperson in der Umgebung von Boston versenden. Dabei durften sie das Objekt nur an bekannte Personen direkt weiterleiten. War der Empfänger für den Versuchsteilnehmer unbekannt, gab er die Sendung an einen Bekannten weiter, in der Hoffnung, dass dieser die Zielperson möglicherweise kennen würde.

Milgram entdeckte dabei, dass in der Regel sechs Zwischenstationen ausreichten, um die Päckchen vom Absender zum Empfänger zu liefern. Daraus entwickelte er die Theorie, dass die Mitglieder eines sozialen Netzwerks maximal über sechs Knotenpunkte miteinander in Verbindung stehen („six degrees of separation").

Globale soziale Netzwerke, wie sie in Form von Online-Communitys durch die Verwendung von sozialer Software entstehen, sind hinsichtlich ihrer soziologischen, kulturellen und politischen Folgen noch nicht hinreichend erforscht, während es zu den ökonomischen und nutzungsspezifischen Aspekten bereits ein Reihe von Studien gibt. Für die Friedensforschung wäre z. B. wichtig, ob solche globalen sozialen Netzwerke eher dazu führen, neue Feindbilder (z. B. gegenüber Minderheiten) entstehen zu lassen oder ob sie eher dem Frieden dienen, da interessengeleitete, vorgeschobene Begründungen der Machthabenden für Feindseligkeiten durch den weltweiten Austausch von Informationen rasch entlarvt und entkräftet werden können. In jedem Fall gehen globale soziale Netzwerke mit einer bislang nicht gekannten Eigendynamik der Meinungsbildung der Weltöffentlichkeit einher.

Die Briten nutzen in Europa mit 9,6 Mio. am meisten die für das Web 2.0 typischen Social-Networking-Websites. Bis 2012 werden nach einer Schätzung des Informationsanbieters „Datamonitor" mit über 27 Mio. fast die Hälfte der Briten Dienste wie z. B. Facebook oder MySpace in Anspruch nehmen. Dass die Briten bislang vorn liegen, führt Datamonitor auch darauf zurück, dass die Angebote in der Regel mit englischen Versionen gestartet sind. Die Menschen begrüßen es laut Datamonitor offenbar besonders, von Zuhause aus Kontakte knüpfen und Beziehungen aufrecht erhalten zu können. Zwar stünden hinter den wachsenden Nutzungszahlen vor allem jüngeren Leute, aber auch viele ältere Nutzer kämen künftig hinzu. Die Franzosen stellen mit 8,9 Mio. die zweitgrößte Nutzergruppe der Social-Networking-Angebote, die Deutschen folgen mit 8,6 Mio. im April 2008 auf Platz drei. Die Studie prognostiziert in Deutschland bis zum Jahr 2012 21,7 Mio. Nutzer. Das an vierter Stelle stehende Spanien wies im Frühjahr 2008 lediglich 2,9 Mio. Nutzer auf. 41,7 Mio. Europäer insgesamt seien bei Social-Networking-Websites registriert, in vier Jahren sollen es laut Datamonitor 107 Mio. sein.

Zu einem das Sprachproblem hervorhebenden Ergebnis kommt auch die zweite weltweite vom Community-Betreiber Habbo erstellte Studie zur Markenaffinität von Jugendlichen. Das bemerkenswerte Ergebnis: 40 % der rund 60.000 befragten Teens aus 31 Ländern sehen Social Networks nicht als wichtigen Teil ihrer

Onlineaktivitäten an. Dem Global Habbo Youth Survey zufolge ist eine der Hauptursachen hierfür, dass sich viele der Communitys an der englischen Sprache orientieren.

Als Netzwerker werden umgangssprachlich Menschen bezeichnet, die ein Beziehungsnetz[226] aktiv aufbauen und erweitern. Mittels „Netzwerken" bauen Personen ihr Beziehungsgeflecht aktiv aus, um sich zu informieren. Manchmal dient es auch dazu, unabhängig von ihren Leistungen, die Karriere zu fördern oder sich andere Vorteile zu verschaffen. In diesem Zusammenhang kann das „Netzwerken" auch abwertend gemeint werden. Begriffe wie Vetternwirtschaft, Seilschaften oder „Vitamin B" gelten dafür als Synonyme. Hier geht es vor allem um die konstruktive, allen Vorteile bringende Seite des Netzwerkens.

Praxistipps:

Erhalten Sie sich den Kontakt zu Ihren Bildungseinrichtungen und Studienkollegen lebenslang und fühlen Sie sich gegenüber jungen Studenten verpflichtet!

Seien Sie Stolz, Alumni einer berühmten Hochschule zu sein. Es trägt maßgeblich zu Ihrer Reputation bei

Helfen Sie aktiv mit, den Hochschulen international einen besseren Ruf zu verschaffen!

Lassen Sie sich von allgemeinen Bedenken gegenüber Hochschulabsolventen nicht anstecken!

Bauen Sie ein eigenes Alumninetzwerk mit Ihrer Hochschule auf!

Innovationshubs durch Umsetzung von Wissen in Unternehmensgründungen

Der Unternehmensgeist von Stanford brachte unzählige sehr erfolgreiche Unternehmen hervor. Mehr als 3000 Firmen entwickelten Know-How und Expertise im Hochtechnologie-Bereich. Frederick Terman wird dabei als der „akademische Architekt" von Silicon Valley bezeichnet. In den Jahren 1955 bis 1965 wirkte er als Kanzler der Universität. Maßgeblich hat er mit dem Aufbau einer Partnerschaft zwischen der Universität und der Industrie dafür gesorgt, dass die Unternehmen die Hochtechnologie-Revolution beginnen konnten. Des Weiteren ermutigte Terman die Studenten zum Unternehmertum und schuf Möglichkeiten, in Kalifornien für Stanford-Ingenieur-Absolventen konti-nuierliche Weiterbil-

---

226 Auch als „Soziales Netzwerk" bezeichnet.

dungsprogramme für die regionalen Unternehmen anzubieten. Hierzu wurde auch der University Industrial Park ins Leben gerufen, wo Unternehmen wie Hewlett-Packard Wurzeln schlagen konnten. Terman rief eine Unternehmenskultur ins Leben, von der heute noch alle akademischen Richtungen profitieren.

Allen ist bewusst, dass wissenbasierte Unternehmensgründungen nur dann Erfolg haben können, wenn sie praktisch nahtlos aus dem universitären Umfeld erfolgen können. Im Silicon Valley liefert das Tec Museum in San Jose den Beweis dafür. Wie beim Walk of Fame in Hollywood auf dem Sunset-Boulevard findet man die Handflächen wichtiger Sponsoren, Innovatoren und der Tech-Gründer auf CDs. Im Tech Innovationsmuseum von San Jose gibt es diese außergewöhnliche Würdigung derjenigen, die etwas Handfestes für den Wirtschaftstandort, die Region und natürlich auch das Tec selbst getan haben oder auch immer noch tun. Die Handabdrücke großer Sponsoren und Innovatoren dienen in einer großen Bilderwand auf CD-ähnlichen Scheiben mit kurzen Erläuterungen als Ehrentafeln. Der aufmerksame Besucher stutzt erst etwas, weil man normalerweise die Köpfe erwartet, ehe er begreift, dass im Innovationsgeschehen oft genug das praktische Zupacken wichtiger ist als allein ein kluger Kopf. Adobe, Google, Apple, Ebay oder HP finden sich im Umkreis von 20 Meilen als Unternehmen der Superlative und lebende Beweise für die überragende Bedeutung der Verknüpfung von Unternehmensgründern mit den Hochschulen.

Insgesamt wird mit der Betonung der Handspuren der Innovatoren immer wieder Wert darauf gelegt, der praktischen Bedeutung des Durchsetzens von Innovationen Rechnung zu tragen, der Verbindung zu Unternehmertum. Die Marktdurchsetzung von Neuem ist letztlich entscheidend für strukturelle Veränderungen. Das sieht die Bundesregierung genau so, wenn sie betont, dass letztendlich nur die Marktergebnisse das Spiegelbild der technologischen und damit auch wissenschaftlichen Leistungsfähigkeit eines Landes sind.

„Voraus gehen die Erfindungen neuer Technologien, die Einführung neuer Produkte am Markt und die Diffusion von neuen Techniken in der Wirtschaft (Innovationen). Diese sind letztlich die direkten Determinanten der technologischen Leistungskraft. Mittelfristig ist es wichtig, dass der innovationsorientierte Strukturwandel durch die Umsetzung von neuen Ideen in Form von Unternehmensneugründungen in den technologieorientierten Zweigen der Wirtschaft und durch Runderneuerungen des Produktionsspektrums etablierter Unternehmen vorankommt."[227]

Wie es hierbei tatsächlich um Deutschland bestellt ist, kann man in Tabelle 10 sehen.

---

[227] vgl. BMBF: Bericht zur technologischen Leistungsfähigkeit Deutschlands 2006, Bonn/Berlin, 2006, S. 17

Tabelle 10:   *Total Entrepreneurial Activity (TEA) Ranked by Country*

Land	Durchschnitt %	2006 %	2005 %	2004 %	2003 %
Peru	40,3	40,2		40,3	
Uganda	31,6			31,6	
Ecuador	27,2			27,2	
Venezuela	26,2		25,0		27,3
Colombia	22,5	22,5			
Philippines	20,4	20,4			
Indonesia	19,3	19,3			
Jamaica	18,7	20,3	17,0		
Jordan	18,3			18,3	
Thailand	18,3	15,2	20,7		18,9
New Zealand	16,2		17,6	14,7	
South Korea	14,5				14,5
India	14,2	10,4			17,9
China	14,0	16,2	13,7		12,0
Uruguay	12,6	12,6			
Iceland	12,5	11,3		13,6	
Chile	12,2	9,2	11,1		16,3
Brazil	12,2	11,7	11,3	13,5	
Australia	12,1	12,0	10,9	13,4	
United States	11,2	10,0	12,4	11,3	
Malaysia	11,1	11,1			
Argentina	10,8	10,2	9,5	12,8	
Poland	8,8			8,8	
Canada	8,4	7,1	9,3	8,9	
Norway	8,4	9,1	9,2	7,0	
Czech Republic	7,9	7,9			

Land	Durchschnitt %	2006 %	2005 %	2004 %	2003 %
Mexico	7,9	5,3	5,9		12,4
Ireland	7,6	7,4		7,7	
Greece	6,7	7,9	6,5	5,8	
Switzerland	6,7		6,1		7,3
Latvia	6,6	6,6	6,6		
Israel	6,6			6,6	
Croatia	6,1	8,6	6,1	3,7	
United Kingdom	6,1	5,8	6,2	6,3	
Turkey	6,1	6,1			
Spain	6,1	7,3	5,7	5,2	
Singapore	5,9	4,9	7,2	5,7	
Austria	5,3		5,3		
France	5,3	4,4	5,4	6,0	
South Africa	5,3	5,3	5,1	5,4	
Denmark	5,1	5,3	4,8	5,3	
Netherlands	5,0	5,4	4,4	5,1	
Finland	4,8	5,0	5,0	4,4	
Germany	4,7	4,2	5,4	4,5	
Taiwan	4,3				4,3
Hungary	4,1	6,0	1,9	4,3	
Portugal	4,0			4,0	
Italy	3,9	3,5		4,3	
Slovenia	3,9	4,6	4,4	2,6	
Sweden	3,7	3,5	4,0	3,7	
Russia	3,7	4,9			2,5
UAE	3,7	3,7			
Belgium	3,4	2,7	3,9	3,5	

Land	Durchschnitt %	2006 %	2005 %	2004 %	2003 %
Hong Kong	3,0			3,0	
Japan	2,2	2,9	2,2	1,5	

Quelle: http://www.internationalentrepreneurship.com/total_entrepreneur_ activity.asp; Aufruf vom 8. Juni 2008

Die Tabelle zeigt an, wie viele Personen auf 100 Erwachsene im Alter von 16 bis 64 Jahren unternehmerisch tätig sind. Im Durchschnitt aller Länder sind das 2005 8,4 %, in Südamerika überdurchschnittlich 16,6 %, in Nordamerika 11,1 %. Die EU liegt mit 5,4 % weit darunter und Deutschland mit 4,7 % noch unter europäischem Durchschnitt.

Deutschland liegt seit Jahren im hinteren Bereich und es ist keine wirkliche Veränderung in Sicht, das beweisen zahlreiche weitere internationale Studien. Ausführlichere Informationen liefert der Global Entrepreneurship Monitor (GEM).[228]

GEM ist die weltweit größte empirische Untersuchung zu Unternehmertum. Seit 1999 sind mehr als 60 Länder daran beteiligt. Die GEM-Forschung ist dabei auf 3 Haupziele gerichtet:

■ Die Unterschiede in den frühen Stadien unternehmerischer Aktivitäten zwischen den Ländern zu messen

■ Faktoren aufzudecken, die die Höhe unternehmerischer Aktivitäten bedingen und

■ Rahmenbedingungen, z. B. im politischen Umfeld zu identifizieren, die unternehmerische Aktivitäten befördern.

Wo liegen die wichtigsten Innovationsfelder für Green-Business-Unternehmensgründungen? Aus zahlreichen Analysen geht hervor, dass folgenden Bereichen besondere Chancen eingeräumt werden: [229]

1. Solarenergie und Applikationen

2. Windkraft und andere erneuerbare Energielösungen

3. Biotreibstoff und Biomaterialien

---

228 vgl. www.gemconsortium.org/; Aufruf vom 12. Juni 2008

229 vgl. Pernick, R.; Wilder, C., The Clean Tech Revolution. The next big Growth and Investment Opportunity, Harper Collins Pub., New York 2007

4. Grüne Gebäude und Grünes Design

5. Saubere Transportmöglichkeiten, saubere Autos und persönliche Mobilität

6. Änderungen der Infrastruktur

7. Mobile Applikationen und Grüne IT

8. Wasser-Filtration und saubere Wassertechnologien

Besonders bemerkenswert ist Abschnitt 9 im Buch „Cleantech Revolution". Er lautet „Create your own Silicon Valley".[230] Als einzige deutsche Region wird die „Sun City" Freiburg hervorgehoben. Das hier ansässige Fraunhofer Institut für Solar-Energie-Systeme wird als Europas größte Solarforschungsorganisation besonders erwähnt und verweist wieder auf die Verflechtung von Wissenschaft und Unternehmensgründung. Aber auch die Tatsache, dass Freiburg die einzige Stadt mit einem in Deutsch und Englisch publizierten Solar Guide durch die Region ist, findet Beachtung.

Die Forschungs- und Entwicklungsunterstützung für Clean- oder Greentech-Gründungen ist unabdingbar und bei praktisch jeder erfolgreichen Firma vorhanden. Selbst Städte werden von der Ranking Agentur SustainLane aus San Francisco unter anderem danach beurteilt, ob sie in der so genannten „Knowledge Base" wenigstens eine Universität oder ein namhaftes Forschungsinstitut haben. [231]

Die besonders intensiv zu beobachtenden neuen Firmen der oben genannten Innovationsfelder sind aus Tabelle 11 ersichtlich. Die Daten stammen aus Untersuchungen von Pernick und Wilder.

---

[230] vgl. ebenda, S. 237
[231] vgl. ebenda, S. 243

Tabelle 11:   *Neue Greentech-Unternehmen*

Solarenergie		
Firma	**Ort**	**URL**
Applied Materials	Santa Clara California	www.appliedmaterials.com
Miasolé	Santa Clara California	www.miasole.com
MMA Renewable Ventures	San Francisco California	www.mmarenewablesventures.com
Nanosolar	Palo Alto California	www.nanosolar.com
Q-Cells	Thalheim Germany	www.q-cells.com
REC	Hovik Norwegen	www.scanwafer.com
Sharp	Osaka Japan	www.shgarp.co.jp
SunEdison	Baltimore Maryland	www.sunedison.com
SunPowwer	Sunnyvale California	www.sunpowercorp.com
Suntech Power	Wuxi Jiangsu China	www.suntech-power.com
Windenergie		
Firma	**Ort**	**URL**
Acciona	Pamplona Spanien	www.acciona.com
Austin Energy	Austin Texas	www.austinenergy.com
FPL Group	Juno Beach Florida	www.fpl.com
Gamesa	Madrid Spanien	www.gamesa.es
General Electric	Fairfield Connecticut	www.ge.com
Horizon Wind Energy	Houston Texas	www.horizonwind.com
Iberdrola	Bilbao Spanien	www.iberdrola.com
Southwest Windpower	Flagstaff Arizona	www.windenergy.com
Suzlon Energy	Pune Indien	www.suzlon.com
Vestas Wind Systems	Randers Dänemark	www.vestas.com
Biokraftstoffe und Biomaterialien		
Firma	**Ort**	**URL**
Archer Daniels Midland	Decatur Illionois	www.admworld.com

Cilion	Menlo Park California	www.cilion.com
Diversa	San Diego Clifornia	www.diversa.com
DuPont	Wilmington Delaware	www.dupont.com
Impoerium Renewables	Seattle Washington	www.imperiumrenewables.com
Iogen	Ottawa Canada	www.iogen.ca
NatureWorksLLC	Minneapolis Minnesota	www.natureworksllc.com
Novozymes	Begswaerd Dänemark	www.novozymes.com
Toyota	Toyata city Japan	www.toyota.com

Grüne Gebäudetechnik

Firma	Ort	URL
Aspen Aerogels	Northborough Massachusetts	www.aerogel.com
Clarum Homes	Palo Alto California	www.clarum.com
Cree	Durham North Carolina	www.cree.com
The Durst Organization	New York	www.durst.org
Interface Engineering	Portland Oregon	www.interfceengineering.com
Ortech	Braeside Victoria Australien	www.orgtech.com.au
PanaHome	Osaka Japan	www.panahome.jp/english
Rinnai	Nagoya Japan	www.rinnai.co.jp
Turner Construction	New York	www.turnerconstruction.com
Walmart Stores	Bentonville Arkansas	www.walmartstores.com

Personal Transportation

Firma	Ort	URL
CalCArs	Palo Alto California	www.calcars.org
Chery	Wuhu China	www.cheryglobal.com
EEStor	Cedar Park Texas	www.eestor.com
General Motors	Detroit	www.gm.com
Honda	Tokyo Japan	www.honda.com

REVA	Electric Car Bangalore Indien	www.revaindia.com
Tesla motors	San Carlos California	www.teslamotors,com
Toyota	Toyota City Japan	www.toyota.com
Valence Technology	Austin Texas	www.valence.com
Vectrix	Newport Rhode Island	www.vectrix.com

Grüne Energie

Firma	Ort	URL
BPL Global	Pittsburgh Pennsylvania	www.bplglobal.net
Comverge	East Hanover New Jersey	www.comverge.com
CURRENT Communications	Germantown Maryland	www.current.net
Eneroc.com	NOC Boston	www.enernoc.com
Electic Power Research Institute	Palo Alto California	www.epri.com
GridPoint	Washington. D.C.	www.gridpoint.com
Hunt Technologies	Pequout Lakes Minnesota	www.huntechnologies.com
IBM	Armonk New York	www.ibm.com
Itron	Liberty Lake Washington	www.itron.com
SmartSynch	Jackson Mississipi	www.samrtsynch.com

Mobile Technologien

Firma	Ort	URL
3 M	Minneapolis	www.3m.com
A123	Watertown Massachusetts	www.a123systems.com
ECD Ovonics	Rochester Hills Michigan	www.ovonic.com
Jadoo Power Systems	Foilsom California	www.jadoopower.com
Konarka	Lowell Massachusetts	www.konarka.com
Mechanical Technology	Albany New York	www.mechtec.com

Noble Energy Solar Technologies	Hyderabad Indien	www.solarnest.net
SkyBuilt Power	Airlington Virginia	www.skybuilt.com
Smart Fuell Cell	Brunnthal Deutschland	www.smartfuellcell.de
Soldius	Veendam Niederlande	www.solius.com
Wasser-Filtersysteme		
Firma	**Ort**	**URL**
AqWise	Herzliya Israel	www.aqwise.com
Christ Water Technology Group	Mondsee Österreich	www.christwater.com
eMembrane	Providence Rhode Island	www.ememnrane.com
Energy Recovery	Sanleandro CA	www.energy-recovery.com
GE Water & Process Technologies	Trevose Pennsylvania	www.gewater.com
Hyflux	Singapore	www.hyflux.com
NEwater	Singapore	www.pub.gov.sg
Siemens	München Deutschland	www.siemens.com
WEaterHealth International	Lake Forest California	www.waterhealth.com
YSI	Yellow Springs Ohio	www.ysi.com

In der Liste gibt es nur drei deutsche Firmen, und in einer Domäne des Industriestandorts Deutschlands, der Autoindustrie, keine einzige. Viele der hier genannten Greentech-Unternehmen sind bisher wenig bekannt oder nur Insidern. Neue deutsche Firmengründungen fehlen. Das beweist einmal mehr die Notwendigkeit eines verstärkten wissenschaftlich fundierten Unternehmertums für Umwelt- und Klimaschutz. Allerdings fehlen dafür in Deutschland auch die Forschungsuniversitäten, die ohne Neugründungen aus den alten Strukturen heraus nicht zu entwickeln sind.

5. Neuausrichtung der Hochschulbildung auf Nachhaltigkeit

Die grüne Liga setzt Maßstäbe

International gibt es zahlreiche Bemühungen, die Aktivitäten der Hochschulen auf dem Gebiet des Umwelt- und Klimaschutzes, also der Nachhaltigkeit, zu bewerten. Entgegen unseren eigenen Sichtweisen, schneiden deutsche Hochschulen hierbei nicht sehr gut ab, sondern rangieren eher unter ferner liefen. Laut Association of University Leaders for a Sustainable Future[232] werden z. B. folgende Länder besonders hervorgehoben:

Tabelle 12: *Grüne Universitäten*

Land	Anzahl „grüner" Universitäten
Australien	12
Deutschland	0
Finnland	1
Hongkong	2
Indien	2
Irland	1
Japan	1
Kanada	11
Mexiko	1
Neuseeland	1
Portugal	1
Spanien	2
Großbritannien	4
USA	92
Summe	131

Quelle: Association of University Leaders for a Sustainable Future, in: www.uls.org./resources.html.; Aufruf vom 18. Januar 2008

---

[232] vgl.www.ulsf.org./resouces.html; Aufruf vom 24. Januar 2008

Auffallend an dieser Liste ist das Fehlen europäischer Universitäten. Länder wie Frankreich, Italien und Deutschland bleiben ebenso ungenannt wie z. B. China. Dabei findet unter der Schirmherrschaft des Bildungsministeriums der Volksrepublik China ein Austausch zwischen der Berliner Humboldt-Universität und 21 „chinesischen Key-Universities" statt.[233]

Unter den am Austausch teilnehmenden chinesischen Universitäten befand sich auch die Shanxi University, Taiyuan (SXU). Sie wurde im Jahr 1902 südwestlich von Peking/Bejing als eine der drei vom Chinesischen Staat finanzierten Universitäten gegründet. Die SXU entwickelte sich zu einer international renommierten Universität, die sich nach eigenen Angaben besonders den Gebieten der Kunst, Wissenschaften, Medizin, Ingenieurwesen/Technik und dem Recht widmet. Die SXU ist heute eine bedeutende Lehr- und Forschungseinrichtung, an der derzeit 19.913 Studenten eingeschrieben sind. Sie zählt zu den 60 Top-Universitäten Chinas und erlangte den Titel „the green university". Im Jahr 2004 gab es in China 1683 staatliche und ca. 1000 private Hochschulen, welche sich zunehmend auch dem Greentech Thema widmen. Dies macht sich bereits in zahlreichen Lebensbereichen, wie z. B. der Lebensmittelforschung, bemerkbar.[234]

Beachtlich ist auch das Hochschulsystem in Japan. Es gibt 716 Universitäten, wovon fast dreiviertel private Hochschulen sind. Diese privaten Hochschulen, die allesamt höhere Studiengebühren verlangen als die staatlichen, sind heiß umkämpft und gelten in Japan als Eintrittskarte für eine gesicherte berufliche Karriere. 2005 entschieden sich fast 51,5 % der Gymnasialabsolventen für den Besuch einer Hochschule. Dies ist weltweit betrachtet ein Spitzenwert. Jedoch darf es nicht darüber hinwegtäuschen, dass nur 0,8 % dieser Hochschulabsolventen anschließend auch promoviert haben. Zurückzuführen ist dies auf die berufliche Situation. Der Bachelor ist in Japan vollkommen ausreichend für eine berufliche Karriere. Somit ist die Promotion nur für die akademische Laufbahn interessant. Ein Rankingsystem des amerikanischen „Institute for Scientific Information" (ISI) bewertet die Anzahl von Publikationen und Zitierungen der japanischen Hochschulen und Forschungsinstitute. Dieser Zitierungsindex unterscheidet nach Hochschulen und Fachrichtungen. Legt man die weltweiten Daten zu Grunde, so hat Japan seine Position in den letzten Jahren deutlich verbessert. 1981 noch lag Japan auf Rang vier hinter den USA, Deutschland und Großbritannien. Bereits 1988 wurde Deutschland überholt und 1998 eroberte Japan mit

---

233 vgl. China Campus Berlin 2002, in:
      http://www.china-campus.de/unis/ index.php; Aufruf vom 4. Juli 2008
234 vgl. http://www.uwm.edu/Dept/CIE/studyabroad/programs/ShanxiUniversityChina.htm;
      Aufruf vom 4. Juli 2008

73.000 wissenschaftlichen Publikationen Platz 2 in der Weltrangliste.[235] Allein die Anzahl ist beachtlich, bedenkt man, dass Japan 127 Mio. Einwohner hat.

Im Jahr 2001 schlug das japanische Ministerium für Bildung ein Modell zur Stärkung der als „Weltklasse-Universitäten" geführten staatlich finanzierten „Top 30"-Universitäten, die alle ihren Schwerpunkt auf den Gebieten Wissenschaft und Technik haben, vor. Grundlage des Rankings wurden die Faktoren Forschungsförderung, Nennung in Publikationen, Schwierigkeitsgrad der Aufnahmeprüfungen und der Ruf der Universität. Als die besten drei Universitäten werden in der Liste die staatlichen Universitäten von Tokio, Kioto und Osaka geführt. Unberücksichtigt blieben die in ihrem Profil sehr unterschiedlichen privat finanzierten Universitäten. Dennoch gehören einige unter ihnen wie Waseda und Keio unzweifelhaft in die Liste der „Weltklasse-Universitäten" Japans.[236]

Als weltweit bedeutendstes Ranking wird heute das erstmals im Jahr 2003 veröffentlichte „Ranking of the World Universities" der Universität Shanghai angesehen. Darin sind die ersten Plätze seit Jahren von amerikanischen Universitäten belegt. Unter den Top 20 finden sich alleine 17 amerikanische Hochschulen (Platz 1 hält Harvard mit 100 Punkten, Platz 2 Stanford mit 73,7 Punkten und Platz 3 Berkely). Immerhin erreicht die Cambridge University noch Platz 4 und Oxford den 10. Platz. Abgeschlagen folgen auf Platz 53 mit der Ludwig-Maximilians-Universität (LMU) München und auf 56 mit der TU München zwei Hochschulen, die auch in anderen Listen zu den besten Hochschulen Deutschlands gerechnet werden. Unter den besten einhundert „Weltklasse-Universitäten" finden sich noch Heidelberg, Göttingen, Freiburg und Bonn, wobei im Ranking die Berliner Humboldt-Universität und Freie Universität aus internen Gründen, die nicht gerade zu ihrem positiven Erscheinungsbild beitragen, unberücksichtigt geblieben sind. Auch in dieses Ranking wurden nur staatlich finanzierte Hochschulen einbezogen und es wurde nicht nach dem Going Green gefragt.[237]

Auf dem Weltgipfel für nachhaltige Entwicklung in Johannesburg (WSSD) wurde die „Global Higher Education for Sustainability Partnership" (GHESP) als offizielle Partnerschaft gegründet. Begründer dieser Partnerschaft sind die International Association of Universities (IAU), die Association of University Leaders for a Sustainable Future (ULSF), der Copernicus-Campus sowie die Unesco. Ziel dieser Partnerschaft ist es, vor allem die Aktivitäten der „Bildung für

---

[235] vgl. http://www.internationale-kooperation.de/de/laenderinfo21964.htm; Aufruf vom 4. Juli 2008

[236] vgl. www.nigelward.com/top30.html; Aufruf vom 9. Juli 2008

[237] vgl. http://www.spiegel.de/unispiegel/studium/0,1518,512066,00.html; Aufruf vom 14. März 2008

eine nachhaltige Entwicklung" im Hochschulsektor weltweit zu koordinieren. Grundlage der GHESP ist die „Lüneburg Declaration on Higher Education for Sustainable Development", die 2001 in Lüneburg (Deutschland) verabschiedet wurde und die Aufgabe von Universitäten ausdrückt, einen Beitrag zur nachhaltigen Entwicklung zu leisten. Die Ziele von GHESP sind die Verbreitung von Implementierungsstrategien für die Berücksichtigung von nachhaltiger Entwicklung in den Hochschulen, der Austausch und die Weiterentwicklung von Best Practice-Beispielen, die Evaluierung bisheriger Maßnahmen und die Ableitung von Empfehlungen für die Weiterentwicklung der Hochschulbildung für eine nachhaltige Entwicklung.[238]

Besonders große Anstrengungen zum Ranking der Umweltaktivitäten der Hochschulen werden in England unternommen, wie die dort übliche „Green League"-Bewertung zeigt.

Rank	University	Publicly available environmental policy	Full time environmental policy	Comprehensive environmental audit	Green travel plan	Fairtrade University status	% total energy from renewables	% waste recycled	Carbon emissions per head (Kg CO2e)	Final Score (max. 50)	
1	Leeds Metropolitan	★	★	★	★	★	★ 85%	★ 36%	☆ 636	48	
2	Plymouth	★	★	★	★	★	✩ 7%	★ 40%	★ 501	46	
3	Hertfordshire	★	★	☆	★	★	☆ 16%	★ 31%	★ 553	44	
4	Glamorgan	★	☆	★	★		★ 64%	★ 32%	★ 579	43	
5	Gloucestershire	★	★	★	★	★	☆ 36%	6%	★ 242	42	
5	Oxford Brookes	★	★	★	★	★	☆ 34%	–	★ 376	42	
5	Queens Belfast	★	★	★	★	★	☆ 17%	☆ 17%	✩ 1.091	42	
8	Anglia Ruskin	★	★	☆	★	★	✩ 6%	☆ 14%	★ 460	40	
8	Cambridge	★	★	★	★		☆ 22%	★ 29%	2.349	40	
8	Edinburgh	★	★	★	★	★	☆ 25%	☆ 33%	1.868	40	
8	Leeds	★	★	★	★	★	0%	★ 36%	✩ 1.252	40	
8	Portsmouth	★	★	★	★	★	0%	☆ 27%	☆ 722	40	
8	Sheffield Hallam	★	★	★	★		✩ 2%	✩ 10%	★ 476	40	
8	St. Andrews	★	★	★	★	★	☆ 30%	☆ 22%	1.896	40	
8	University of the West of England, Bristol	★	★	☆	★	★	–	★ 29%	★ 522	40	

Abbildung 7: Beste britische Universitäten laut Green-League-Bewertung

Ein vergleichbares Ranking deutscher Hochschulen fehlt zurzeit noch völlig. Der Deutsche Bundestag hat das in der Agenda 21 formulierte Verständnis von neuen Bildungsanforderungen aufgegriffen und Ziele für die Umsetzung formuliert. Für den Hochschulbereich werden vor allem Forschungsbedarf zu „nachhaltigen Konsum- und Lebensstilen sowie nachhaltigem Wirtschaften und globalen Zusammenhängen" sowie die Umweltbildungsforschung hervorgehoben.

---

[238] vgl. www.unesco.org/iau/sd/rtf/sd_dluneburg.rtf; Aufruf vom 12. März 2008

Über einen Hinweis auf die notwendige Veränderung von Studienordnungen hinaus wird bzgl. der Wissensvermittlungsfunktion auf den Orientierungsrahmen „Bildung für eine nachhaltige Entwicklung" der Bund-Länder-Kommission von 1998 verwiesen.[239]

Insgesamt betrachtet ist die weltweite Bedeutung deutscher Hochschulen im den Bereichen Greentech noch relativ gering. Es gibt zwar zahlreiche Ansätze und Initiativen, entsprechende Forschungen zu betreiben, wie z. B. einen Projektfördertopf an der BTU Cottbus für Studentenprojekte, die Umwelt und Nachhaltigkeit zum Thema haben. Ein erstes Solarprojekt wurde Anfang 2007 bereits in Betrieb genommen. Angesichts der weltweiten Situation ist dies ein Anfang, jedoch keinesfalls ausreichend, um den Forschungsbedarf und vor allem den Willen zum nachhaltigen Denken zu decken und zu festigen.

Damit sollen die Bemühungen auf Bundes- und Länderebene keineswegs missachtet werden, jedoch kommt man im internationalen Vergleich zwangsläufig zu dem Schluss, das Deutschland hier den Zug verpassen wird, wenn nicht eine drastische und schnelle Änderung herbeigeführt wird. So titelte die Berliner Zeitung in ihrer Ausgabe vom 8. Juli 2008 „Übervolle Hörsäle, uralte Ausstattung", womit die Gesamtsituation an den deutschen Hochschulen treffend beschrieben wurde. Um Deutschland und seine Universitäten wettbewerbsfähig und zum tragenden Pfeiler als Zulieferer für Forschung und Wirtschaft zu machen, bedarf es in erster Linie der entsprechenden Ausstattung und der richtigen Einstellung. Forschungsdrang und Eifer können auch nur dort entstehen, wo Studenten sich nicht in überfüllte Hörsäle drängen müssen und wo auch eine entsprechende Betreuung durch die Professoren gewährleistet ist. Hannah Blum vom Referentinnenrat der Berliner Humboldt-Universität drückt es so aus: „Die Lehre wird nur konsumiert, aber man forscht nicht mehr." [240]

Diese Zustände, hervorgerufen unter anderem durch die Einführung des Bachelor-Konzeptes, sind ein Teil der Probleme, mit denen deutsche Hochschulen zu kämpfen haben. Wie soll eine Hochschule Umweltbewußtsein und Nachhaltigkeit lehren, wenn sie es nicht vorleben kann? Wenn Energie sparen nicht bewusst und deutlich sichtbar praktiziert wird?

Ein Weg in die richtige Richtung weist z. B. die Universität Cottbus mit dem „Referat für umweltgerechte Entwicklung (RUGE)". Dieses Papier definiert Sparmaßnahmen und effektive Methoden zur Verbesserung der Umwelt an den Hochschulen, bis hin zur Implementierung eines Umweltmanagementsystems für Hochschulen.

---

[239] vgl. http://www.blk-bonn.de/pressemitteilungen.htm; Aufruf vom 23. Mai 2008
[240] vgl. Berliner Zeitung Nr. 158 vom 8. Juli 2008

Ganz wesentlich dürfte jedoch sein, das die Verbindung Hochschule – Wirtschaft
noch nicht ausgereift genug ist. Auch die vom Ansatz zu lobende „Exzellenzini-
tiative" steckt immer noch in den Kinderschuhen, obwohl sie bereits 2006 gestartet wurde. Diese Initiative von Bund und Ländern soll herausragende Forschung fördern und endlich internationale Anerkennung in diesem Segment
sichern. Bislang jedoch stehen Ergebnisse noch aus. Wie Martin Spiewak auf
academics.de so schön formulierte, hat kein Exzellenzcluster bisher zu wissenschaftlichen Ergebnissen geführt, keine der neun prämierten Eliteuniversitäten
hat bereits den Wettkampf mit Harvard und Oxford aufgenommen. Noch beschäftigen sich ihre Präsidenten vor allem mit Personalgesprächen und Bauan-
trägen.[241]

So befinden sich in den so genannten Exzellenzclustern zwar Themengruppen,
die sich mit dem Klimawandel beschäftigen, jedoch gibt es nur einen Exzellenzcluster der den namen Green-Business wirklich zu verdienen scheint, nämlich den der Universität Aachen mit ihrer Studie „Maßgeschneiderte Kraftstoffe
aus Biomasse." Angesicht der zugelassenen Liste von 37 Exzellenzclustern ist
dies eindeutig zu wenig.[242]

Auch im CHE-Forschungsranking, das die besten Bedingungen für Wissenschaftler in der Forschung auslotet, stehen nur die klassischen Disziplinen wie
Maschinenbau, Informatik oder ähnliches auf der Liste. So hat Michael Kanel-
los, anerkannter Journalist für cnet.com Deutschland zwar eine führende Rolle in
der Solartechnologie bescheinigt, warnt aber zugleich eindringlich davor, dass
Europa durchaus in der Position ist, die führende Rolle in der green technology
zu verspielen.[243]

Amerika zeigt an seinen Hochschulen heute ganz eindeutig, wie dieser Wandel
vollzogen werden kann. Immer mehr Hochschulen richten spezielle Studiengänge ein, die sich ausschließlich mit Greentech befassen und die maßgeblich von
der Wirtschaft unterstützt werden. Eine solche direkte finanzielle Förderung der
Universitäten durch die Wirtschaft könnte einen weiteren Schub in Richtung
Deutschland und Green-Business geben.

---

241 vgl. http://www.academics.de/wissenschaft/die_exzellenzinitiative_ein_harter_wettbewerb
     _um _gelder_und_prestige_30779.html; Aufruf vom 12. Juli 2008
242 vgl. Deutsche Forschungsgemeinschaft, Liste der geförderten Exzellenzcluster,
     http://www.dfg.de/forschungsfoerderung/koordinierte_programme/exzellenzinitiative/ex
     zellenzcluster/liste/exc_gesamt.html; Aufruf vom 12. Juli 2008
243 vgl. http://news.cnet.com/How-green-could-make-Europe-a-tech-power/2010-11392_3-
     6235385. html?hhTest=1&tag=nw.4; Aufruf vom 14. April 2008

Die Bund-Länder-Kommission für Bildungsplanung und Forschungsförderung (BLK) unterteilt in ihrem Orientierungsrahmen „Bildung für eine nachhaltige Entwicklung" von 1998 das Leitbild einer nachhaltigen Entwicklung an Hochschulen in fünf Aufgabestellungen, unabhängig vom Hochschultyp:

■ Interdisziplinarität soll gefördert werden, indem neben naturwissenschaftlichen und technischen Disziplinen auch kultur-, sozial-, politik- und wirtschaftswissenschaftliche Disziplinen für Problemlösungen herangezogen werden müssen.

■ Umweltbildung in der Lehre bedarf einer Fundierung durch Forschung. „Ökologische Zukunftsforschung" wird dabei als Zielperspektiv genannt, die „einerseits Rückkoppelungseffekte menschlichen Handelns auf die natürlichen Systeme, aber zugleich auch die aus der Veränderung der natürlichen Systeme resultierenden Rückkoppelungseffekte auf die menschliche Gesellschaft untersucht."

■ Nachhaltige Entwicklung erfordert einen systematischen Wissens- und Forschungstransfer zwischen Hochschulen, Wirtschaft, Kommune und Bürgern, die Bildung von Netzwerken in Forschung und Lehre sowie das Eingehen von Partnerschaften.

■ Hochschulen als technische und administrative Betriebe müssen unter dem Leitbild nachhaltiger Entwicklung ihren eigenen Ressourcenverbrauch und die von ihnen ausgehenden Stoffströme effizienter gestalten.

■ Die Anforderungen einer Bildung für nachhaltige Entwicklung erfordern eine ständige Weiterbildung des Hochschulpersonals im Sinne eines umweltgerechten Hochschulmanagements.

Seybold/Winkelmann stellen zum BLK-Kongress „Zukunft lernen und gestalten; Bildung für eine nachhaltige Entwicklung" von 2001 bereits fest, dass für den Bildungsbereich umfassende Veränderungen erforderlich sind. Im Mittelpunkt der weiteren Veränderungsprozesse muss daher die Frage stehen, wie eine solche Reform der Hochschulbildung zu einer nachhaltigen Entwicklung beitragen kann. Die Autoren sehen dabei im Wesentlichen fünf Ansatzpunkte zu Veränderungen, und zwar in den Bereichen Interdisziplinarität und Pluralität, Globalisierung durch interkulturelle Zusammenarbeit (Netzwerkbildung), Wissenstransfer und lebenslanges Lernen, Partizipation und Transdiziplinarität sowie Selbstverpflichtung. Selbst der Deutsche Bundestag beschäftigt sich regelmäßig mit den Fortschritten der Bildung für eine nachhaltige Entwicklung.[244]

---

244 vgl. Deutsche Bundestag Drucksache 15/6012 vom 4. Oktober 2005

Offenbar wirken diese politischen Initiativen und Aktivitäten jedoch nur sehr langsam. Lehrpläne, Prüfungsformen und Methoden entsprechen noch längst nicht den Anforderungen der neuen aktuellen Herausforderungen, geschweige denn denen von 2020 bis 2050. Die föderalen Strukturen im Bildungswesen bewirken ein Übriges, bis etwa die UN-Dekade „Bildung für eine nachhaltige Entwicklung 2005 bis 2014" überall umgesetzt wird oder Greentech in den klassischen Lehrplänen fest verankert ist.

Zurückblickend auf die Rede von John Doerr (siehe Seite 58) sollte allen die Aussage seiner 15-jährigen Tochter Mary zu denken geben. In einer Unterhaltung über die globale Erwärmung sagte sie zu ihrem Vater: „Deine Generation hat das Problem verursacht, nun müsst ihr es auch lösen." Eine Verantwortung, der sich alle bewusst stellen müssen.

Man kann dieser Aussage nur zustimmen und die meisten sehen dies genauso. Heute müssen massive Veränderungen eingeleitet werden, um die anstehenden Herausforderungen anzunehmen, um ebenso wie seinerzeit bei den Dot-coms durchschlagende technologische Sprünge zu bewerkstelligen, von denen alle profitieren können. Bei den Dot-coms wurde vieles versäumt, was jetzt bei den Dot-greens nachzuholen ist. Niemand bezweifelt die Qualitäten deutscher Forschung. Die Vermarktung und die wirtschaftliche Nutzung dieser Erfindungen bietet jedoch noch Raum für Verbesserungen.

Um eine führende Rolle im Bereich Green-Business zu behaupten, bedarf es privater Hochschulen, die sich vollständig auf diese Thematik spezialisieren. Sei es durch privat geförderte Institute, wie z. B. das Hasso Plattner-Institut an der Uni Potsdam, oder vollkommen private Universitäten. Die Nowendigkeit einer solchen privaten Universität läßt sich einfach darlegen:

In der Wirtschaftspraxis, Forschung und Lehre nimmt weltweit der Bedarf an Führungs- und Fachkräften, die über neuestes Umwelttechnik- und Klimawissen verfügen, überproportional zu. Der Trend zum Going Green folgt dabei in den USA, Indien und China sowie der Golfregion zunehmend zwingenden wirtschaftlichen, sozialen sowie ordnungspolitischen Zwängen, weniger ökoideologischen Argumenten wie oft in Europa.

In den führenden Business Schools weltweit werden die neuen Anforderungen an die Aus- und Weiterbildung sowohl durch Integration der Umwelt- und Klimathematik, als auch durch spezielle Masterkurse, gestützt auf bereits vorhandene fachliche Spezialisierungen, gelehrt (z. B. Presidio School of Management SF).

Es muss ein neuer Typ einer Hochschule, z. B. im ersten Schritt eine Green Master School mit Unterstützung der Umweltindustrie, des Handels und der Dienstleistungsunternehmen, insbesondere der Energie- und Wasserindustrie sowie der

Umweltpreisträger, geschaffen werden, um daraus in weiteren Aufbaustufen eine European Green University zu entwickeln.

Profil einer Green-Business-Ausbildung

Ausgehend von internationalen Studien und Industrieanforderungen in Deutschland müssen im Rahmen der Ausbildung von Wirtschaftsingenieuren die schon weiter oben genannten Clean Technologies im Mittelpunkt der Aus- und Weiterbildung sowie für die Verstärkung von Unternehmensgründungen stehen:

- Solarenergie und Applikationen
- Windkraft und andere erneuerbare Energielösungen
- Biotreibstoff und Biomaterialien
- Grüne Gebäude und Grünes Design
- Saubere Transportmöglichkeiten, saubere Autos und persönliche Mobilität
- Änderungen der Infrastruktur
- Mobile Applikationen und Grüne IT
- Wasser-Filtration und saubere Wassertechnologien

In Absprache mit der Industrie könnten die Erst-Studiengänge folgende Themenkreise beinhalten:

- Nachhaltigkeitsstrategien unter besonderer Beachtung von Klima-, Umwelt- und Lärmschutz, von Erneuerbaren Energien, Verkehrs- und Bebauungsalternativen
- Umweltschutz und Umwelthygiene für Mensch, Tier und Ökosysteme (Luft-, Wasser- und Bodenreinhaltung)
- Ökointelligente und Ökoeffiziente Produkt- und Technologieentwicklung inkl. Stoffkreisläufe und Entsorgung
- Risikobewertung und Schadstoffsicherheit in chemischen und biologischen Prozessen inkl. Prüfverfahren und Normierungen
- Dekarbonisierung und Emissionshandel sowie Management und Controlling der Einhaltung von Klima- und Umweltschutznormen
- Nachhaltiges Innovations- und Umweltmanagement für Unternehmen im Rahmen des Supply Chain Managements
- Medienökologie und nachhaltig zukunftsfähiges Eventmanagement.

Ähnlich dem Stanford Muster, sollte eine direkte Vernetzung und Zusammenarbeit mit den großen Unternehmen erfolgen. Eine solche Vernetzung bringt allen Netzwerkpartnern nur Vorteile. Die Unternehmen können richtungsweisend Informationen liefern, ihre eigenen Forschungen entlasten oder schwerpunktmäßig vorantreiben, die Frage nach den Mitarbeitern von Morgen würde sich drastisch reduzieren, da man diese bereits im Vorfeld kennen und schätzen lernt. Ein zeitlicher Vorsprung ist hier durchaus noch erzielbar, wenn schnell gehandelt wird.

Einsatz moderner Lehr- und Übungsmethoden sowie des E-Learnings

Das Lernen an einer Green-Business-School sollte natürlich noch anderen Bereichen Anreize liefern.

1. Interaktive Lehre, wobei in hohem Maße von der aktiven Teilnahme der Lernenden mit intellektuellen, physischen, ethischen und intuitiven Herausforderungen ausgegangen wird. Zielorientierte unternehmerische und sozial eingebettete Aktivität wirkt motivierender und nachhaltiger als häufig noch dominierende Frontalunterrichtsformen. Zugleich sollten durch interaktive Kursarbeiten in hohem Maße selbst entwickelte Aktivitäten gegenüber autoritätsorientierter Anleitung erreicht werden. In diesem Sinne wird von einer Co-Creation der Studiengänge ausgegangen, in denen eine Reihe von Modulen und Grundlagenfächern sorgfältig strukturiert und modelliert sind, andere gemeinsam im Prozess entwickelt werden.

2. Systemdenken und praxisorientierte Herangehensweise. Hierbei geht es insbesondere um das Verständnis für die komplexen Wechselbeziehungen zwischen technischen, wirtschaftlichen, sozialen und ökologischen Aktivitäten sowie Problemen. Durch system- und prozessorientiertes Denken sollten die Grenzen langjähriger enger fachspezifischer Sichtweisen überwunden und zugleich interdisziplinäre Denk- und Arbeitsweisen trainiert werden. Dabei muss klar werden, dass ein hoher Anteil der heutigen Umweltprobleme durch die über die letzten 150 Jahre entwickelten einseitigen fachspezifischen Herangehensweisen entstanden ist.

3. Kreativitätsentwicklung und Kommunikationsfähigkeit. Die Studierenden sollten befähigt werden, selbstständig neue und unerwartete Problemlösungen zu finden und zugleich tiefes Verständnis für innovationstheoretische Grundlagen der Vorbereitung, Durchsetzung und Verbreitung von ökoinduzierten Veränderungen erhalten. Im Ergebnis der Masterstudiengänge sollten möglichst von jedem Absolventen konkrete praxisorientierte Modelle und Venture

Pläne für innovative Problemlösungen entwickelt werden, die reale Chancen zur Umsetzung haben und im Idealfall zu realen Unternehmensgründungen führen.

4. Umweltprobleme haben immer globalen Charakter, auch wenn sie zunächst nur lokal auftreten. Beim CO_2-Eintrag gibt es z. B. keine Grenzen. Daraus folgt, dass der neue Hochschultyp von Anfang an auf Internationalität ausgerichtet sein muss und Auslandseinsätze sowie internationale Projektarbeit einschließt. Die Studierenden müssen ein neues globales Denken und Problemlösen lernen und praktizieren können.

5. Die Erfahrungen lehren, dass neben theoretischen Grundlagen vor allem der praktischen Problemlösefähigkeit und dem unternehmerischen Handeln viel mehr Aufmerksamkeit gebührt. Es reicht nicht aus, nur Konzepte oder Wissen zu entwickeln, es muss mehr Wert auf die Umsetzungskompetenz gelegt werden. In China wird ernsthaft daran gearbeitet, über theoretisches Wissen auch praktisches Können zu prüfen. Wir täten gut daran, diesen neuen Trend nicht zu verpassen, sondern zu bestimmen.

Von Anfang an sollten auch alle Möglichkeiten des Einsatzes modernster und umweltfreundlicher Unterrichtshilfen, gestützt auf E-Learning, Mobile-Learning und Blended Learning genutzt werden. Eine solche private Hochschule dürfte nicht unter veralteten Lehrmitteln, Computern aus den späten Achtzigern oder fehlender Betreuung leiden. Eine wirtschaftsorientierte Ausrichtung könnte hier neue Impulse setzen und ist aus heutiger Sicht zwingend erforderlich.

Wege zur Förderung einer nachhaltigen Entwicklung an Hochschulen

CO_2-Reduzierung oder wirksame, nachhaltige Maßnahmen zur Steigerung der Energieeffizienz müssen von den Hochschulen als gesellschaftlich relevante Themen akzeptiert werden – aber es fehlen deutlich pro-aktive Tendenzen und „zeitnahe" Reaktionen zur Bewältigung der damit verbundenen Herausforderungen an Lehre und Forschung. Implizit ergibt sich daraus ein zu lösendes Problem – auch, wenn viele deutsche Hochschulen seit einigen Jahren zunehmend Aktivitäten zur Nachhaltigkeit in den Kanon ihrer Bemühungen um die gesellschaftliche Entwicklung aufgenommen haben.

Mehr als fünfzehn Jahre nach der Konferenz von Rio[245] fehlen immer noch allgemein verbindliche und akzeptierte Strategien zu einem gemeinsam zu beschreitenden Weg zur Lösung der die gesamte Gesellschaft betreffenden Aufgabe, den Bildungssektor gerade im Umfeld der Hochschulen hin zu einer nachhaltigen und Nachhaltigkeit vermittelnden Bildungspolitik zu entwickeln. Dazu notwendige Prozesse und Strukturen sind eher rudimentär vorhanden – durchgängige, integrative und von den Hochschulen gemeinschaftlich getragene Konzepte fehlen.

Die aktuelle Entwicklung zeigt eher den Trend zu einer Individualisierung: die Hochschulen versuchen, sich als Einzelkämpfer mit dem Ziel der Sicherung der öffentlichen Budgets für die eigenen Aktivitäten, anstatt sich im Verbund mit Gleichgesinnten über mehr oder weniger erfolgreiche Maßnahmen auszutauschen und mit Zielsetzung einer Homogenisierung der Programme und Strategien zur Förderung von Nachhaltigkeit anzustrengen. Gerade unter diesem Aspekt wird offensichtlich, dass die Bildungspolitik der Bundesrepublik Deutschland erhebliche Defizite aufweist: statt Interdisziplinarität und gemeinsame Forschungsaktivitäten zu fördern, wird (in?)konsequent dem Einzelkämpfertum Vorschub geleistet und letztlich ein hohes Maß redundanter Aktivitäten in Kauf genommen – zu Lasten einer notwendigen (und möglichen!) Prozesslandschaft, welche die effektive und effiziente Kommunikation über durchaus vorhandene gute Beispiele mit Ziel einer strukturierten Erfassung, Weiterentwicklung und gemeinsamen Umsetzung aufzeigt.

Die direkte Reaktion von Politik und Wirtschaft ist in der Missachtung und/oder Unterbewertung des Hochschulpotentials im Umfeld nachhaltiger Entwicklung zu finden. Dabei ist eine informative Öffnung der Hochschulen zwingend notwendig: getreu dem Motto „man kann nicht nicht kommunizieren" ist es höchste Zeit, die richtigen Dinge zu kommunizieren, um nicht den Anschluss zu verlieren. Denn bislang fehlt es im internationalen Vergleich an Aufsehen erregenden Meldungen zu Spitzenleistungen aus dem Umfeld deutscher Hochschulen, obwohl Leistungen auf sehr hohem Level erbracht werden. Aber, obwohl im Ausland durchaus Interesse an „nachhaltigen" deutschen Hochschulaktivitäten besteht, ist der Bekanntheitsgrad häufig ein Problem.

Gerade vom Hochschulstandort Deutschland werden deutliche Impulse im Rahmen einer von Nachhaltigkeit geprägten Bildungspolitik erwartet. Mangels einer die gemeinsame Ressourcennutzung koordinierende und fördernde Hochschulpolitik und durch das Fehlen dafür nutzbarer Strukturen wirken die Bemühungen

---

245 vgl. United Nations UN-Dok. A/CONF.151/26 (Vol. I-III), Report of the United Nations Conference on Environment and Development (Rio de Janeiro, 3-14 June 1992), New York, August 1992

um Nachhaltigkeit im Vergleich mit zentral gesteuerten Ansätzen wie z. B. in Großbritannien (s. weiter oben) eher hilflos – und darunter leidet insbesondere die Außendarstellung.

Neben einer konsequenten Förderung von erfolgversprechendem Nachwuchs fehlt es auch an einer zentralen Koordination aller Hochschulprojekte und -maßnahmen mit Fokus auf Themen wie Forschung, Kooperationsmöglichkeiten, Interdisziplinarität und die damit verbundene Öffentlichkeitsarbeit mit dem Ziel, die Leistungsträger (aber auch den Nachwuchs) aus der Isolation zu befreien und endlich auch Perspektiven aufzuzeigen, die eine Migration dieses überaus wichtigen Personenkreises ins Ausland stoppen.

Prinzipiell ist ein vollständiges Überdenken des aktuellen Bildungssystems notwendig. Es reicht nicht, Innovationsbörsen für Wissenschaftler und Studierende einzuführen[246] und darüber den Arbeitsmarkt beleben zu wollen – wichtiger ist die Förderung des Informationsaustausches zwischen Hochschulen und Unternehmen durch Bereitstellung eines umfassenden Wissensmanagement und -transfer-Systems, das auch arbeitsmarktpolitischen Anforderungen genügt. Dies verlangt ein deutlich flexibleres, hochschulpolitisch akzeptables und gleichzeitig unternehmensorientiertes Bildungsmanagement – und „jede Menge Mut" zur Umsetzung, denn viele Hochschulen tun sich noch sehr schwer mit Modernisierung und Innovation.

Die nachfolgenden Thesen für ein neues Bildungskonzept fassen zusammen, was die Hochschulen, die Wirtschaft, ja was Deutschland heute braucht, um auch morgen noch wettbewerbsfähig zu sein:

- Nachhaltigkeit in Forschung und Lehre setzt ein grundlegendes Umdenken in der Hochschulbildung und damit verbunden den vorgelagerten Prozessen im Bildungsbereich voraus.

- Innovationen – nicht nur im Hochschulbereich – werden getrieben durch den impliziten, interdisziplinären Aspekt einer nachhaltigen Entwicklung

- Nachhaltige Entwicklung setzt eine deutlich bessere Nutzung akademischer Netzwerke und strategischer Allianzen sowie eine deutlich effizientere und effektivere Planung und Nutzung von Synergieeffekten auch über den Campus hinaus voraus – im Alleingang kann die Zukunftsfähigkeit der Hochschulbildung nicht sichergestellt werden

- Ohne Anreiz, Beratung und Unterstützung im Change Management „von außen" werden Hochschulen nur schwerlich den heute bereits zeitkritisch ge-

---

246 vgl. http://www.bmbf.de/press/index.php; Aufruf vom 12. Juni 2008

wordenen Anforderungen einer nachhaltigen Entwicklung genügen können und drohen so, den Anschluss im internationalen Umfeld zu verlieren

■ Nachhaltigkeit in Forschung und Lehre wirkt als treibende Kraft mit Ausrichtung auf deutliche Veränderungen in der Bildungspolitik der Hochschulen und anderen Bildungsträger sowie dem Technologie- und Wissenstransfer in die Unternehmen

■ Nachhaltiges Wirtschaftswachstum ist unauflösbar gekoppelt an ein nachhaltiges Bildungswachstum

■ Nachhaltiges Bildungswachstum setzt nicht nur eine qualitätsgesicherte Projektierung voraus, sondern bedarf eines vielschichtigen, horizontalen und vertikalen Controllings der bildungspolitischen Prozesslandschaft

Mit dem Begriff „Green Business School" kann ein einfaches „Markenzeichen" für einen qualitätsgesicherten Prozess geschaffen werden, der die deutschen Hochschulen unterstützen kann, ihren Beitrag zu einer nachhaltigen Entwicklung besser und ideenreicher zu leisten.

6. Resümee

Die gegenwärtige Situation mit Benzinpreisveränderungen im Wochenrhythmus, steigenden Lebensmittelpreisen und immer höheren Strom- und Gaskosten, sowie inflationären Tendenzen auf vielen Gebieten, ändert das allgemeine Bewusstsein in raschem Tempo. Man fühlt sich zurückversetzt in die Zeit der ersten Ölkrise mit Fahrverboten und neigt dazu, die jetzige Stimmung mit dieser zu vergleichen. Doch die wirklich gravierenden Unterschiede machen schnell deutlich, dass jetzt tatsächlich ein neues Zeitalter anbricht. Die Verteuerung der Rohstoffe, insbesondere der fossilen Brennstoffe und vor allem die drastischen Alarmsignale des Klimawandels sind nicht mehr wegzudiskutieren. Ein Herunterspielen der Fakten ist anders als damals heute nicht mehr möglich.

Besonders deutlich wird dies anhand des in diesem Buch dargelegten Wandels der USA. Galten die USA bislang immer als größter Ignorant in Punkto Klimawandel und Achtsamkeit in Umweltfragen, so wird die neue Goldgräberstimmung für Greentech in den Vereinigten Staaten alle anderen Länder mit sich reißen. Der Vergleich mit der Dot-com-Welle Ende des letzten Jahrtausends hat deutlich gezeigt, wie stark Innovationen entfesselt werden können, wenn das wirtschaftliche Interesse groß genug ist. Dass die Dot-com-Ära auch mit Firmenzusammenbrüchen einherging, spielt dabei eine bedauerliche, aber geopolitisch gesehen eher untergeordnete Rolle, denn der enorme technologische Fortschritt im Internetbereich steht dagegen. Eine Verteufelung der Dot-com-Phase würde die rasante Entwicklung im Hightech-Bereich außer Acht lassen. Jetzt geht es um weit mehr als nur um wirtschaftliche Gewinne. Es geht um das Überleben unter den Bedingungen des rasch fortschreitenden Klimawandels.

Wenn Länder wie die USA eine schier beispiellose Aufholjagd entfesseln, dann kann man sicher sein, dass die Ergebnisse nicht lange auf sich warten lassen werden. Dass gerade die USA so stark im Fokus der Betrachtung in diesem Buch stehen, hat etwas mit genau dieser Entfesselung größter Kräfte in kritischen Situationen zu tun. Neidlos muss man anerkennen, dass die USA zwar manchmal spät starten, dann aber umso vehementer.

Die Dot-com-Ära hat allen Ländern unzählige technologische Innovationen beschert. Ohne diese Hochphase wären PCs vielleicht erst Jahre später in diesem Maße in den Alltag vieler vorgedrungen. Ein Leben ohne das allumspannende Internet ist heute nur schwer vorstellbar. Das Handy in seiner heutigen Form würde immer noch ein Schattendasein führen und Filme auf DVD oder digitaler Satellitenempfang steckten noch in den Kinderschuhen. Ganze Berufszweige

haben sich aus den Basistechnologien dieser Zeit neu entwickelt. Genau das
wird mit weiteren Fortschritten im Bereich der Greentech passieren und viel
umfassender als viele heute glauben.

Lange Jahre galt Deutschland als führend in der Entwicklung von erneuerbaren
Energien. Diesen Vorsprung könnte Deutschland sehr bald verlieren, wenn nicht
schnell und unbürokratisch gehandelt wird. Mitte Juli 2008 erreichte die Medien
die Meldung, dass die USA Deutschland als Betreiber von Windkrafträdern noch
in diesem Jahr einholen werden. Im Silicon Valley entsteht durch Nanosolar
zugleich eine völlig neue Solartechnik, die nur noch einen Dollar pro Watt-
Strom kosten soll. Solche Meldungen überraschen umso mehr, als die USA auf
diesem Feld bislang nur sehr halbherzig aktiv waren. Die Aufrufe der Regierung
und sicherlich auch die bevorstehenden US-Wahlen und vor allem Unternehmer-
aktivitäten sorgen dafür, dass sich das Bewusstsein rasch ändert. So verwundert
es nicht, dass ein US-Ölmilliardär 10 Mrd. Dollar in einen Windpark in Texas
investiert.[247]

Deutschland hat dem Thema erneuerbare Energien zwar schon lange einen hohen Stellenwert zugeordnet, jedoch wirkt der Einfluss der Politik auf das Innovationsgeschehen zu sprunghaft. Ein Beispiel dafür stellt die Biodiesel-Branche
dar. Erst werden Anreize und Steuererleichterungen geschaffen, dann wieder
zurückgenommen, teilweise aufgehoben oder in wesentlichen Rahmenbedingungen aus Sicht der veränderten Nahrungsmittelpreise korrigiert. Die Pressemitteilungen des Biodieselverbandes sprechen dazu eine eindeutige Sprache.[248]

Die in den Pressemitteilungen als typisches Beispiel ausführlich kommentierte
Insolvenz der „Biodiesel Industries AG" wirkt auf Investoren abschreckend und
hängt unmittelbar mit der mangelnden politischen Vertrauenswürdigkeit und Zuverlässigkeit zusammen. Wenn staatliche Regelungen und Rahmenbedingungen
sich nach der politischen Wetterlage statt objektiven globalen Erfordernissen
verändern, werden Greentech-Investoren verunsichert und es fehlt jene Aufbruchsstimmung, die für die Dot-coms so typisch war. Die neu entstehenden Dot-
greens unterscheiden sich allerdings auch wesentlich von den Dot-coms hinsichtlich der Abhängigkeit von ordnungspolitischen Regelungen. Internationale
und nationale Gesetze, Normen und Restriktionen beeinflussen das Wirken im
neuen Green Business ganz entscheidend. Die anhaltende Diskussion um eine
sichere, industriepolitisch ausreichende Energieversorgung unterstreicht das sehr
deutlich. Während bei den Dot-coms vor allem der Einfluss der Unternehmer
und Kapitalgeber die Entwicklung prägte, wirken im Umweltbereich immer

---

[247] http://www.energieverbraucher.de/index.php?itid=706&st_id=706&content_news_detail
=7175&back_cont_id=706; Aufruf vom 23. Mai 2008
[248] vgl. bspw. www.biokraftstoffverband.de; Aufruf vom 12. Juni 2008

Politiker durch Gesetze und Verordnungen mit. Der Unternehmer und Träger des Deutschen Umweltpreises, Hermann Josef Schulte von HJS, erklärte anlässlich eines Symposiums in der Deutschen Bundesstiftung Umwelt in Osnabrück im Sommer 2008 daher beispielsweise seine Katalysatoren und Rußpartikelfilter als „politische Produkte", für die es ohne nationale oder internationale Umweltvorschriften gar keinen Markt gäbe. Das Erzielen von Marktsog wird vor allem dann beschleunigt, wenn immer mehr Konsumenten erkennen, dass Umweltprodukte oft zugleich gut für die eigene Gesundheit sind. Der Zusammenhang von Umwelt- und Gesundheitsschutz muss noch viel deutlicher gemacht werden, um schneller und nachhaltiger große Innovationsströme auszulösen. Daraus wird ein weiteres Multi-Milliardengeschäft resultieren, wenn es gelingt, dafür mehr Kreativität und Unternehmergeist zu entfalten.

Während andere Länder vergleichsweise einfach und unbürokratisch, manchmal nahezu spielerisch an die Entwicklung neuer Unternehmen aus Universitäten heraus herangehen, folgt Deutschland immer noch strikten Normen und Vorgaben und es herrschen zahlreiche Ver- und Gebote für Wissenschaftler im öffentlichen Dienst. Dies behindert Unternehmertum. Gerade im Bereich der Bildungsinstitute stört ein schier endloser Wirrwarr aus Reglementierungen. Dabei ist es zwingend erforderlich, Innovationen aus den Hochschulen zu fördern, frei von Geldnot und langwierigen Genehmigungsprozessen. Wollte man darauf warten, dass alle Eventualitäten staatlich reguliert und in Gesetzen und Beschlüssen verankert sind, dann kann es passieren, dass die neue Welle der „grünen Technologien" an Deutschland vorbei geht, obwohl viele Entwicklungen hier sehr früh pilotmäßig angepackt wurden.

Deutschland muss jetzt, und das ist wörtlich gemeint, rasch handeln und aktiv werden. Jetzt ist die Schmerzgrenze bei den Energiepreisen erreicht, jetzt erlangen die Steigerungen der Lebenshaltungskosten Dimensionen, die kaum noch Spielraum für anderen privaten Konsum lassen. Jetzt wird überall Aufbruchsstimmung propagiert und jetzt ist die Zeit, um unsere technologischen Fähigkeiten auszuspielen und zu forcieren. Jetzt geht es nicht nur um ökonomisches Bewusstsein, sondern es geht um einen neuen Typ Grünen Marktes, der die Chance in sich trägt, Deutschland weiter als ein technologisch führendes Land zu profilieren. Dass man sich dabei durchaus der Erfahrungen anderer Nationen bedient, muss nicht als negativer Nachahmungseffekt gesehen werden.

Anhand der in diesem Buch aufgeführten Beispiele aus dem Silicon Valley dürfte deutlich geworden sein, wie wichtig das Zusammenspiel von Bildung und Wirtschaft ist. Firmen wie Google wären nie entstanden, wenn nicht der Drang zum Forschen und Probieren bereits auf der Hochschule gefördert worden wäre.

Nie wäre ein solches Unternehmen so groß geworden, wenn nicht ein direkter Draht der Hochschulen zu den Venture-Capital-Gebern und der Wirtschaft bestanden hätte.

In dem Moment, in dem die Ängste aus den negativen Eindrücken der Dot-com-Erfahrungen fallen gelassen werden, ist auch eine Förderung neuer, innovativer Entwicklungen möglich. Deutsche Unternehmen sollten sich der Bedeutung der Hochschulen und deren Möglichkeiten noch stärker bewusst werden und diese in eigenem Interesse verstärkt unterstützen. Die Rekrutierung künftiger Mitarbeiter ist dabei ein Aspekt, der durch die Mobilisierung und Unterstützung des Forscherdrangs bei den Studenten wesentlich zielgerichteter ausfallen wird. Dies sollte zum zentralen Anliegen der Unternehmen werden. Etablierte Wirtschaftsunternehmen sollten sich verstärkt auch als Partner der Jungunternehmer sehen, denn aus dem Innovationspotential und den Synergien im Greentech-Sektor können beide Seiten nur Vorteile ziehen.

Überlegenswert erscheint in diesem Innovationsfeld für Green-Business die Verankerung eines neuen Markenzeichens Dot-green, um bereits vom Namen her international deutlich die Verbindung von Innovation, nachhaltiger Zukunftsfähigkeit und Wirtschaftswachstum zu vermitteln.

Wenn die Manager deutscher Unternehmen sich verstärkt mit der Thematik „green technology" auseinandersetzen und die Erkenntnisse konsequent in ihrer Firmenphilosophie, respektive Marketingstrategie verankern, wird sich dies mit Sicherheit positiv auf die weltweite Akzeptanz und das langfristige Wachstum deutscher Unternehmen auswirken. Hierzu muss die Einbeziehung der Hochschulen bei der Entwicklung neuer Technologien um ein Vielfaches gesteigert werden.

Neben den Unternehmen sind vor allem die Venture-Capital-Geber und private Anleger gefordert. Eine bessere, offensivere Unterstützung von Gründern im Bereich grüner Technologien und einfachere Vergaberichtlinien für Kredite würden viele innovative Firmengründungen fördern, die jetzt vielfach an Formalismen scheitern. Eine massive Unterstützung im Management von Jungunternehmen fördert zudem die Investitionssicherung der VCs. Das Aufgeben ihrer Unnahbarkeit würde Venture-Capital-Geber zu einer verstärkten Zusammenarbeit mit Hochschulen und Jungunternehmern führen und somit zu einer Förderung innovativer Entwicklungen und Implementierungen am Markt.

Auf der Seite der Hochschulen besteht natürlich ebenso Handlungsbedarf. Ein einfacher Zugang für Studenten zur Wirtschaft und den Venture-Capital-Firmen würde den Forscherdrang der Studierenden sicherlich weit mehr unterstützen. Die globale Bedeutung der grünen Technologien sollte für jeden Studenten bereits auf den Hochschulen transparent gemacht werden. Denn die grüne Technologie verspricht die weltweit größten Zuwachsraten. Ein klares Bekenntnis der deutschen Hochschulen könnte den Willen zur Zusammenarbeit mit den Technologiefirmen konstruktiv beeinflussen. Es müsste dazu eine Leadorganisation gegründet werden, wie z. B. eine private Green University, verbunden mit einem Prozess der ständigen Auditierung aller Hochschulen hinsichtlich ihres Beitrages zur Beherrschung des Klimawandels und ihrem eigenen Going Green. Hochschulen, die eine solche umweltorientierte Qualitätssicherung nicht durchführen können, müssten auf die Fähigkeiten von externen Kooperationspartnern zurückgreifen können und den internationalen Austausch aktiv suchen.

Letztendlich bleibt natürlich das Engagement der Politik ein gewichtiger Aspekt. Die Politik muss aufhören, nur Empfehlungen und weitläufige Richtlinien von zweifelhafter Stabilität mit Blick auf die nächsten Wahlen zu verfassen. Gezielte Maßnahmen und die konkrete Unterstützung für den Bereich Greentech sollten jetzt erfolgen, nicht erst in einem Stufenplan bis 2012. Denn Klimawandel und Green-Business sind keine Reizworte für die nächste Bundestags- oder Landtagswahl, sondern benötigen langfristige Verpflichtungen und Maßnahmen über die Wahlperioden hinaus. Greentech-Umweltstrategien sollten nachhaltig in unser Wirtschaftssystem integriert werden und ebenso selbstverständlich werden wie z. B. die Mülltrennung. Maximilian Gege hat dazu in seinem neusten Ratgeberbuch „Unterwegs zu einem ökologischen Wirtschaftswunder" viele wertvolle Fakten und Empfehlungen erarbeitet.

Über Lippenbekenntnisse hinaus sollte Deutschland jetzt beginnen, mit aller Macht den Klimaschutz und die Green-Business-Entwicklung zum Thema Nummer eins zu machen. Gerade im Bildungswesen ist schnelles Handeln unerlässlich. Nur wenn die Politik entsprechende Zeichen setzt, werden auch die Unternehmen bereit sein, ihre Anstrengungen zu intensivieren.

Die Zusammenarbeit von Bildungsträgern und Wirtschaft ist in anderen Ländern lange schon viel stärker ausgeprägt. Eine private Green Business School und University zu unterstützen, kann für viele Unternehmen ein zusätzliches Marketinginstrument sein und technologische Innovationen um ein Vielfaches beschleunigen. Gerade die Erfahrungen aus der Dot-com-Zeit sollten dazu beflügeln, den USA nicht wieder die Vorreiterrolle zu überlassen. Denn Deutschland ist und bleibt ein Land mit hervorragenden Visionären, Entwicklern und Unternehmern. Alles, was gebraucht wird, um die Position einer Hightech-Nation für Greentech zu festigen, ist zu entwickeln, resultierend aus innovativer Bildungspolitik und einer ineinandergreifenden Zusammenarbeit zwischen Erfindern, Unternehmensgründern, Kapitalgebern und vor allem jungen, begeisterungsfähigen Leuten.

Mit diesem weit gespannten Bogen soll dieses Buch Anregungen geben, wie auf verschiedenen Ebenen die Aktivitäten für den Klima- und Umweltschutz erhöht werden können.

Egal ob Unternehmer, Umweltschützer, Politiker oder Privatperson – jeder findet hier auch praktische Hinweise, um seinen persönlichen Aktivitätsquotienten für unser Klima zu erhöhen, ganz im Sinne von Goethes Faust:

„Mir hilft der Geist! Auf einmal seh' ich Rat

Und schreibe getrost: Im Anfang war die Tat!"

[Faust in Goethe, Faust 1236/37]

Stichwortverzeichnis

A

B

C

D

Der Autor

Dietrich Walther, geb. 1942, wirkt als Unternehmer vor allem im internationalen Leasing- sowie Börsen- und Finanzierungsgeschäft. Er half zahlreichen Unternehmensgründern und mittelständischen Unternehmen in der Blütezeit des Internets beim Sprung an die Börse. Als Selfmade Man und Außenseiter setzte er sich mit seinen unkonventionellen Methoden und Denkansätzen gegen die etablierten Börsengurus durch, zuletzt durch Schaffung der  „SkontoCard" – der Kreditkarte für Handelsforderungen. Sein Gespür für neue Märkte und Technologien vermittelte er in zahlreichen hochkarätigen Seminaren, Konferenzen und Beratungen von Unternehmen sowie Regierungen. Heute empfiehlt er Greentech-Investitionen und die dazu notwendige Weiterbildung als die Megatrends des 21. Jahrhunderts.

Im Jahr 2000 gründete er die erfolgreiche, heute staatlich akkreditierte Unternehmerhochschule BiTS Business and Information Technology School in Iserlohn. 2008 verband er sie mit dem weltgrößten privaten Bildungsträger Laureate Inc. aus den USA.

Seit mehreren Jahren setzt er sich für eine nachhaltig zukunftsfähige Reform der Hochschulbildung ein. Besonderes Augenmerk gilt dem Know-how-Transfer nach Zentral- und Südamerika sowie Osteuropa.

Managementwissen: kompetent, kritisch, kreativ

Besser führen mit Humor

Mit Humor erträgt sich vieles leichter. Wie man mit Humor besser führt, zeigt Gerhard Schwarz in dieser spannenden und aufschlussreichen Lektüre. Ein echtes Lesevergnügen. Der Autor unterscheidet folgende Formen des Komischen: Ironie, Schadenfreude, Satire, Sarkasmus, Zynismus und Humor. Jetzt in der 2., überarbeiteten Auflage. Neu sind nützliche Ergänzungen zur Rolle des Humors bei der Konsensfindung in Gruppen und Organisationen sowie zur reinigenden Funktion des Humors in stark emotional aufgeladenen Situationen.

Gerhard Schwarz
Führen mit Humor
Ein gruppendynamisches Erfolgskonzept
2., überarb, Aufl. 2008. 220 S.
Geb. EUR 29,90
ISBN 978-3-8349-0815-5

Leistungsfähigere Mitarbeiter durch alternative Führungsmethoden

In der Gesellschaft und in den Unternehmen gibt es ein beschädigtes Menschenbild. Nur wenn man sich dessen bewusst wird, ist es möglich, es durch ein gesundes Menschenbild zu ersetzen. Sowohl die Neurologie als auch die Gesellschaftslehre und die Psychoanalyse zeigen dieses andere Menschenbild. Es ist gesünder, leistungsfähiger und vermittelt mehr Befriedigung. Es erfordert aber auch eine alternative Praxis im Umgang mit und im Denken über den Menschen. Diese Praxis wird in diesem Buch vorgestellt.

Helmut Geiselhart
Die neuen Grundlagen der Führung
Auf dem Weg zu einem neuen Menschenbild im lernenden Unternehmen
2008. 208 S.
Geb. EUR 34,90
ISBN 978-3-8349-0922-0

Das erste Buch, das strukturelle Konflikte erklärt und Lösungen zeigt

Das Buch zeigt Managern und Führungskräften anhand von aktuellen Fallbeispielen, wie die inneren Mechanismen von strukturellen Konflikten funktionieren, woran man sie erkennt und welches Rüstzeug es braucht, sie unschädlich zu machen und für den unternehmerischen Wandel zu nutzen.

Ralf-Gerd Zülsdorf
Strukturelle Konflikte in Unternehmen
Strategien für das Erkennen, Lösen, Vorbeugen
2007. 396 S.
Geb. EUR 39,90
ISBN 978-3-8349-0549-9

Änderungen vorbehalten. Stand: Juli 2008.
Erhältlich im Buchhandel oder beim Verlag.
Gabler Verlag . Abraham-Lincoln-Str. 46 . 65189 Wiesbaden . www.gabler.de

GABLER